Michael Gärtner

LEDERARBEITEN

Heel

Impressum

HEEL Verlag GmbH
Gut Pottscheidt
53639 Königswinter
Tel.: 02223 9230-0
Fax: 02223 9230-13
info@heel-verlag.de
www.heel-verlag.de

5. Auflage 2023

Originaltitel: Lone Wolf läderarbete
First published by Natur & Kultur, Sweden

Deutsche Ausgabe:
Übersetzung: Heike Merklein

Satz: gb-s, Königswinter
Coverdesign: Axel Mertens, Königswinter
Lektorat: Laura Wika von Czarnowski, Helge Wittkopp

Printed in Slovakia

ISBN 978-3-95843-493-6

INHALT

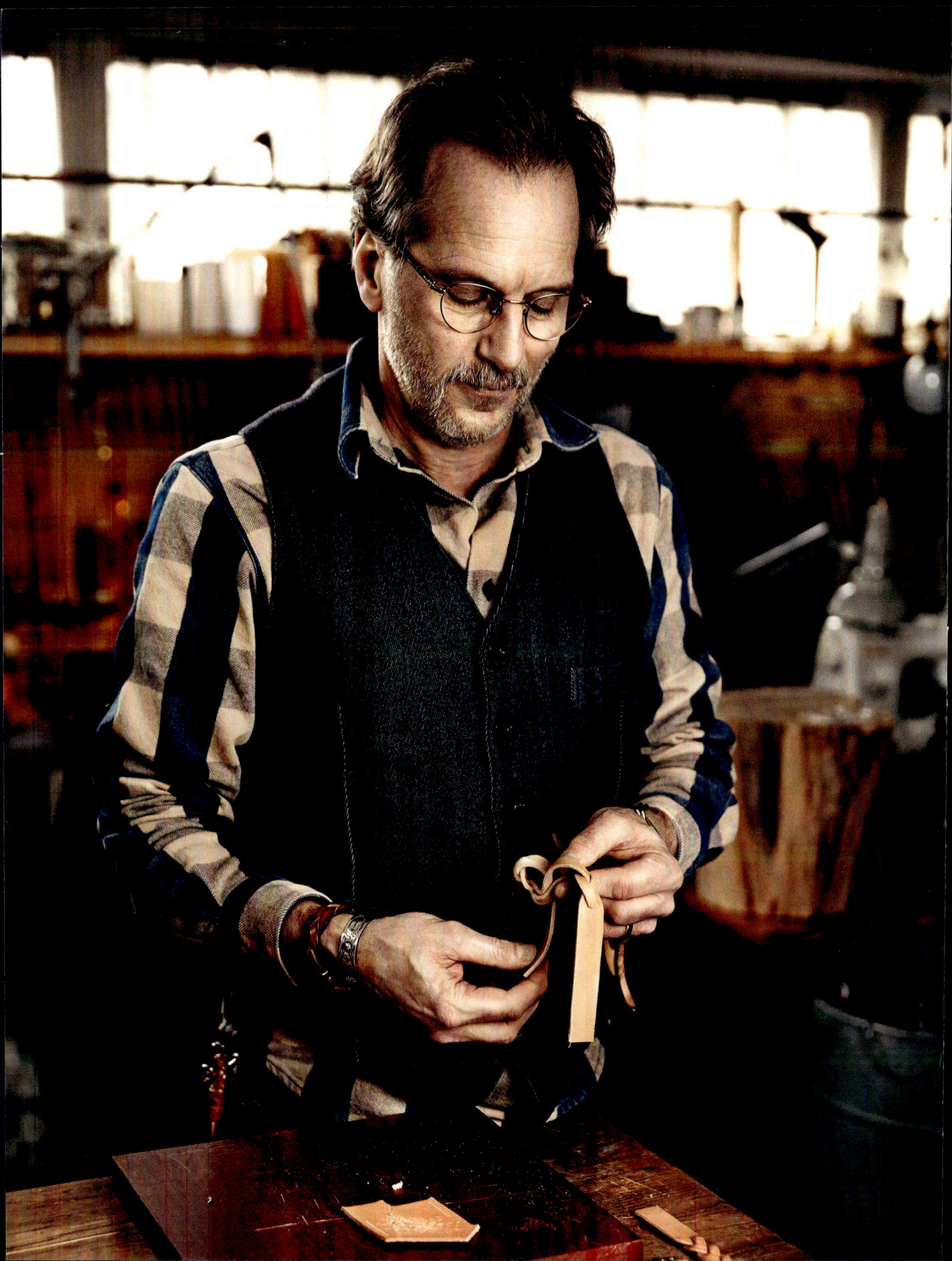

VORWORT

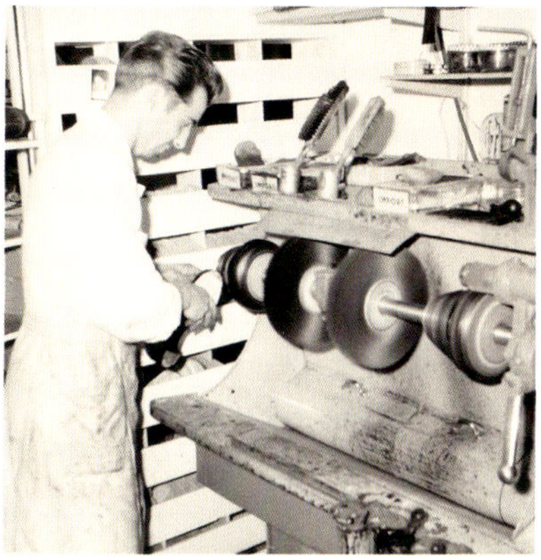

Boris Gärtner poliert die Kanten einer neuen Ledersohle, Kallhälls Schuhmacherei 1957.

Mein Name ist Michael Gärtner und ich bin mit einem der besten Schuhmacher der 1950er und 1960er Jahre aufgewachsen – meinem Vater. In den 1950ern machte mein Vater eine Schuhmacherlehre bei Erik Andersson in Stockholm, einem talentierten und bekannten Schuhmacher in der fünften Generation, der oft für große Zeitungen Artikel schrieb, u. a. über Schuhpflege. Seine Schuhmacherwerkstatt befindet sich bis heute auf dem Hügel in der Hantverkargatan, ist jedoch seit einigen Jahren nicht mehr im Besitz der Familie. Nach Abschluss seiner Lehre, mit einem Prüfungszeugnis der schwedischen Handwerkskammer des Schuhmachermeisterhandwerks, eröffnete mein Vater seine eigene Schuhmacherwerkstatt in Kallhäll, nördlich von Stockholm.

Als kleiner Junge war die Werkstatt für mich ein spannender Ort mit Werkzeugen, Maschinen, Messern, Stanz- und Schneidemaschinen. Es war jedoch kein geeigneter Spielplatz für mich. Deshalb wurde ich meist mit ungefährlicheren Aufgaben betraut, wie in Säcken nach bestimmten Lederresten zu suchen. So konnte ich schon früh die unterschiedlichen Eigenschaften des Leders erforschen und die verschiedenen Qualitäten entdecken, wie schlaffes Bauchleder oder festes Rückenleder. Wenn mein Vater Zeit hatte, half er mir, etwas Interessantes herzustellen, wie einen langersehnten Cowboygürtel oder einen Pfeilköcher. Im Fernsehen liefen *Bonanza* und *High Chaparral* und Buck und Manolito waren meine großen Vorbilder. Ich war natürlich bei den anderen Kindern sehr beliebt, wenn ich mit einem „echten" Cowboygürtel ankam.

Nachdem er eine Reihe Urkunden erhalten und mehrere Wettbewerbe in der Kunst der Schuhmacherei gewonnen hatte, wurde meinem Vater ein Job im Land jenseits des großen Teichs angeboten. Die ganze Familie zog nach Charlotte, North Carolina, wo mein Vater 1968 den „National Silver Cup" des *Shoe Service Institute of America* gewann. Dieser Preis wird international vergeben und gilt daher als einer der anerkanntesten Preise in der Schuhmacherbranche. Nachdem er diesen Preis bekommen hatte, blühte das Geschäft und mein Vater brauchte Hilfe bei der Vorbereitung der Schuhe für die Reparatur. Ich half meinem Vater an den Wochenenden und den Feiertagen in der Werkstatt. Gummisohlen und Nägel mussten entfernt werden und die Ledersohlen vorsichtig gelockert. Nichts, was einem Jungen in meinem Alter wirklich Spaß gemacht hätte. Es dauerte eine Weile, bis ich ihm wirklich helfen konnte, aber als ich etwa 15 war, konnte ich

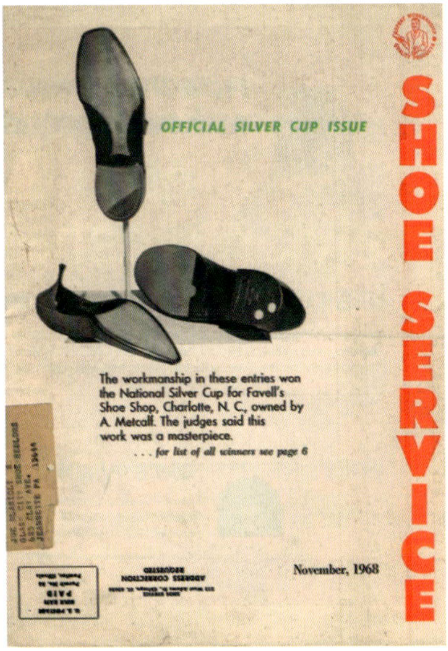

Shoe Service Institute of America Silver Cup Issue 1968

fast alle vorbereitenden Arbeiten erledigen und mein Vater machte dann den Rest. 1974 nahm das Leben eine neue Wendung und wir zogen wieder nach Jakobsberg, nördlich von Stockholm. Mein neues großes Interesse war die Musik und wenn ich meine Lieblingsbands – *Eagles*, *Pink Floyd* und *Led Zeppelin* – hören wollte, musste ich viel Geld für eine LP hinblättern. Die heutigen Radiosendungen gab es noch nicht. Jetzt kam mir mein Können aus der Schusterwerkstatt meines Vaters zugute. Mit dem Geld für meine Arbeit in der Schuhmacherei in Jakobsberg konnte ich mein Interesse für Musik finanzieren. Dort habe ich nachmittags nach der Schule im Prinzip alles – und mehr – gemacht. Ich habe Schuhe repariert, Absätze und Sohlen gestanzt und Holzschuhe und Gürtel für den Verkauf angefertigt.

Seit den 1960er Jahren wurden in den Geschäften die Qualitätsschuhe schrittweise durch günstigere ersetzt. Der Sinn für Qualität nahm stetig ab und immer weniger Menschen lassen ihre Schuhe reparieren, weil sie meinen, dass es sich nicht lohne. Wegwerfen ist jetzt selbstverständlich, was im Endeffekt bedeutet, dass wir oft zu viel Geld für minderwertige Schuhe ausgeben, die nach einer Saison abgenutzt sind und weggeworfen werden.

Ich glaube und hoffe, dass diese Haltung sich bald ändern wird. Immer mehr Menschen kaufen wieder Schuhe hoher Qualität, die auch länger halten. Ein solches Paar Schuhe kostet heute mindestens 200 EUR. Das Außenmaterial sowie die Innensohle bestehen aus echtem Leder und auch die Außensohle und der Absatz sind aus Leder mit Laufflächen aus Gummi gefertigt. Wenn diese Schuhe richtig gepflegt werden, halten sie Jahrzehnte. Aus diesem Grund sind sie auch umweltfreundlicher als „Wegwerfschuhe".

Auch wenn ich heute nicht mehr mit Schuhen arbeite, trage ich das, was mein Vater mir beigebracht hat, doch immer in mir, unter anderem sein Gespür für Qualität und seine Gründlichkeit. Ich habe keine Sattlerausbildung und bin auch kein ausgebildeter Schuhmacher – ich habe mir alles bei meinem Vater abgeschaut oder selbst beigebracht. Etwas mit eigenen Händen anzufertigen, war schon immer ein großer Antrieb für mich. Dieses Buch soll die Leser für das gute Handwerk begeistern. Lederarbeit ist eine Kunst, die nie langweilig wird und nur von der eigenen Fantasie begrenzt ist. Der Arbeit Zeit zu geben und die notwendige Gründlichkeit an den Tag zu legen, das sind die Schlüssel zu einem guten Ergebnis. Das Gefühl, die eigene Brieftasche selbst entworfen zu haben, die Schablonen dafür angefertigt, das Leder zurechtgeschnitten und genäht zu haben, ist unbezahlbar!
Viel Erfolg!

MICHAEL GÄRTNER

EINLEITUNG

Dieses Buch soll dem Leser die Grundkenntnisse rund um das Thema Leder und Lederhandwerk vermitteln. Es ist in vier Teile eingeteilt: Leder, Technik, Flechten und Projekte. Im ersten Kapitel wird das Leder als Material vorgestellt: Hier erfahren Sie etwas über den Gerbungsprozess, die Eigenschaften des gegerbten Leders sowie alles, was Sie vor dem Kauf Ihrer ersten Lederhaut wissen sollten. Der zweite Teil des Buches beginnt mit einer Präsentation der Werkzeuge, die für einfache Lederarbeiten benötigt werden. Die verschiedenen Arbeitsschritte, wie das Zuschneiden, Ausstanzen, Kleben und Nähen einer Sattlernaht, werden ausführlich beschrieben. Zu jedem Arbeitsschritt werden auch die zu verwendenden Werkzeuge beschrieben. Im dritten Teil werden das Flechten des Leders und seine zahlreichen Anwendungsbereiche vorgestellt. Verschiedene einfache Flach- und Rundbänder sowie Knoten und Knöpfe werden Schritt für Schritt beschrieben. Im vierten und letzten Teil können Sie alles, was Sie gelernt haben, in einigen Projekten testen, die einfachen zuerst und die etwas komplizierteren zum Schluss. Dieses Buch vermittelt Ihnen nur einige Ideen, seien Sie kreativ!

Teil eins

LEDER

Leder ist ein Material, das wir seit Jahrtausenden verwenden. Es ist beliebt, weil es sich natürlich anfühlt, haltbar ist und mit einer schönen Patina altert. Es ist kopiert und imitiert worden, jedoch niemals ersetzt. In diesem Kapitel wird kurz beschrieben, wie aus Tierhäuten frisch vom Schlachthof fertiges Leder wird – und all das zusammengefasst, was Sie wissen sollten, bevor Sie Ihr erstes Leder kaufen.

»——→ GERBEN

Leder wird aus Tierhäuten hergestellt, die größtenteils Nebenprodukte oder Reste der Fleischindustrie sind. Das gilt beispielsweise für Häute von Rindern, Kälbern, Büffeln, Pferden, Schafen, Hirschen, Kängurus, Ziegen, Schweinen und Straußen. Statt auf der Abfalldeponie zu landen, werden die Häute gegerbt, um sie für die Herstellung zahlreicher Gegenstände nutzen zu können. Welche Art von Leder aus der aufbereiteten Haut wird, hängt davon ab, wie diese gegerbt wird – aus einer Kuhhaut zum Beispiel kann sowohl ein weiches Möbelleder als auch ein stabileres Leder werden, das sich sehr gut für die Projekte in diesem Buch eignet.

Vor der Bronzezeit – so glaubt man – wurden Fette und Hirnsubstanzen von erlegten Tieren zum Gerben von Häuten verwendet, genau wie die Indianer Nordamerikas traditionell ihr Wildleder behandelten. Oder das Leder wurde so konserviert, wie es die Eskimos heute noch tun, nämlich mit Urin. Das Gerben mit Pflanzenextrakten kam später und lässt sich bis in die frühen Flusskulturen, die vor 8 000 bis 10 000 Jahren existierten, zurückverfolgen. Wie der Mensch jedoch die konservierende Wirkung von Pflanzen entdeckte, ist unklar. Eine Theorie besagt, dass man an Tierhäuten, die längere Zeit in Wassertümpeln mit Herbstlaub gelegen hatten und an denen die Fäulnis ausblieb, einen Unterschied zu den Häuten sah, die keinen Kontakt zu Laub und Borke hatten.

Über die Jahrhunderte hat man unterschiedliche Gerbsäuren aus dem Pflanzenreich verwendet. Eichenrinde mit Salz war eine gebräuchliche Kombination, bei der es jedoch bis zu einem Jahr dauerte, bis die Häute fertig gegerbt waren. Bis Mitte des 19. Jahrhunderts wurden diese und ähnliche Methoden mit pflanzlichen Extrakten beim Gerben verwendet, aber der Zeitaufwand war hoch und deshalb suchte man nach Alternativen, um den Prozess zu verkürzen. In der zweiten Hälfte des 19. Jahrhunderts wurden die Chromsalze Chrom-III und Chrom-VI entdeckt, die das Verfahren von mehreren Monaten auf einige Tage verkürzten. Anfang des 20. Jahrhunderts begann man mit der industriellen Chromgerbung von Leder und in der zweiten Hälfte des 20. Jahrhunderts ersetzte das chromgegerbte Leder das teurere pflanzlich gegerbte Leder.

Chromgegerbtes Leder erkennt man an der bläulichen Färbung auf der Unterseite. Diese nennt man auch „Wet blue", da die blaue Farbe deutlicher hervortritt, wenn das Leder feucht ist. Chromgegerbtes Leder wird u. a. für Schuhe, Bekleidung und Möbel verwendet und macht heute ca. 90 % der gesamten Lederproduktion aus. Das hängt zum Großteil mit den wirtschaftlichen Vorteilen für die Gerbereibranche zusammen. Betrachtet man das Ganze jedoch aus einer höheren Perspektive, sind die Vorteile gar nicht so selbstverständlich: Chrom ist umweltschädlich, sodass zum Gerben nur Chrom-III zugelassen ist und für Chrom-VI ein weltweites Verbot gilt. Auch gibt es Gesundheits- und Sicherheitsaspekte für die Arbeiter in den Gerbereien der Niedriglohnländer, die uns in der westlichen Welt mit einem Großteil des von uns verwendeten Leders versorgen. Beim Endanwender kann chromgegerbtes Leder auch Allergien und Ekzeme hervorrufen. Andere Nachteile sind, dass das Leder in hohem Maße Schwermetalle enthält und dadurch nicht biologisch abbaubar und Abfall- und Entsorgungsprobleme verursacht, wenn Wegwerfschuhe auf der Mülldeponie landen.

Ich habe mich entschieden, für meine Arbeit lediglich pflanzlich gegerbtes Leder zu verwenden. Eine Entscheidung, die für mich eindeutig und selbstverständlich ist. Abgesehen von all den negativen Aspekten chromgegerbten Leders, bietet eine pflanzliche Gerbung viele Vorteile: den echten Ledergeruch, angefeuchtet lässt sich das Leder leicht um eine Schablone legen und wieder getrocknet hält es die Form und mit der Zeit bekommt es eine schöne Patina in dunklem Honigbraun.

Die bei der Gerbung verwendeten Pflanzenextrakte verleihen dem Leder eine helle, natürliche Färbung, die in Abhängigkeit mit der Zusammensetzung der Extrakte variiert. Dies, die Fettmenge der Haut und die ursprüngliche Farbe der Haut beeinflussen auch, wie das Leder altert und welche Patina es bekommt. Das naturfarbene Leder lässt sich auch in kleineren Stücken in jeder beliebigen Farbe färben, was billiger ist, als große Häute gefärbtes Leder zu kaufen. Es ist möglich, naturfarbenes Leder so zu gerben, dass es von Sonnenlicht unbeeinträchtigt bleibt und seine helle Farbe bei Verwendung behält. Viele schätzen jedoch ein Leder, das mit feiner Patina und schöner dunkelbrauner Farbe altert.

Mit der Zusammensetzung des Pflanzenextrakts kann die Gerberei auch die Dichte, Flexibilität und Schneidfähigkeit des Leders beeinflussen. Wenn Sie die Möglichkeit haben, sollten Sie die Gerberei selbst besuchen, um genau das gewünschte Leder zu erhalten. Beziehen Sie Leder direkt von einer Gerberei, ist es gut, sich dort nach den Eigenschaften des Leders zu erkundigen. Fragen Sie auch, wie das Leder altert, sodass Sie nicht Geld, Zeit und Mühe mit einem Projekt vergeuden, das dann in der Anwendung nicht die gewünschte Patina erhält.

Pflanzliche Gerbung ist nach wie vor ein langsamer Prozess. Dabei gibt es zwei weitverbreitete Methoden: Die Häute werden in verschiedene große Wannen getaucht, in denen sich Gerbflüssigkeit befindet, deren Stärke sich von Wanne zu Wanne erhöht. Diese Methode dauert mehrere Monate. Bei der zweiten Methode, der sogenannten Trommelgerbung, wird das Leder in großen Tonnen bewegt. Diese Methode ist schneller und die Prozesszeit beträgt heutzutage etwa eine Woche von der Haut bis zum fertig gegerbten Leder. In Tonnen gegerbtes Leder kann leichter beschädigt werden, aber es wird weicher und fülliger. Jede Gerberei hat ihr eigenes „Geheimrezept" in Bezug auf die verschiedenen Pflanzenextrakte, das aus den Erfahrungen und Fertigkeiten mehrerer Generationen resultiert.

Die Zahl der Gerbereien, die noch heute pflanzlich gegerbtes Leder nach eigenem „Rezept" herstellen, nimmt ab. Lederarbeiten im Hobbybereich können die Zukunft dieser Gerbereien zwar nicht sichern, aber ich möchte dennoch betonen, wie wichtig es ist, diese kleinen Gerbereien zu unterstützen. Sie stehen für Tradition, Handwerk, Fachkenntnis und Erfahrung von Generationen.

»—→ GERBEN SCHRITT FÜR SCHRITT

Wenn die Häute in die Gerberei kommen, beginnt ein wochenlanger Bearbeitungsprozess bis hin zum fertigen Leder. Insgesamt werden 25 verschiedene Bearbeitungsschritte vorgenommen, die hier der Reihenfolge nach kurz beschrieben werden (Sie brauchen sich das nicht zu merken, aber ich möchte die verschiedenen Arbeitsschritte des Gerbens nennen, um dessen Komplexität zu zeigen). Die kleinen Unterschiede im Gerbprozess machen die Eigenarten einer jeden Gerberei aus.

FAKTEN

Hier einige Baumrindenextrakte und ihre Effekte bei der Alterung naturfarbenen Leders.

EICHE
Ergibt ein graubraunes, festes, aber flexibles Leder.

KASTANIE
Wird oft in Europa verwendet und ergibt ein festes Leder in mittelbraunem Farbton.

MIMOSE
Wird aus der Rinde des südafrikanischen Mimosenstrauchs gewonnen. Üblich in den USA, wo es mit Quebracho zur Herstellung eines Leders mit einem rotbraunen Farbton verwendet wird, das bei Sonneneinstrahlung dunkler wird.

QUEBRACHO
Extrakt eines südamerikanischen Baums, das ein fülliges aber etwas „schwammiges" Leder mit rotbraunem Farbton ergibt.

FICHTE
Wird vor allem in Mitteleuropa verwendet und verleiht dem Leder einen rotbraunen Farbton.

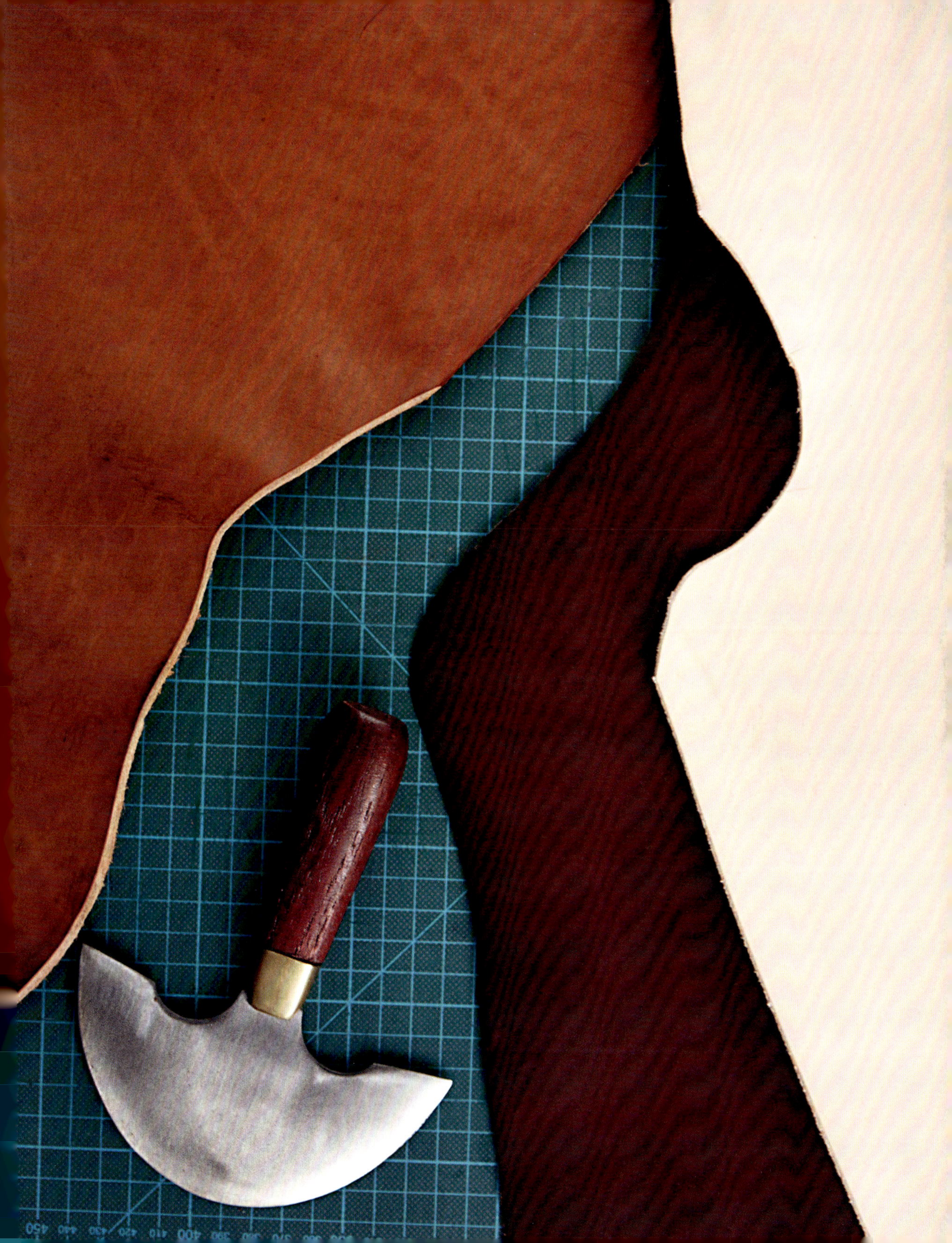

SALZEN Unmittelbar nach dem Schlachten, noch bevor die Tierhäute in die Gerberei kommen, werden sie gesalzen, getrocknet oder tiefgefroren.

SCHMUTZWEICHE Waschen.

HAUPTWEICHE Aufweichen.

KALKEN Die Haut wird aufgeschlossen und die Haare mit Hilfe von Natriumchlorid entfernt.

ENTFLEISCHEN Entfernen von Gewebe und Fleischresten, gleichzeitig grober Zuschnitt und Kennzeichnung der Partien der Häute.

SPALTEN Grobausrichten der Dicke, indem die Haut in zwei Schichten geteilt wird:
Oberspalt (Narbenseite)
Unterspalt (Spaltseite)

ENTKÄLKUNG Kalkreste werden entfernt.

BEIZE Reinigung der Haut.

PICKEL Senken des pH-Wertes (Vorbereitung für das Gerben).

VORGERBEN Weitere Vorbereitungen vor dem Gerben.

GERBEN Konserviert die Haut.

ENTWÄSSERN Entfernen des Wassers und Glätten.

FALZEN Feinjustieren der Fertigmaße.

BLEICHEN Entfernen der Rostflecke und Bleichen der Haut.

NEUTRALISIEREN Erhöht den pH-Wert, damit die Fette eindringen können.

NACHGERBEN Auffüllen von losen Partien in der Haut.

FETTEN Wiederherstellen des Fettes in der Haut.

FIXIEREN Senkt den pH-Wert, bindet die Fette.
AUSRECKEN Die Häute werden gestreckt und von Falten befreit, gleichzeitig wird das Wasser ausgepresst.

TROCKNEN Das Leder wird aufgehängt oder aufgespannt und teilweise getrocknet.

ZURICHTEN Das Leder wird für die abschließende Trocknung geglättet.

ENDTROCKNEN Trocknung auf ca. 15–18 % Feuchtigkeit.

VAKUUMTROCKNEN Das Leder wird in einem Vakuumtrockner gestreckt, dadurch wird die Oberfläche gefestigt und die Dehnbarkeit des Leders im fertigen Produkt reduziert.

ZUSCHNEIDEN Zuschneiden und Sortieren der Häute.

TROCKENZURICHTEN Um das Aussehen des Leders zu verbessern und es bei Anwendung zu schützen.

MESSEN Vermessen der Oberfläche der Häute, üblicherweise in ft^2 oder cm^2.

»——→ DIE HAUT

Etwas vereinfacht gesagt, besteht die Haut aus einer Oberseite, auf der sich das Fell befand (der sogenannten Narbenseite) und aus einer Unterseite (der sogenannten Spaltseite). Um einen größeren Ertrag aus einer Haut zu erhalten, kann die Gerberei die Haut beim Gerbungsprozess teilen bzw. spalten, dabei wird der untere Teil der Haut gelöst und die Gerberei erhält somit die doppelte Fläche an Haut. Der untere abgespaltene Teil lässt sich beispielsweise für Werkzeuggürtel verwenden, bei denen die Qualität nicht von Bedeutung ist. Für die Projekte in dem Buch wird ausschließlich Qualitätsleder von der schönen Narbenseite verwendet.

»——→ FÄRBUNG

Die Färbungen und Oberflächenbehandlungen, die in der Gerberei vorgenommen werden können, sind Anilinfärbung, Semianilinfärbung und Deckfärbung. Diese Begriffe sollten Sie kennen, wenn Sie Ihr erstes Leder kaufen.

ANILINFÄRBUNG Eine Durchfärbung des Leders, bei der die natürliche Oberfläche erhalten bleibt. Das Leder kann atmen und altert mit einer weichen herrlichen Lederstruktur. Die Oberfläche des Leders ist empfindlicher, da diese nicht behandelt wurde.

SEMIANILINFÄRBUNG Genau wie Anilinfärbung, jedoch ist die Oberfläche des Leders etwas fester und weniger empfindlich, da diese leicht behandelt wurde.

DECKFÄRBUNG Das Leder erhält eine vollständige farbbeschichtete Oberfläche, die unempfindlicher ist. Der Nachteil ist, dass das Leder viel von der Lederstruktur verliert. Narben im Leder nach Bissen und Wunden lassen sich mit Deckfarbe retuschieren.

»——→ ABSCHNITTE DER GEGERBTEN TIERHAUT

Die Tierhaut wird in drei Abschnitte unterteilt: Kern-, Hals- und Bauchleder. Das Kernleder, auch Croupon genannt, stammt von Rücken und Schwanzwurzel und hat eine gleichmäßige und feste Struktur. Die Fasern im Croupon sind kleiner und sitzen dichter. Es ist das Kollagen der Haut, das die Faserstrukturen bildet. Je dichter die Faserstruktur, desto fester und stärker das Leder. Leder von Hals und Flanke hat eine weniger dichte Faserstruktur und verfügt dadurch nicht über die gleiche Festigkeit und Beständigkeit. Auf der Spaltseite des Leders sieht man diese Unterschiede deutlicher als auf der Narbenseite. Die weniger festen Abschnitte (Hals und Flanken) haben ein eher „faseriges" Aussehen – die kleinen Fasern, die das Leder bilden, sind größer und scheinen weiter voneinander entfernt zu liegen. Fährt man mit dem Fingernagel über das Leder, ist die Spaltseite bei Flanken- und Halsleder leicht anzureißen. Bei dem feineren Kernleder dagegen ist die Spaltseite bedeutend fester und nicht so leicht anzureißen. Das Kernleder hat auch nicht das gleiche „faserige" Aussehen. Alle diese Unterschiede zeigen sich meist in der Nutzung: die schlechteren Flanken- und Halsteile dehnen sich leichter und verlieren die Form, auch sind Falten deutlicher als bei dem festeren Kernleder zu sehen. Dass die Haut abhängig davon, von welchem Körperteil des Tieres sie stammt, verschiedene Eigenschaften aufweist, ist der funktionalen Anpassung geschuldet. Um Hals, Nacken und Bauch braucht das Tier eine dehnbarere Haut. An Rücken und Schwanz ist das nicht notwendig.

Das fertige Leder wird als halbe Haut oder sogenannte Seite verkauft, wobei die Teilung entlang des „Rückgrats" erfolgt. Sie kann aber auch in kleineren Teilen verkauft werden. Da die Qualität des Leders verschiedener Teile des Tierkörpers variiert, ist es auch für unterschiedliche Lederwaren geeignet. Für Gürtel und Riemen eignet sich Kernleder, da das Leder fest, verschleißbeständig und nicht dehnbar sein muss. Das schlechtere, oft schlaffe Flanken- und Halsleder lässt sich beispielsweise für Masken oder Skulpturen verwenden, die keiner Belastung ausgesetzt sind. Bei einigen Projekten wird Spaltseite auf Spaltseite geklebt, denn so ist nicht nur die schöne Narbenseite an beiden Seiten zu sehen, sondern das doppelte Leder ist auch stabiler.

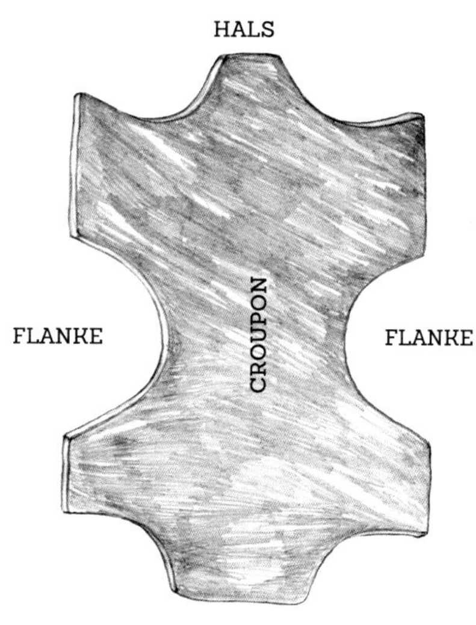

DICKE

Die Dicke einer Haut wird in Unzen (oz.) angegeben und variiert um einige Zehntel Millimeter in den verschiedenen Teilen der Haut. 4 oz. entsprechen ungefähr der Dicke einer 10-Cent-Münze: 1,6 mm. Die Standarddicke eines Gürtels beträgt ca. 7–8 oz. bzw. rund 3 mm.

Sollten Sie für Ihre Lederarbeit eine exakte Dicke benötigen, bietet es sich mitunter an, die Haut in der Gerberei spalten zu lassen. Gerbereien haben Maschinen, die ganze Häute aufnehmen, während kleinere Teile mit handgekurbelten Spaltmaschinen geteilt werden können, die es gebraucht im Internet zu kaufen gibt. Eine altbekannte Marke ist der amerikanische *Landis Leather Splitter*.

LEDERARTEN

Wenn Sie mit Leder arbeiten, werden Sie auf zahlreiche neue Termini stoßen, die von Qualitätsbezeichnungen und Begriffen für die verschiedenen Teile der Haut bis hin zu Nachbehandlungsmethoden und Namen für Leder von speziellen Tieren reichen. Nachstehend einige der gebräuchlichsten Lederarten, die Ihnen begegnen werden.

CORDOVAN-LEDER Speziell gegerbtes Kernleder von Pferden. Aufgrund seiner besonders guten wasserabweisenden Eigenschaften und seiner Verschleißbeständigkeit wird Cordovan-Leder oft für hochwertige Herrenschuhe verwendet. Heute hat die renommierte Gerberei *Horween*, die ihren Sitz in Chicago hat, mehr oder weniger das Monopol auf Cordovan-Leder. Die Verwendung dieses Leders ist im Hobbybereich sehr beliebt. Es ist aber in kleineren Mengen schwer erhältlich, da *Horween* nur größere Posten verkauft.

VOLLNARBENLEDER / FULL GRAIN / FULL TOP GRAIN
Die Narbenseite des Leders ist nicht geschliffen oder anderweitig behandelt, um eventuelle Narben oder sonstige Merkmale der Haut zu verbergen. Die Narbenseite bleibt in ihrem ursprünglichen Zustand erhalten, mit einer strapazierfähigen Oberfläche, die „atmet" und mit der Zeit eine schöne Patina bildet. Vollnarbiges Leder wird für feine Schuhwaren und Möbel verwendet. Nur die besten Häute werden zu Vollnarbenleder verarbeitet.

CHROMGEGERBTES LEDER Wurde mit Chromsalzen gegerbt. Das Leder wird wasserabweisend und eignet sich deshalb nicht zum Färben mit wasserbasierten Farben zu Hause. Das Färben erfolgt stattdessen in der Gerberei, wo sich eine Vielzahl von Farbtönen erzeugen lässt. Das Leder ist an der graublauen Farbe erkennbar, sofern es nicht durchgehend gefärbt ist.

LEDERDICKE

UNZE	MILLIMETER	BRUCH INCH	DEZIMAL INCH
1	0.4	1/64	0.016
2	0.8	1/32	0.031
3	1.2	3/64	0.047
4	1.6	1/16	0.063
5	2	5/64	0.078
6	2.4	3/32	0.094
7	2.8	7/64	0.109
8	3.2	1/8	0.125
9	3.6	9/64	0.141
10	4	5/32	0.156
11	4.4	11/64	0.172
12	4.8	3/16	0.188

VELOURSLEDER Die geschliffene „Fleischseite“ des Narbenleders wird als Außenseite verwendet. Das Leder erhält eine samtartige Oberfläche. Eine dickere Seite Narbenleder kann mehrere Seiten Veloursleder ergeben, indem die Seite in mehrere dünnere Schichten gespalten und dann die Lederfasern durch Aufrauen aufgestellt werden, um den Velourseffekt zu erzeugen.

NAPPALEDER Meist anilingefärbtes Kalbs-, Schaf- oder Ziegenleder. Nappaleder ist sehr weich und wird z. B. für feinere Bekleidungsstücke, Brieftaschen und Accessoires verwendet.

NUBUKLEDER Anilingefärbtes Leder, das auf der Narbenseite geschliffen ist. Nubukleder ist schmutzempfindlich und schwer zu reinigen.

HIRSCH- UND REHLEDER Ein robustes und preiswertes Leder, das von Naturvölkern, wie z. B. verschiedenen amerikanischen Indianerstämmen, genutzt wurde. Das Leder stammt heutzutage nicht mehr von wilden Tieren, sondern es werden Häute von Tieren verwendet, die in Gefangenschaft leben. Das Leder wird für Jacken, Röcke und Handschuhe verwendet.

KÄNGURULEDER Ein robustes und weiches Leder, das geflochten u. a. für Peitschen, als Motorradleder und für teure Fußballschuhe verwendet wird.

STRAUSSENLEDER Gilt als sehr feines und verschleißbeständiges Leder. Heutzutage wird es für Modeaccessoires bekannter und teurer Marken verwendet. Straußenleder erkennt man an der typischen Gänsehautoberfläche, die von den Federwurzeln in der Haut stammen.

ROHHAUT Eine ungegerbte Haut. Die Bezeichnung leitet sich vom Englischen „rawhide“ ab. Die Häute werden geschabt, eingeweicht und mit Kalk behandelt, um steif und spröde zu werden. Rohhaut wird zu Kauknochen für Hunde, Trommelleder und fein geflochten zu Reitaccessoires wie Peitschen verarbeitet.

„DIE SCHÖNE, BLANKE SEITE DES LEDERS, AN DER DAS FELL WAR, WIRD NARBENSEITE GENANNT.“

SPALTLEDER Die untere Schicht einer Tierhaut. Das Spaltleder wird bei der Gerbung von der feineren Oberseite, d. h. von der Narbenseite, gelöst. Spaltleder wird u. a. für Lederprodukte verwendet, bei denen die Oberfläche nicht wichtig ist, z. B. Werkzeuggürtel. Das Spaltleder kann auch gefärbt und oberflächenbehandelt werden, sodass es wie feineres Narbenleder aussieht, um dann zur Herstellung billigerer Schuhe verwendet zu werden. Oberflächenbehandeltes Spaltleder erkennt man an der dichten, unnatürlichen, etwas künstlich wirkenden Oberseite.

PFLANZLICH GEGERBTES LEDER Mit verschiedenen Extrakten aus Rinde, Blättern, Bäumen oder anderen Teilen von Pflanzen gegerbtes Leder.

Teil zwei

TECHNIK UND DESIGN

In diesem Kapitel wird das Werkzeug, das Zusammenfügen von Leder durch Kleben oder Nähen und die Herstellung von Schablonen behandelt. Außerdem erhalten Sie verschiedene andere Tipps. In der Übersicht rechts erhalten Sie eine kurze Beschreibung der meisten im Lederhandwerk genutzten Werkzeuge. Ihre Anwendung wird bei der jeweiligen Technik beschrieben. Bei den einzelnen Projekten in diesem Buch verweise ich oft auf die Techniktexte dieses Kapitels. Nehmen Sie sich daher ausreichend Zeit, dieses Kapitel durchzulesen, und üben Sie auch die einzelnen Arbeitsschritte, bevor Sie sich dem Projektteil zuwenden. So ist es beispielsweise besser, die Sattlernaht zunächst an einem Stück Leder zu testen, als sie gleich bei einem Ihrer Projekte einzusetzen.

»——→ WERKZEUGÜBERSICHT

Gutes Werkzeug vereinfacht natürlich Ihre Arbeit und trägt dazu bei, das Endergebnis professionell aussehen zu lassen. Sie sollten jedoch Ihre Lederwerkzeuge als langfristige Investition betrachten. Wie viele Werkzeuge und in welcher Qualität Sie sich diese anschaffen, ist in erster Linie eine Frage Ihres Geschmacks und Ihres Geldbeutels. Ein guter Tipp ist, sich zunächst im Internet zu informieren, denn dasselbe Werkzeug in einer etwas einfacheren Qualität kostet in einem Hobbyladen vielleicht ein Zehntel dessen, was es in der teuersten und besten Qualität kostet. Auf Seite 125 finden Sie eine Liste von Händlern. Für Anfänger ist ein Set mit Lederwerkzeugen, wie sie im Internet (eBay und Amazon) verkauft werden, eine gute Alternative. Viele dieser Werkzeuge werden in China hergestellt und erfüllen nicht die höchsten Qualitätsansprüche, aber dafür sind sie in der Regel erschwinglich.

1. BIENENWACHS Wird zum Wachsen von Leinengarn verwendet, das dadurch haltbarer wird. Lässt sich auch zum Wachsen des Vorstecheisens verwenden, um das Vorstechen der Nahtlöcher zu erleichtern, oder auch als letztes Finish beim Kantenpolieren.

2. DAFA-ROLLSCHNEIDER Mein Lieblingsmesser. Es lässt sich hervorragend zum Schneiden gerader Kanten mithilfe eines Lineals verwenden. Bei der Verwendung des Rollschneiders liegt das Leder im Gegensatz zu anderen Cuttermessern fest unter dem Lineal.

3. SCHUSTERMESSER Wird zum Zuschneiden von Leder, beispielsweise für runde Formen oder zum Ausschneiden von Schablonen verwendet. Eine Alternative ist ein Exacto- oder Hobbymesser mit auswechselbarer Klinge. Größe Nr. 1 und Nr. 2 eignen sich gut zum Zuschneiden.

4. VORSTECHEISEN Wird zum Vorstechen der Nahtlöcher für Sattlernähte verwendet. Vorstecheisen gibt es mit unterschiedlicher Anzahl Zinken und unterschiedlichen Abständen zwischen den Zinken.

5. GLASS SLICKER Ein etwa 1 cm dickes Glasstück, dessen Kanten rund und glatt geschliffen wurden und das vor allem zum Formen feuchten Leders verwendet wird. Lässt sich auch zum Zusammenpressen von Leder nach dem Kleben verwenden.

6. RIEMENENDEISEN Wird zum Abtrennen der Enden von Riemen und Gürteln verwendet. Ist in einer abgerundeten und einer spitzen Variante erhältlich. Die spitze Variante wird auch als „English point" bezeichnet. Riemenendeisen gibt es auch in einer Variante für abgerundete Ecken (nicht abgebildet).

7. ARBEITSPLATTE Eine Unterlage bei der Verwendung verschiedener Schlagwerkzeuge usw. (nicht abgebildet).

8. LOCHEISEN Rund und länglich und in unterschiedlicher Länge. Mit dem Rundlocheisen werden Löcher in Gürtel und zur Befestigung von Nieten und Druckknöpfen geschlagen. Das Langlocheisen wird u. a. für Löcher zum Befestigen von Schnallen verwendet.

9. KANTENPOLIERER Ein Werkzeug aus Nylon oder Hartholz. Der Kantenpolierer aus Holz hat eine höhere Reibung, sodass das Leder damit schneller blank wird. Es gibt auch kleine Polierräder aus Cocoboloholz, die auf das Multifunktionswerkzeug von Dremel passen und die Arbeit zusätzlich erleichtern. Viele Sattler verwenden auch ein grobes, weißes Canvas-Tuch zum Kantenpolieren. Der grobe Stoff bietet ebenfalls eine gute Reibung.

10. KANTENZIEHER Zum Abschrägen der Lederkanten. Mit gerader oder abgerundeter Schneidfläche in verschiedenen Breiten erhältlich. Für einfachere Arbeiten sind 1–3 mm ausreichend. Der Kantenzieher muss gut geschliffen und scharf sein, um gut damit arbeiten zu können.

11. KONTAKTKLEBER Wird zum Zusammenfügen des Leders vor dem Nähen verwendet. Auf Wasserbasis und auf Lösungsmittelbasis erhältlich.

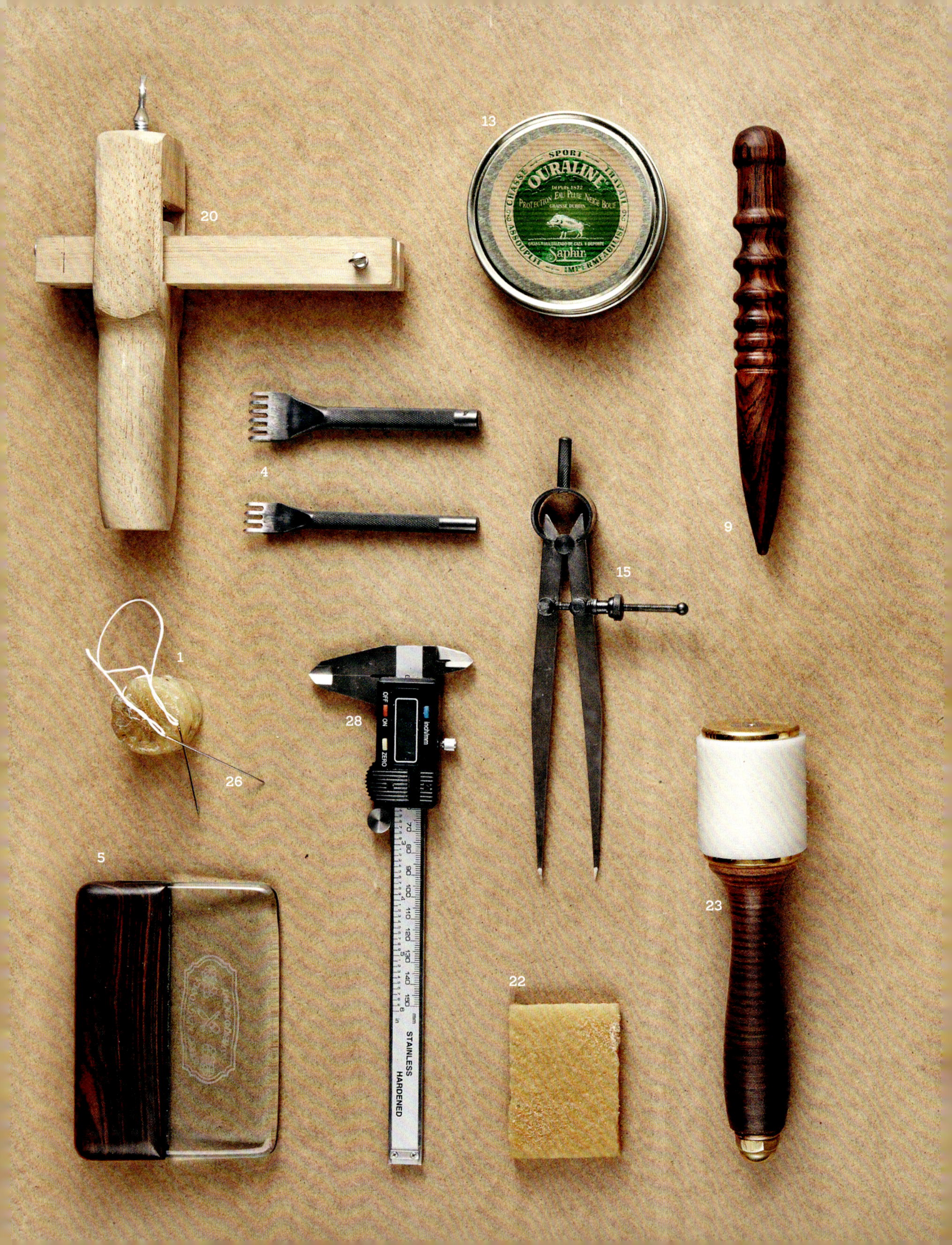
20
13
OURALINE
Saphir
4
9
15
1
28
26
STAINLESS
HARDENED
5
23
22

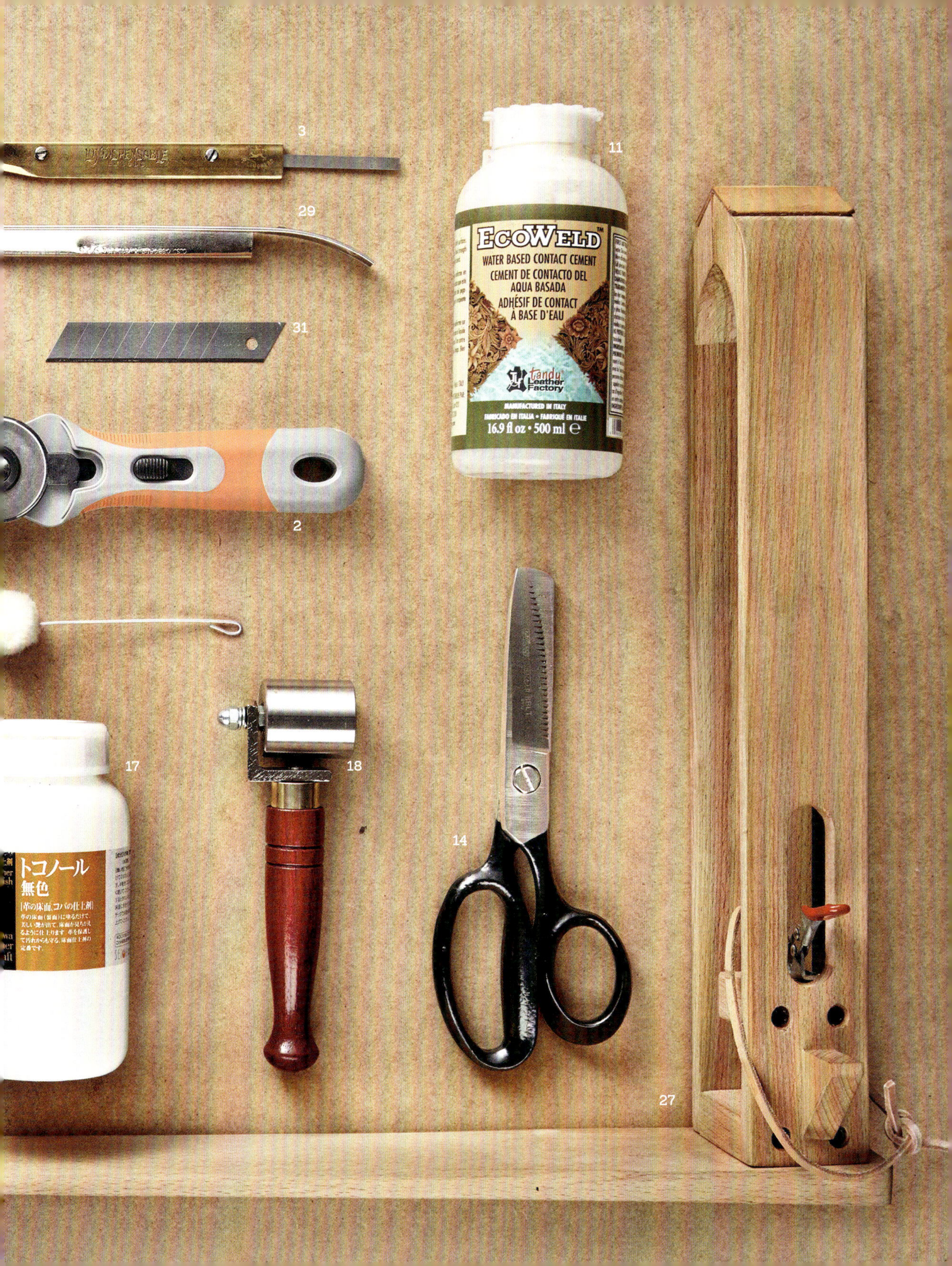
3
29
31
2
11
EcoWeld
WATER BASED CONTACT CEMENT
CEMENT DE CONTACTO DEL AQUA BASADA
ADHÉSIF DE CONTACT À BASE D'EAU
Tandy Leather Factory
MANUFACTURED IN ITALY
FABRICADO EN ITALIA • FABRIQUÉ EN ITALIE
16.9 fl oz • 500 ml
17
トコノール
無色
18
14
27

12. LINEAL Wird in zwei verschiedenen Längen benötigt: 30 cm und 100 cm. Am besten eignet sich ein dickeres Lineal, ca. 2 mm, dessen Gewicht das Leder beim Schneiden an Ort und Stelle halten kann (nicht abgebildet).

13. LEDERFETT Macht das Leder weich und pflegt es. Viele Varianten und Marken erhältlich.

14. LEDERSCHERE Eine Lederschere ist kräftiger als eine Papier- oder Stoffschere und hat eine gezahnte oder geriffelte Klinge, damit dickeres Leder nicht aus der Schere herausrutscht.

15. STECHZIRKEL Um leichter eine gerade Naht zu ziehen, kann ein Stechzirkel verwendet werden, um die Position der mit dem Vorstecheisen zu setzenden Nahtlöcher zu kennzeichnen.

16. ZIRKEL Zum Zeichnen von Schablonen und Formen wird ein Zirkel mit Bleistiftspitze verwendet (nicht abgebildet).

17. POLIERFLÜSSIGKEIT/TRAGANTGUMMI Wird zum Polieren der Kanten des Leders verwendet. Tragant ist ein gummiartiger Stoff aus dem Harz bestimmter Sträucher.

18. ANPRESSROLLE Wird zum Zusammenpressen des Leders nach dem Kleben verwendet.

19. FLECHTAHLE Wird zum Verringern oder Aufweiten der Abstände bei Flechtarbeiten verwendet. Die Flechtahle hat eine stumpfe Spitze und abgerundete Kanten, damit das Leder beim Einführen zwischen den Streifen nicht beschädigt wird.

20. RIEMENSCHNEIDER Verstellbares Messer zum Zuschneiden von Riemen.

21. REVOLVERLOCHZANGE Zange mit drehbarem Kopf mit Lochpfeifen in unterschiedlicher Größe, 1–6 mm (ohne Abbildung).

22. ROHGUMMI Wird zum Entfernen von Leimresten oder Markierungen eines Wachsstifts verwendet.

23. ROHHAUTHAMMER Aus Rohhaut oder Kunststoff. Beides funktioniert gut und beschädigt die übrigen Werkzeuge nicht (keinen Stahl- oder Eisenhammer verwenden, da diese die Locheisen o. ä. beschädigen).

24. REIFELEISEN Verstellbar, zur Markierung einer Linie entlang der Kante des Leders zum Nähen oder zur Dekoration, z. B. an einem Gürtel.

25. REIFELHOLZ Ähnlich wie das Reifeleisen, aber nicht verstellbar. Es hat oft vier feste Breiten zur Markierung einer Linie entlang der Kante des Leders (nicht abgebildet).

26. SATTLERNADEL Nadel ohne Spitze, in verschiedenen Größen von 4, 1, 0, 00 bis 000 (die stärkste ist 000) erhältlich. Die Nadel hat keine Spitze, da bei der Sattlernaht ein Vorstecheisen oder eine Ahle verwendet wird.

27. NÄHKLOBEN Dient zum Festspannen des Nähguts. Dadurch sind beide Hände frei, um Schneid- und Nähwerkzeuge sicher zu führen.

28. MESSSCHIEBER Wird zur genauen Messung und Markierung bei der Erstellung von Schablonen und bei Markierungen direkt auf dem Leder verwendet.

29. SCHÄRFMESSER Hobelt das Leder auf die gewünschte Dicke, beispielsweise beim Zusammenfügen oder Kleben zweier Lederstücke.

30. SCHNEIDMATTE Eine Unterlage zur Verwendung beim Schneiden von Leder (nicht abgebildet).

31. STANLEY-MESSER Wird zum Zuschneiden des Leders verwendet. Die Klinge lässt sich auch separat verwenden, um mithilfe eines Rohhauthammers gerade Schnitte in das Leder „zu stanzen".

32. AHLE Ist mit zwei verschiedenen Spitzen erhältlich: rund oder diamantförmig. Ahlen mit diamantförmiger Spitze werden für Sattelnähte verwendet, um die Nahtlöcher zu setzen, wenn kein Vorstecheisen verwendet wird. Ahlen mit runder Spitze werden für

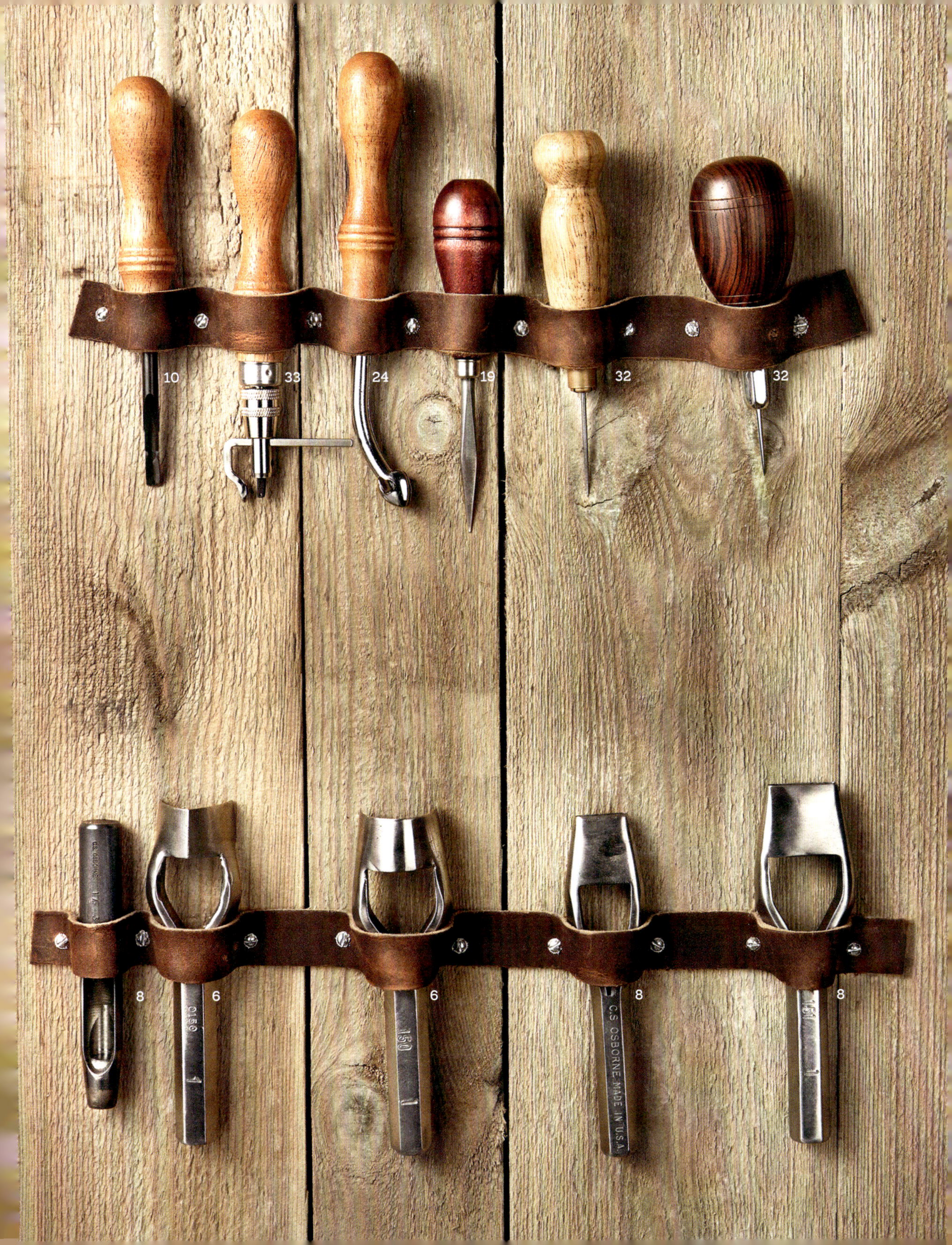
10
33
24
19
32
32
8
6
6
8
8
C.S OSBORNE MADE IN U.S.A

die Reparatur alter Nähte verwendet, da sie beim Einführen den Faden nicht beschädigen. Ich verwende die Rundahle auch für Markierungen einer Schablone oder um Löcher zu markieren.

33. NAHTVERSENKER Wird zum Schneiden einer Rille in das Leder verwendet, die die Platzierung der Sattlernaht markiert. Die Naht wird dann in der Regel versenkt und dadurch geschützt.

34. GARN Aus Kunstfaser oder Leinen. Leinen vermittelt einen natürlichen Eindruck, hat aber nicht dieselbe lange Lebensdauer. Kunststoffgarn hält länger und lässt sich durch Abschmelzen der Fadenenden leicht befestigen.

35. WACHSSTIFT Für Markierungen auf dem Leder. Lässt sich leicht mit Rohgummi entfernen (nicht abgebildet).

⋙⟶ ZUSCHNEIDEN MIT SCHABLONEN

In der Lederindustrie werden zum Zuschneiden von Leder große Stanzmaschinen und Stanzwerkzeuge verwendet. Die Stanzwerkzeuge werden aus 2 mm dickem Eisenblech mit scharfen Kanten hergestellt. Das Eisen hat eine genaue Form, d. h. jedes Stück Leder, beispielsweise für ein paar Schuhe, erhält sein eigenes Stanzwerkzeug, wobei alle Details, wie kleinere Löcher und größere Ausstanzungen, im Stanzwerkzeug enthalten sind. Große Lederseiten werden in die Stanzmaschine eingelegt und das Stanzeisen darüber platziert. Dann wird durch Herunterziehen zweier Handgriffe (damit keine Finger unter das Stanzwerkzeug geraten können) ein immer exakt gleiches Stück Leder ausgestanzt. So wird beispielsweise das Leder für die Schuhindustrie zugeschnitten, wobei keine Nacharbeiten mit weiterem Zuschnitt erforderlich sind. Dann wird das Leder zusammengenäht, sodass es ein ganzes Außen- oder Innenleder bildet.
Statt mit einer teuren Stanzmaschine und einem Stanzwerkzeug lässt sich das Leder auch mithilfe von Schablonen aus Karton von Hand zuschneiden. Wendet man viel Sorgfalt für die Herstellung exakter Schablonen auf, kann man Zeit und Arbeit sparen. Wenn Sie Ihre Lederarbeiten ohne Schablonen herstellen wollen, müssen Sie für jedes neue Projekt ausmessen und markieren, wo Sie schneiden, nähen, Nieten setzen usw. Das birgt natürlich das Risiko, dass Ihre Kreditkarten- oder Handyhülle jedes Mal anders aussieht.

Wenn ich eine Idee für ein neues Projekt habe, fertige ich zunächst mithilfe von Lineal und Zirkel eine Skizze auf einem leeren, karierten Papier an. Den Zirkel verwende ich zum Zeichnen runder Formen und Ecken. Man kann jedoch auch fertige Kurvenschablonen für Kreise und runde Ecken in verschiedenen Radien verwenden, die es in Geschäften für Bürobedarf zu kaufen gibt. Verwenden Sie einen Bleistift mit dünner Spitze, denn beim späteren Ausschneiden der Schablone mit einem Cuttermesser ist es leichter, einem schmalen Strich zu folgen als einem breiten.

Die fertige Schablone sollte so exakt wie möglich sein. Außerdem ist es wichtig genau zu überlegen, wie das Projekt zusammengefügt werden soll. Für ein Handyetui mit zusätzlichem Kreditkartenfach muss das Leder etwas breiter zugeschnitten werden als für ein Etui ohne ein solches Fach. Ein zusätzliches Fach bedeutet eine zusätzliche Schicht Leder, was das Etui dicker macht. Deshalb müssen Vorder- und Rückseite breiter sein. Oft sind mehrere Versuche erforderlich, bis man es richtig hinbekommt – Form, Funktion und Zuschnitt erfordern etwas Nachdenken.

Wenn Sie die verschiedenen Teile aufgezeichnet haben, werden sie ausgeschnitten. Ich verwende für die geraden Teile ein Lineal und einen Rollschneider und für die runden Formen ein Hobbymesser. Ich passe genau auf, dass ich mitten auf dem Bleistiftstrich schneide.

Wenn Sie alle Papierteile ausgeschnitten haben, kleben Sie sie auf ein Stück etwas dickeren Karton (1 mm), möglichst nicht dicker, da sich der Karton

TIPP

Gleichseitige Schablonen zeichnet man am besten, indem man die eine Hälfte auf die rechte oder linke Seite eines karierten Blatt Papiers zeichnet, die Schablone dann an der Mittellinie faltet und auf die gegenüberliegende Seite überträgt.

sonst schwer schneiden lässt. Der Karton darf beim Kleben nicht seine Form verlieren und sich nicht wellen. Gleichzeitig muss er auch robust sein, da Sie Ihre Schablonen mehrfach verwenden werden. Streichen Sie Ihre ausgeschnittenen Papierstücke mit Kleber ein. Achten Sie darauf, den Kleber gleichmäßig und bis an die Ränder zu verteilen. Drücken Sie die Papierstücke auf dem Karton fest und streichen Sie eventuelle Falten aus. Bei Bedarf können Sie den Karton unter einigen Büchern, mit einem Stück Kunststofffolie dazwischen, pressen.

Nach dem Trocknen des Klebers werden die Schablonen erneut mit Lineal, Rollschneider oder Hobbymesser ausgeschnitten. Je präziser die Schablonen zugeschnitten sind, desto weniger Nacharbeiten und Korrekturen sind später erforderlich. Jetzt haben Sie Schablonen, die Sie immer wieder verwenden können, um das Leder für Ihre Projekte zuzuschneiden. Legen Sie dazu die Schablone oder die Schablonen auf die Narbenseite des Leders und ziehen Sie die Umrisse vorsichtig mit einer Ahle nach. Die Abdrücke der Ahle sollten nur gerade sichtbar sein und nicht durch die Lederoberfläche dringen. Wenn Sie eine ganze Lederseite haben, sollten Sie sich genau überlegen, welchen Teil des Leders Sie für die verschiedenen Teile Ihres Projektes verwenden wollen. Die Teile des Leders, die am Rücken und am Hinterteil sitzen, sind kräftiger als die am Bauch und am Hals. Bestimmen Sie Ihren Zuschnitt so, dass Sie die qualitativ schlechteren Lederteile für die weniger wichtigen Teile Ihres Projekts verwenden.

Auch für einfachere Dinge, wie beispielsweise Gürtel, verwende ich Schablonen, um die Breite meines Riemenschneiders einzustellen (siehe nächste Seite). Auf derselben Schablone habe ich dann auch die Löcher für den Gürtel markiert, damit ich diese genau mittig und mit gleichmäßigem Abstand stanzen kann.

»→ WERKZEUGE FÜR DAS ZUSCHNEIDEN

GROSSE SCHNEIDMATTE Eine Schneidmatte als Unterlage ist unbedingt erforderlich, um Ihre Messer und nicht zuletzt Ihren Arbeitstisch zu schützen. Besonders gut geeignet für diese Zwecke ist eine Schneidematte mit den Abmessungen 60 × 100 cm. Wenn Sie eine größere Schneidefläche benötigen, können Sie, bei ausreichender Größe des Tisches, die Schneidematte entsprechend verschieben. Da eine Lederhaut bis zu 200 cm lang sein kann, erleichtert ein größerer Tisch das Arbeiten.

LANGES UND KURZES LINEAL Ich habe zwei Lineale: ein 100 cm langes und ein kürzeres mit einer Länge von 30 cm. Das längere verwende ich fast nur zum Zuschneiden großer Lederstücke. Das kürzere Lineal ist leicht zu handhaben und perfekt für alle Arten von Projekten. Besonders gut geeignet sind etwas schwerere Lineale, da sie das Leder beim Schneiden an Ort und Stelle halten.

MESSER Es gibt viele verschiedene Messer für das Lederhandwerk. Ein hochwertiges, aber auch etwas teureres Messer für das Ausschneiden von Formen ist das „L'Indispensable Knife" des französischen Herstellers Vergez-Blan-chard (auf Seite 19 abgebildet). Es hat eine schleifbare und austauschbare Klinge. Dieses Messer hat den Vorteil, dass die Klinge etwas robuster ist als die der Hobbymesser und die Spitze daher nicht so leicht abbricht. Der Nachteil besteht darin, dass dieses Qualitätsmesser viel Pflege und Fachkenntnisse erfordert, damit die Klinge gut geschliffen und scharf bleibt. Die preiswerteren Cuttermesser werden nicht geschliffen, sondern ausgetauscht oder abgebrochen.

ROLLSCHNEIDER Für längere Schnitte an einem Lineal verwende ich am liebsten einen Rollschneider der Marke Dafa, der in den meisten Hobbygeschäften oder im Internet erhältlich ist. Der Rollschneider eignet sich perfekt für die Arbeit mit dem Lineal, da er im Gegensatz zum normalen Cuttermesser das Leder nicht verschiebt. Auch wenn man das Lineal fest auf das Leder drückt, kann es sich beim Schneiden verschieben, sodass der Schnitt verrutscht. Deshalb ist für lange, gerade Schnitte der Rollschneider am besten geeignet.

CUTTERMESSER Kleinere, preiswerte Cuttermesser in Hobbyqualität gibt es in verschiedenen Größen und eignen sich zum Ausschneiden von Figuren und runden Formen. Achten Sie darauf, das Messer in einem Winkel von 90° zum Leder zu halten. Das ist besonders wichtig beim Schneiden von abgerundeten Ecken, bei denen das Messer oftmals geneigt wird. Wenn Sie nicht im Winkel von 90° schneiden, werden Ihre einzelnen Teile nicht zusammenpassen. Zum Ausschneiden von runden Formen mit dem Hobbymesser ist einige Übung erforderlich. Kleinere Fehler lassen sich im Nachhinein durch Schleifen mit Sandpapier ausbügeln.

KREISSCHNEIDER/CIRCLE COMPASS CUTTER Für verschiedene Projekte in diesem Buch habe ich runde Lederknöpfe gewählt. Die dafür erforderlichen kreisrunden Lederstücke lassen sich nur schwer mit einem Messer ausschneiden. Mit diesem ursprünglich japanischen Werkzeug hingegen ist es wesentlich leichter. Das Werkzeug ist ein ausgeklügelter Zirkel mit austauschbarer Klinge, mit dem sich perfekte runde Stücke mit einem Durchmesser von 1,8 cm bis ca. 10 cm ausschneiden lassen. Dieses Werkzeug ist in keinem der Projekte aufgeführt, aber es ist gut zu wissen, dass man es über die Website GoodsJapan.jp beziehen kann. Verschiedene Kreisschneider, die für Leder geeignet sind, gibt es im Internet auch bei deutschen Händlern.

LEDERSCHERE Eine Lederschere ist kräftiger als eine Papier- oder Stoffschere. Sie hat eine gezahnte Klinge, damit dickeres Leder nicht aus der Schere herausrutscht.

STANLEY-MESSERKLINGE Eine weitere Klinge, die ich für kürzere, gerade Schnitte verwende, ist eine austauschbare Klinge für ein Stanley-Messer. Die Klinge ist ca. 10 cm lang und lässt sich auf kürzere Längen abbrechen. Die Spitze der Klinge wird als Stanzwerkzeug verwendet. Will man beispielsweise ein Zauberband flechten, für das man drei gleich breite Teile benötigt, verwendet man die Stanley-Messerklinge, indem man die scharfe Spitze auf dem Leder platziert und dann vorsichtig mit einem Rohhauthammer darauf schlägt.

Mit der geraden Klinge kann man auch abgerundete Ecken schneiden: Dazu zunächst anzeichnen, wo geschnitten werden soll, dann die scharfe Spitze auf die Markierung legen und mit einem Rohhauthammer darauf schlagen. Wiederholt man dies mehrere Male, wobei die Klinge immer um jeweils einige Millimeter auf der Markierung versetzt wird, erhält man eine fast runde Kante. Die Kante wird umso runder, je weniger man die Klinge zwischen den einzelnen Schnitten verschiebt. Die letzte Rundung lässt sich mit Sandpapier oder einer Nagelfeile schleifen. Der Vorteil dieser Methode liegt darin, dass es so leichter ist, in einem Winkel von 90° zu schneiden.

RIEMENSCHNEIDER Ein unverzichtbares Werkzeug zum Schneiden von geraden, gleichmäßigen Riemen. Der Riemenschneider lässt sich auf die gewünschte Breite von bis zu 100 mm einstellen und kann Leder mit einer Dicke von bis zu 6 mm schneiden. Am besten längs mit dem Rückgrat des Leders. Vom Bauch zum Rückgrat hin geschnittene Riemen haben eine ungleichmäßige Qualität, verlieren leicht ihre Form und dehnen sich. Wenn Sie Riemen, die sich nicht dehnen, aus einem kräftigen Leder benötigen, schneiden Sie diese aus dem Kernstück (Croupon), d. h. dem hinteren Teil am Rückenstück des Leders. Vor der Verwendung des Riemenschneiders muss die Lederhaut parallel zum Rückgrat gerade abgeschnitten werden, damit eine gerade Kante entsteht, an die der Riemenschneider angelegt werden kann. Verwenden Sie dazu einen Rollschneider, ein Lineal und eine große Schneidematte.

LOCHEN/ABTRENNEN

Bei fast allen Lederarbeiten werden Sie Löcher in das Leder stanzen müssen. Das können runde Löcher für Nieten oder auch längliche Löcher zum Durchziehen von Riemen sein.

Zum Lochen werden vor allem zwei verschiedene Werkzeuge verwendet: die Revolverlochzange und das Locheisen.

Ich empfehle Ihnen, in eine Revolverlochzange zu investieren, da diese vielseitiger verwendbar ist. Achten Sie beim Kauf auf gute Qualität, denn meiner Erfahrung nach werden die billigen Zangen schnell stumpf. Wenn Sie ein längliches Loch benötigen, können Sie

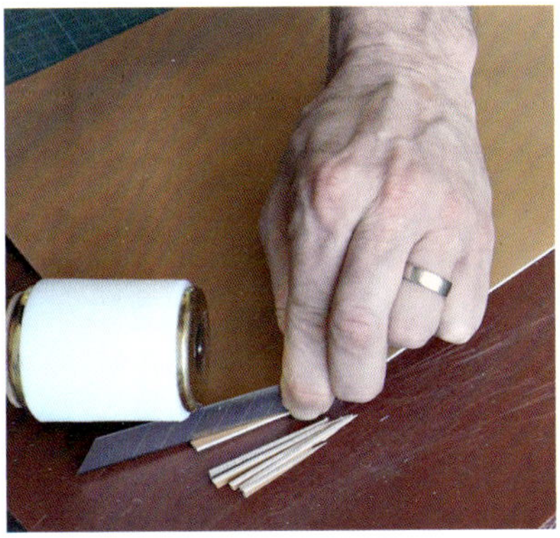

Die Stanley-Klinge kann anstelle eines Hobbymessers zum Schneiden von runden Kanten verwendet werden.

zwei runde Löcher im entsprechenden Abstand zueinander stanzen und dann das Leder dazwischen mit einem Hobbymesser (oder einer Stanley-Klinge und einem Rohhauthammer) entfernen. Das erfordert einige Übung, bis es wirklich schön aussieht, ist aber eine Alternative zum Kauf teurerer Locheisen.

WERKZEUGE FÜR DAS LOCHEN UND ABTRENNEN

REVOLVERLOCHZANGE Eine Revolverlochzange ist eine Zange mit rotierendem Kopf. An dem Kopf sind kleinere runde Locheisen verschiedener Größe befestigt, meist mit einem Durchmesser von 1–6 mm. Mit der Zange werden runde Löcher gestanzt und der Vorteil besteht darin, dass man mit ein und demselben Werkzeug verschiedene Lochgrößen wählen kann.

LOCHEISEN Ein Locheisen wird zusammen mit einem Rohhauthammer und einer Arbeitsplatte, als Unterlage, verwendet. Mit einem Locheisen können nur Löcher gleicher Größe gestanzt werden. Im Unterschied zur Revolverlochzange gibt es Locheisen in verschiedenen Formen: rund, länglich, schlüsselloch- und tropfenförmig. So können tropfenförmige Löcher in einem Gürtel sehr professionell aussehen. In den USA und Europa hergestellte Locheisen sind teuer, es gibt aber auch billigere Locheisen in verschiedenen Formen, die man über das Internet kaufen kann und die oft in Asien hergestellt wurden.

RIEMENENDEISEN Ein weiteres Stanzwerkzeug, das zusammen mit einem Rohhauthammer und einer Arbeitsplatte verwendet wird. Riemenendeisen gibt es in verschiedenen Formen und Größen. Es wird unter anderem zum Abtrennen der Enden von Riemen und Gürteln verwendet. Für Riemen wird ein Riemenendeisen mit U-förmiger oder etwas spitzerer, aber gleichzeitig leicht abgerundeter Klinge verwendet, das auch als „English Point" bezeichnet wird. Riemenendeisen gibt es auch in einer Variante für runde Ecken, die die Arbeit erleichtert und ein besseres Ergebnis als ein Hobbymesser ermöglicht. Ebenso wie Locheisen sind gute Riemenendeisen teuer. Billigere Eisen aus China kann man im Internet kaufen, wo sie oft als Set mit verschiedenen Größen oder Radien für runde Ecken verkauft werden.

ARBEITSPLATTE ODER SCHNEIDBRETT Arbeitsplatte oder Schneidbrett Vergessen Sie nicht, eine Arbeitsplatte oder ein Schneidbrett unterzulegen, wenn Sie mit Stanzwerkzeugen arbeiten.

TIPP

Um mit einem Riemenschneider aus dünnerem, weicherem Leder leichter Riemen zu schneiden, kann ein 1–1,5 mm breites Lederstück zwischen der Querstrebe, an der die Klinge befestigt ist, und dem Griff des Riemenschneiders eingesetzt werden. Auf diese Weise werden die Querstrebe und die Klinge leicht angewinkelt und ziehen das Leder in den Riemenschneider hinein. Bitte beachten: Das Lederstück muss beim Schneiden von dickerem Leder entfernt werden.

Die Arbeitsplatte schützt das Werkzeug und die Werkbank. Im Laufe der Zeit und mit zunehmender Anwendung hebt sich der Kunststoff auf der Arbeitsplatte um die von den Werkzeugen verursachten Löchern herum an. Wenn Sie die Narbenseite auf die Platte legen, können diese Erhöhungen Abdrücke im Leder hinterlassen. Darum wird empfohlen, bei Verwendung von Schlagwerkzeugen und Vorstecheisen ein zusätzliches Stück Leder zwischen Arbeitsplatte und Projekt zu legen.

FÄRBEN

Ein Vorteil von pflanzlich gegerbtem Leder ist seine leichte Färbbarkeit. Zum Färben von Leder gibt es Farben auf Acryl-, Wasser- und Lösungsmittelbasis. Diese sind entweder deckende Lederfarben, einziehende Lederfarben oder beides. Deckende Lederfarben legen sich auf das Leder und bilden eine deckende Oberfläche. Einziehende Lederfarben sind dünnflüssiger und dringen in das Leder ein.

FARBE AUF ACRYLBASIS Eine wasserbasierte, schnelltrocknende Farbe. Sie ist lichtbeständig, altert nicht, wird nicht spröde und platzt nicht ab. Acrylfarbe gibt es in vielen verschiedenen Farbtönen und ist meist leuchtend und klar. Acrylfarben eignen sich am besten für Dekormalerei und werden mit einem Pinsel aufgetragen. Die Farbe dringt dabei nicht in das Leder ein, sondern ist deckend. Damit sie ins Leder eindringt, kann sie zwar mit Wasser verdünnt werden, aber der Effekt ist nicht der gleiche wie bei einer einziehenden Lederfarbe.

FARBE AUF LÖSUNGSMITTELBASIS Deckende Farben auf Lösungsmittelbasis werden am besten mit einem Druckluftaggregat und einer Sprühdüse aufgetragen. Einziehende Farbe auf Lösungsmittelbasis wird am besten mit einem Malerschwamm aufgetragen. Während meiner Zeit als Schuhmacher war es nicht ungewöhnlich, dass Kunden ihre Schuhe gefärbt haben wollten. Nach der Reinigung mit Aceton wurden die Schuhe dabei zuerst mit einziehender Farbe grundiert und anschließend mit deckender Farbe gefärbt. So konnte ein brauner Schuh, schwarz werden. Der Vorteil von Farben auf Lösungsmittelbasis ist, dass sie besser halten. Sie sind zudem lichtechter und verschleißfester als wasserbasierte Farben. Der große Nachteil ist, dass die Farbe gesundheitsschädlich ist und zum Auftragen teure Ausrüstung benötigt wird. Außer dem Druckluftaggregat und der Sprühdüse sind ein Mundschutz und eine aktive Belüftung in Form einer Abzugsvorrichtung erforderlich.

FARBE AUF WASSERBASIS Für Hobbyzwecke empfehle ich die einziehende Farbe auf Wasserbasis. In den Tipps zum Färben erwähne ich daher ausschließlich diese Art von Farbe.

TIPP

Naturgefärbtes, pflanzlich gegerbtes Leder ist empfindlich gegenüber Schmutz, Fett und Kratzern von Fingernägeln. Wenn Sie besonders vorsichtig mit dem Leder umgehen wollen, tragen Sie bei der Arbeit ein paar weiße Baumwollhandschuhe. So bekommt das Leder keine Flecken und die Arbeit sieht unbenutzt aus, wenn Sie fertig ist.

Die Eigenschaften der einziehenden Lederfarbe unterscheiden sich, wie gesagt, von der der deckenden Farbe. Sie ist dünnflüssiger und leicht transparent, wenn sie in kleineren Mengen aufgetragen wird. Hier können Sie selbst wählen, wie durchgefärbt das Leder sein soll, indem Sie die einziehende Lederfarbe in mehreren Etappen auftragen. Einziehende Lederfarbe auf Wasserbasis kann auch mit Ammoniak oder Brennspiritus verdünnt werden, damit sie tiefer in das Leder eindringen kann. Das ist nötig, falls das Leder eingeschmiert oder in der Gerberei mit Öl behandelt wurde. Da pflanzlich gegerbtes Leder auch nach dem Färben noch dunkler werden kann, wird das gefärbte Leder nicht dieselbe Farbe haben, nachdem es benutzt und dem Sonnenlicht ausgesetzt wurde. Sonnenlicht lässt das Leder dunkler werden, aber einziehende Lederfarben verblassen.

VOR DEM FÄRBEN BEACHTEN

Leder in ganzen Häuten zu kaufen, ist teuer. Ob es sich lohnt, eine vorgefärbte Haut von einer Gerberei zu kaufen oder sie selbst zu färben, hängt davon ab, wieviel Leder benötigt wird. Eine ganze Haut, ungefärbt oder gefärbt, kann je nach Dicke und Qualität 100,- bis 200,- EUR kosten. Eine kleine Dose einziehende Lederfarbe hingegen kostet wesentlich weniger. Es lohnt sich also, ungefärbtes, d. h. naturfarbenes Leder zu kaufen und dann die jeweils benötigte Menge selbst zu färben.

Wenn Sie allerdings eine ganze Haut, beispielsweise in Schwarz benötigen, sollten Sie sie in einer Gerberei kaufen. Der Vorteil ist dann, dass das gefärbte Leder einen satteren Farbton hat, da die einziehende Lederfarbe tiefer eingedrungen ist. Das wird deutlich, wenn man ein Stück des im Voraus gefärbten Leders abschneidet und es mit einem selbstgefärbten Stück vergleicht. Denken Sie jedoch daran, dass Leder aus der Gerberei mit Öl oder Wachs behandelt sein kann und ein solches Leder schwer zu kleben ist.

Wenn nötig, kann das Leder in der Gerberei behandelt werden, um Fehler zu überdecken. Für das Färben von Leder sollte man wissen, dass das Endergebnis auf einem Leder mit unbehandelter Narbenseite gleichmäßiger wird. Leder, das behandelt oder geschliffen wurde, um Fehler zu überdecken, bekommt beim Färben oft einen ungleichmäßigen Farbton. Die Farbe wird vom Leder aufgesaugt und sieht an den geschliffenen oder behandelten Stellen dunkler aus. Das Färben sollte zunächst auf einem kleineren Stück Leder ausprobiert werden, um zu sehen wie das Leder die Farbe annimmt, wie gleichmäßig sie wird, ob sie wasserbeständig ist usw. Legen Sie ein Stück gefärbtes Leder eine Woche im Sommer auf die Fensterbank, um zu sehen wie das Leder im Sonnenlicht dunkler und die Farbe blasser wird.

LEDER FÄRBEN

Schützen Sie beim Lederfärben Ihre Kleidung und die Unterlage. Farben auf Wasserbasis können entfernt werden, wenn Sie schnell reagieren, bevor sie getrocknet sind. Wenn die Farbe getrocknet ist, ist es schwer oder sogar unmöglich, sie zu entfernen. Schützen Sie alle Flächen um Ihren Arbeitsplatz herum. Die Arbeitsfläche sollte eben und groß genug sein. Größere Lederstücke können bewegt werden, wobei es jedoch einfacher ist, wenn das gesamte Stück auf der Arbeitsfläche Platz hat. Die Arbeitsfläche sollte mit Folie oder Papier abgedeckt werden. Nehmen Sie kein Zeitungspapier, da sich die Druckerschwärze auf das Leder überträgt. Bei Bedarf können Sie auch den Fußboden und die Wände abdecken. Auch wenn man sehr vorsichtig ist, kann es doch schnell zu Spritzern kommen. Öffnen Sie ein Fenster zum Lüften und stellen Sie zum Entfernen eventueller Spritzer Wasser in die Nähe.

Das zu färbende Leder muss frei von Fett und Schmutz sein. Ungefärbtes Leder saugt leicht Fett auf, sodass die Farbe nicht richtig eindringen kann. Fettflecke können mit verdünnter Oxalsäure (5 ml Oxalsäure und 0,5 l Wasser) entfernt werden, die mit einem zusammengefalteten, sauberen Baumwolltuch vorsichtig auf den Fleck getupft wird. Dazu sind Schutzhandschuhe erforderlich. Da sie giftig ist, sollte die Oxalsäure in einem Schrank außerhalb der Reichweite von Kindern aufbewahrt werden. Am besten ist es natürlich, von Anfang an vorsichtig mit dem Leder zu sein, sodass keine Oxalsäure benötigt wird. Bewahren Sie Ihr Leder trocken und geschützt vor Fett, Staub und Sonnenlicht auf.

Ungefärbtes Leder sollte nicht zusammen mit gefärbtem gelagert werden, da das gefärbte Leder abfärben kann. Wird in der Gerberei mit Öl behandeltes Leder zusammen mit unbehandeltem, naturfarbenem Leder aufbewahrt, bekommt das unbehandelte Leder garantiert Fettflecken.

Wenn Sie Ihren Arbeitsplatz eingerichtet haben und Ihr Leder frei von Schmutz und Fett ist, können Sie beginnen, mit der einziehenden Lederfarbe zu färben. Vergessen Sie nicht, das Fenster zu öffnen, um gut zu lüften. Legen Sie das Leder auf eine ebene Unterlage, sodass Sie auf der ganzen Fläche arbeiten können. Falten Sie ein sauberes Baumwolltuch zusammen und tauchen Sie es vorsichtig in die Farbe. Entfernen Sie überschüssige Farbe durch Abtupfen auf einem Stück Abfallleder und beginnen Sie dann in einer Ecke, die Farbe mit kleinen, kreisförmigen Bewegungen gründlich und gleichmäßig in das Leder einzuarbeiten. Entfernen Sie überschüssige Farbe und geben Sie bei Bedarf mehr Farbe auf das Leder. Wenn die ganze Fläche gefärbt ist, drehen Sie das Leder um 90° und beginnen erneut. Es ist besser, die Farbe in mehreren Schichten auf das Leder aufzutragen als in einer einzigen dicken Schicht. Ein guter Tipp ist daher, die einziehende Lederfarbe mit Wasser zu verdünnen.

Färben Sie zunächst so viel Leder, wie Sie benötigen und schneiden Sie erst dann das Leder nach Ihrer Schablone zu. So riskieren Sie nicht, dass Farbe auf die Rückseite oder an die Kanten des Leders kommt, was später das Kleben erschwert.

»——› KLEBEN

Bei vielen Projekten in diesem Buch werden Sie zwei oder mehrere Lederstücke zusammenkleben, um sie anschließend mit einer Sattlernaht zusammenzunähen. Für Leder gibt es Kontaktklebstoff auf Lösungsmittelbasis und auf Wasserbasis, wobei ich immer letzteren empfehle. Klebstoff auf Lösungsmittelbasis kann in den Fällen besser sein, in denen die Fuge nicht zu sehen sein soll oder wenn das Leder Feuchtigkeit ausgesetzt wird, z. B. bei Schuhsohlen. Während meiner Jahre als Schuhmacher stand ich oft stundenlang über einen Topf mit Klebstoff gebeugt und mir wurde leicht schwindelig. Verwenden Sie daher lieber Casco, einen Kontaktklebstoff auf Lösungsmittelbasis in einer kleinen Tube, den es in den meisten Baumärkten und Farbgeschäften zu kaufen gibt. Denken Sie jedoch daran, dass er gesundheitsschädlich und leicht flüchtig ist und deshalb eine gute Lüftung wichtig ist. Man kann den Klebstoff auch in größeren Verpackungen kaufen und in kleinere Spezialflaschen aus Kunststoff umfüllen, bei denen die Tülle auf die gewünschte Dosierung eingestellt werden kann. Wenn Sie sich für Klebstoff auf Lösungsmittelbasis entscheiden, beachten Sie die Warnhinweise auf der Verpackung und halten Sie den Behälter geschlossen, wenn der Klebstoff nicht verwendet wird.

KONTAKTKLEBSTOFF AUF WASSERBASIS

Kontaktklebstoff gibt es auf Wasserbasis in der Tube oder in einem kleineren Kunststoffbehälter mit Schraubverschluss in jedem Hobbyladen oder im Internet zu kaufen. Er ist weniger giftig, umweltfreundlicher und leichter anzuwenden.

Zum Auftragen des Klebstoffs verwende ich meist einfache Pinsel aus dem Baumarkt. Die Breite des Pinsels ist von dem zu klebenden Lederstück abhängig, aber man sollte immer einige 1–3 cm breite Pinsel zur Hand haben. Die Borsten eines gewöhnlichen Farbpinsels sind oft zu lang zum Kleben, da sie zu weich und biegsam sind. Deshalb kürze ich sie auf rund 1 cm, am besten leicht angewinkelt, um leichter an Ecken und Kanten zu kommen. Ein Pinsel mit festeren Borsten macht das Kleben einfacher. Die Pinsel für wasserbasierten Klebstoff können mit Wasser gereinigt und erneut verwendet werden, solange der Klebstoff nicht getrocknet ist.

Anstelle von Pinseln können auch Klebestifte aus Kunststoff verwendet werden. Diese gibt es in verschiedenen Breiten und mit leicht angewinkelter Spitze, um das Kleben in Ecken zu erleichtern. Der Vorteil der Klebestifte ist, dass man damit präziser an den Markierungen entlang kleben kann. Der Klebstoff kann auch in das Leder „hineingepresst" werden, um eine ebene Fläche zu bekommen. Die Klebestifte können auch mit lauwarmen Wasser von allen Klebstoffresten befreit werden.

Den Behälter mit Klebstoff auf Wasserbasis immer verschließen, wenn er nicht benutzt wird, da ansonsten das Wasser verdunstet, der Klebstoff zähflüssig wird und sich dann schwer auftragen lässt.

AUFTRAGEN DES KLEBSTOFFS

Der Klebstoff wird auf beide Lederstücke aufgetragen, die zusammengefügt werden sollen. Vor dem Auftragen des Klebstoffs müssen die Flächen sauber und frei von Schmutz, Staub und Fett sein. Wenn Sie Leder für Ihre Projekte kaufen, ist es wichtig zu wissen, dass Leder, das während des Gerbungsprozesses rückgefettet, d. h. mit Fett behandelt wurde, nicht geklebt werden kann. Der Kontaktklebstoff dringt nicht in das Leder ein, sondern legt sich stattdessen auf das Fett im Leder und verliert so seine Haftfähigkeit. Fragen Sie in der Gerberei oder bei Ihrem Lieferanten nach, ob das Leder mit Wachs oder Öl vorbehandelt wurde. Leder, das in der Gerberei rückgefettet wurde, ist weicher als nicht mit Öl oder Wachs behandeltes Leder und eignet sich daher gut für Gürtel und Riemen, die ohne Klebstoff zusammengefügt werden. Um die Flächen, die geklebt werden sollen, nicht zu gefährden, empfehle ich, mit dem Einfetten der eigenen Projekte bis zum Schluss zu warten. Wenn Sie Ihr Leder einfetten wollen, tun Sie das als letztes Finish.

Nachdem Sie kontrolliert haben, ob die zu klebenden Flächen sauber sind, markieren Sie genau, wo der Klebstoff aufgetragen werden soll. Dazu zeichnet man die Flächen vorsichtig mit der Spitze einer Ahle an. Sind Ihre Klebeflächen markiert, müssen sie mit grobem Sandpapier mit einer Körnung von 100–180 aufgeraut werden. Es genügt auch eine gröbere Nagelfeile, da sie stabiler ist als Sandpapier und den Markierungen leichter folgen kann als das weichere Sandpapier. Rauen Sie insbesondere eine zu klebende Narbenseite gründlich auf. Die Narbenseite hat eine blankere Oberfläche, die aufgeraut werden muss, damit der Klebstoff in das Leder eindringen kann.

Wenn die Klebeflächen markiert und mit Sandpapier oder einer Feile aufgeraut sind, müssen eventuelle Reste des abgeschliffenen Leders abgebürstet werden, um anschließend den Klebstoff aufzutragen. Legen Sie die zu klebenden Lederstücke auf ungefärbtes, möglichst gewachstes Papier. Vermeiden Sie Zeitungspapier oder gefärbtes Papier, da diese auf das Leder abfärben können. Verwenden Sie Klebstoff aus der Tube und wenn Sie nicht viel benötigen, können Sie auch etwas Klebstoff auf ein Papier geben und dann mit dem Pinsel auftragen. Bei größeren Stücken können Sie den Klebstoff direkt aus der Tube auf die markierten Flächen geben. Verteilen Sie anschließend den Klebstoff mit einem abgeschnittenen Pinsel oder einem Klebestift gleichmäßig auf den Flächen. Der Klebstoff muss gleichmäßig und dünn und mit festem Strich aufgetragen werden, damit er nicht nur auf der Oberfläche des Leders verbleibt. Die Haftung ist am besten, wenn der Klebstoff in das Leder eingezogen ist. Denken Sie daran, keinen Klebstoff außerhalb der markierten Flächen aufzutragen.

Zu dick aufgetragener Klebstoff kann nicht korrigiert werden und da Kontaktklebstoff schnell trocknet und eine nachträgliche Korrektur nicht zu empfehlen ist, sollte das Auftragen des Klebstoffs vorher geübt werden. Testen Sie zunächst, wie Sie den Klebstoff am besten mit dem Pinsel oder dem Klebestift in der richtigen Menge auftragen. Schneller mit dem Projekt fertig zu werden, klingt gut aber nur bei Gründlichkeit bekommen Sie ein hervorragendes Ergebnis. Lieber ein paar Versuche mit Lederresten mehr, als das Projekt zu zerstören, in das Sie Geld und Zeit investiert haben.

ZUSAMMENFÜGEN

Wenn der Klebstoff aufgetragen und getrocknet ist, können die beiden Lederstücke zusammengefügt werden. Führen Sie ruhig vorher eine Kontrolle durch, indem Sie vorsichtig die mit Klebstoff bestrichenen Flächen anfassen: Bei wasserbasiertem Klebstoff sollten sie etwas klebrig sein, bei lösungsmittelbasiertem Klebstoff ganz trocken. Vermeiden Sie jedoch zu viel Kontakt mit der Klebefläche, da Fett, Schmutz und Staub die Haftfähigkeit verschlechtern. Wenn der Klebstoff sich richtig anfühlt, können die Stücke zusammengefügt werden. Achten Sie auf Ihre Markierungen oder auf die äußeren Kanten des Leders, damit die Stücke richtig aufeinanderpassen. Haben Sie erst die Lederstücke aufeinander geklebt, können sie nicht mehr korrigiert werden. Wenn Sie eine gute Vorarbeit geleistet haben, hält der Klebstoff sehr gut.

Müssen die Lederstücke jetzt wieder auseinandergezogen werden, weil sie nicht so zusammengefügt sind, wie Sie es sich wünschen, muss mit der ganzen Arbeit von vorne begonnen werden, einschließlich Aufrauen und Entfernen der Klebstoffreste. Beim Auseinanderziehen geklebter Stücke kann das Leder zudem gedehnt werden und seine Form verlieren. Daher ist wichtig, dass die Stücke von Anfang an exakt aufeinandersitzen.

Wenn die Lederstücke wie gewünscht zusammenkleben, muss die Klebefuge gepresst werden. Verwenden Sie keine Schlagwerkzeuge wie Hämmer, da diese permanente Abdrücke auf dem Leder hinterlassen. Ich benutze stattdessen eine Anpressrolle oder einen „Glass Slicker", ein 1 cm dickes Glasstück mit glatten runden Kanten (auch unter der deutschen Bezeichnung Glasglätter/Glaspolierer bekannt). Zum Schutz des Projekts vor Abdrücken, bei der Verwendung einer Anpressrolle, können Sie ein Stück Leder zwischen die Rolle und das Projekt legen. Verwenden Sie einen Glass Slicker, können Sie diesen direkt auf das zusammengeklebte Leder pressen oder drücken. Wichtig ist, dass Sie einen festen und gleichmäßigen Druck auf die Klebefuge ausüben. Eine Alternative zu Anpressrolle und Glass Slicker ist das Zusammenpressen der Klebefuge mit Briefklemmern, was am besten beim Kleben von Kanten funktioniert. Einfache, billige Klemmer gibt es in Buchhandlungen und Schreibwarengeschäften. Briefklemmer können Abdrücke im Leder hinterlassen und müssen daher an den Enden mit Leder umwickelt werden. Je länger eine Klebefuge unter Druck bleibt, desto besser. Lassen Sie also die Klemmer bis zum nächsten Schritt, der Sattlernaht, sitzen. Sollte Klebstoff auf unerwünschte Stellen gelangt sein, können Sie ihn mit einem Stück Rohgummi entfernen.

»——→ NIETEN UND KNÖPFE

Zum Zusammenfügen von Leder lassen sich auch Nieten oder Druckknöpfe verwenden. Diese gibt es in den verschiedensten Ausführungen, von der einfachen, traditionellen Kupferniete bis hin zu Druckknöpfen mit schönen Verzierungen. Für die Befestigung einiger Nieten und Druckknöpfe ist Spezialwerkzeug erforderlich, während andere leichter zu befestigen sind und nur einen Schraubendreher oder Hammer sowie eine feste Unterlage erfordern. Für Hobbyarbeiten empfehle ich manuelles Handwerkszeug, aber es gibt auch teurere Maschinen, die die Befestigung von Nieten erleichtern und das Risiko von Fehlern minimieren.

CHICAGOSCHRAUBE Ein praktischer Knopf, der sich leicht befestigen lässt, da seine beiden Teile zusammengeschraubt werden. Wenn Sie eine Zange zum Festhalten der Oberseite verwenden, sollten Sie die Schraube vor Beschädigungen schützen. Um ein Lösen der beiden Teile voneinander zu verhindern, können Sie mit einem Tropfen Locktite-Schraubensicherung gesichert werden.

CONCHOS Größere, dekorative Knöpfe werden als Conchos bezeichnet. Diese gibt es in vielen verschiedenen Varianten wie Sterne, Totenköpfe, Münzen usw. Die meisten haben eine Schraubbefestigung und können die Oberseite einer etwas langweiligen Chicagoschraube ersetzen.

ZIERNIETE Ziernieten werden zum Dekorieren von Leder verwendet. Es gibt viele verschiedene Varianten. Die meisten werden im Leder befestigt, indem eine oder mehrere Zungen auf der Rückseite der Niete durch das Leder gezogen und dann aufgebogen werden, sodass die Niete festsitzt.

DOPPELNIETE Doppelnieten werden zum Zusammenfügen von zwei Lederstücken, aber auch als Dekorationsdetail verwendet. Der Vorteil einer Doppelniete besteht darin, dass sie fester sitzt, als eine Dekorationsniete. Der Nachteil ist, dass es sie nicht in vielen dekorativen Formen gibt. Die Doppelniete besteht aus einem Ober- und einem Unterteil, die beide mit einem Kopf versehen sind. Ebenso wie beim Druckknopf braucht man für die Befestigung von Doppelnieten ein Spezialwerkzeug, damit diese ihre Form behalten.

KNOPFNIETE Knopfnieten werden ähnlich wie Druckknöpfe zum Verschließen oder Festspannen von zwei Lederstücken verwendet. Sie werden im unteren Lederteil befestigt und durch eine schlüssellochförmige Öffnung im oberen Lederstück gezogen.

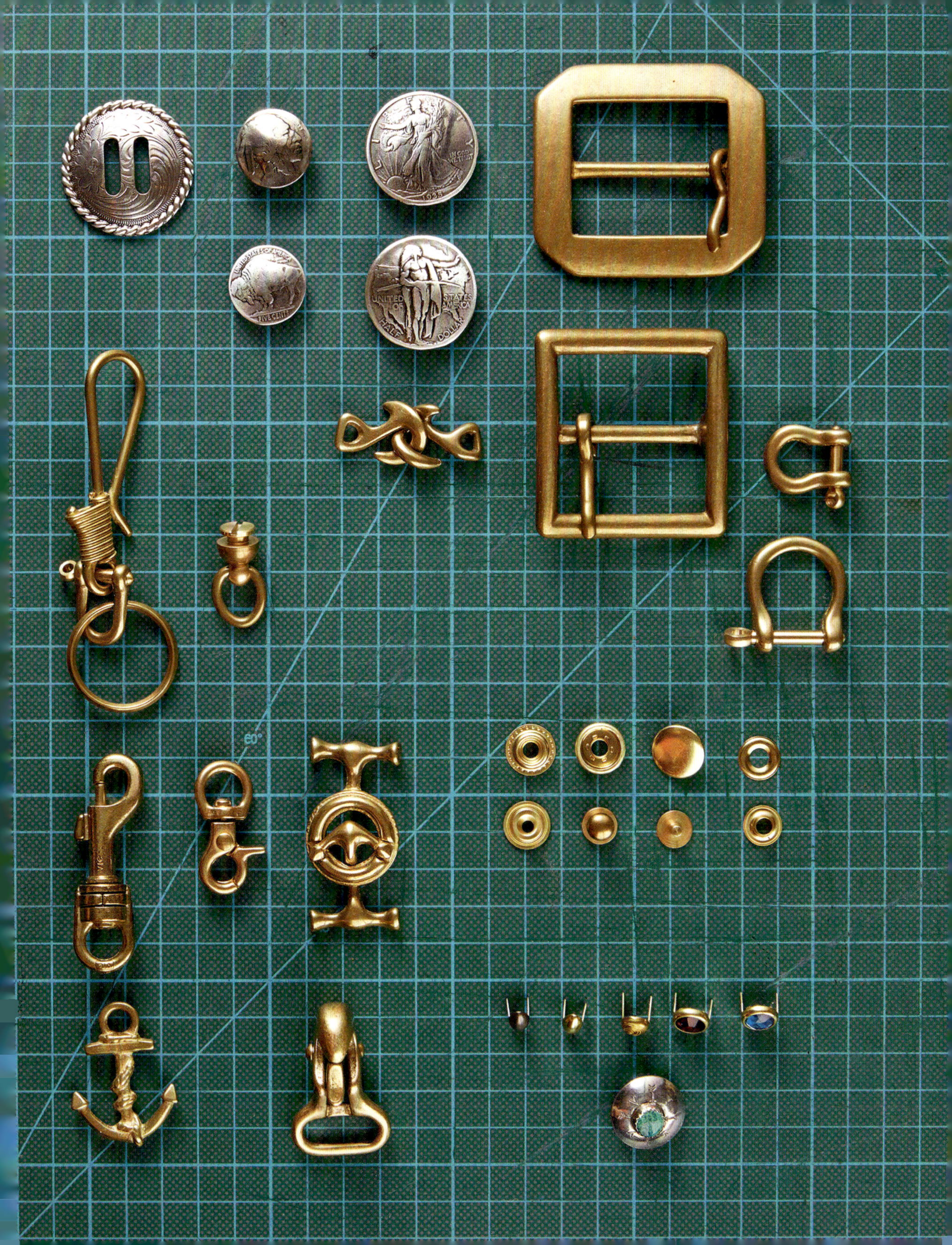
60°

Auf diese Weise können sie als Verschluss für eine Tasche oder ein Armband dienen. Die Knopfniete gibt es mit Schraubbefestigung oder Nietbefestigung.

Beide lassen sich leicht mithilfe von Schraubenzieher oder Rohhauthammer und einer stabilen Unterlage, wie einer Arbeitsplatte, befestigen.

KUPFERNIETE Die traditionelle Kupferniete hat ein nagelähnliches Unterteil und ein aus einer Scheibe bestehendes Oberteil. Der Hals der Niete wird von der Unterseite durch das Leder geführt und dann die Scheibe darüber gezogen. Danach wird der Hals der Niete mit einem Schlagwerkzeug und einem Rohhauthammer abgeplattet. Um ein gutes Ergebnis zu erreichen, darf der Nietenhals weder zu kurz noch zu lang sein. Er sollte vor dem Abplatten einige Millimeter über die Scheibe hinausragen.

MAGNETKNOPF Wird zum unsichtbaren Verschließen verwendet. Ebenso wie die Ziernieten wird er befestigt, indem zwei oder mehrere Zungen durch das Leder und dann durch eine Scheibe auf der Rückseite des Leders gezogen werden. Die Zungen werden dann zur Seite gebogen, um den Knopf zu befestigen. Die andere Hälfte des Knopfes wird ebenso befestigt.

DRUCKKNOPF Der Druckknopf hat ein Ober- und ein Unterteil, die jeweils aus zwei Teilen bestehen. Zur Befestigung von Druckknöpfen ist ein Spezialwerkzeug erforderlich, dessen Größe sich nach der Größe des Druckknopfs richtet. Das Werkzeug für die Oberseite des Knopfes ist eine gewölbte Vorrichtung aus Metall, die an die Rundung des Knopfes angepasst ist. Die Oberseite des Knopfes wird in die gewölbte Vorrichtung gelegt und behält so beim Festschlagen der zweiten Hälfte des Oberteils mit einem Hammer seine Form. Ebenso gibt es eine an die Unterseite des Druckknopfes angepasste Vorrichtung. Bewahren Sie das Werkzeug zusammen mit den Druckknöpfen auf, für die es vorgesehen ist, damit Sie immer das richtige Werkzeug für den jeweiligen Druckknopf zur Hand haben. Manchmal misslingt die Befestigung eines Druckknopfes, der dann ausgetauscht werden muss. Dabei kann ein Seitenschneider gute Dienste leisten, aber kommen Sie damit dem Leder nicht zu nahe, da dieses leicht beschädigt werden kann. Am besten funktioniert ein kleines Elektrowerkzeug mit einer für Metall geeigneten Schleifscheibe. Schleifen Sie damit den Teil der Niete ab, der den Druckknopf zusammenhält. Achten Sie darauf, dass die Niete nicht zu warm wird und das Leder nicht anbrennt.

ÖSE Ösen werden zur Verstärkung des Leders um Löcher herum oder zur Verzierung verwendet. Sie bestehen aus zwei Metallringen, einer Ober- und einer Unterseite, und es gibt sie in vielen verschiedenen Größen. Die Oberseite hat einen Hals, der durch das Leder gezogen wird, während die Unterseite ein Ring ist, der auf der Rückseite des Leders um den Hals gelegt wird. Zur Befestigung von Ösen wird ein Spezialwerkzeug benötigt, das an jede Ösengröße angepasst ist. Mit einem Rohhauthammer, wird auf das Ösenwerkzeug geschlagen, wobei der Hals nach außen gebogen und der Ring auf der Rückseite des Leders festgeklemmt wird.

»—→ SATTLERNAHT

Eine Sattlernaht ist im Vergleich zur Maschinennaht zeitaufwendiger, hat aber eine wesentlich längere Lebensdauer. Es gibt viele verschiedene Arten von Maschinennähten, wobei bei der häufigsten Variante ein Ober- und ein Unterfaden innerhalb des Materials umeinandergeschlungen werden. Die Fäden auf der Ober- und Unterseite gehen auf diese Weise nie vollständig durch das Material. Der Nachteil einer Maschinennaht ist, dass beim Reißen eines Fadens die gesamte Naht aufgeht. Das hat sicherlich schon jeder einmal erlebt. Die Sattlernaht besteht ebenfalls aus zwei Fäden, aber ihre Überlegenheit liegt darin, dass ein und derselbe Faden auf beide Seiten des Leders gezogen wird und somit abwechselnd als Ober- und Unterfaden fungiert. Sollte ein Faden reißen, wird die Naht von dem anderen Faden gehalten. Außerdem ist die Reparatur der Sattlernaht einfacher, da die gewünschte Nahtlänge mit einem neuen Faden und einer unsichtbaren Befestigung ersetzt werden kann. Eine beschädigte Maschinennaht hingegen muss oft vollständig entfernt und erneut genäht werden. Für die Reparatur einer Maschinennaht ist die Sattlernaht ebenfalls besser geeignet. Eine maschinengenähte

Brieftasche beispielsweise wird in mehreren Schritten zusammengenäht. Wenn diese Brieftasche dann repariert werden muss, ist es manchmal unmöglich, die betreffende Naht mit der Nähmaschine zu erreichen. In diesen Fällen ist eine handgenähte Sattlernaht die einzige Möglichkeit.

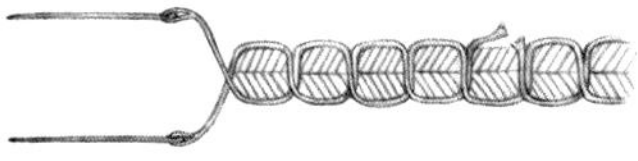

Bei einer Sattlernaht wird derselbe Faden nach oben und unten durch das Leder gezogen und bildet somit eine Naht, die sich nicht öffnet, falls der Faden reißt.

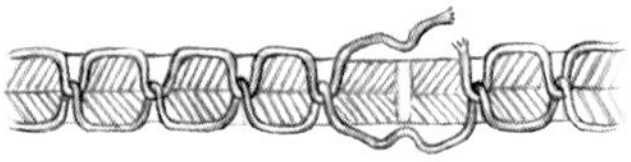

Eine Maschinennaht hat zwei Fäden, die nicht vollständig durch das Leder gezogen werden, sodass sich beim Reißen eines Fadens die gesamte Naht öffnet.

PLATZIERUNG DER NAHT

Der Abstand zwischen den Stichen einer Naht sowie zwischen Kante und Naht ist eine Frage von Haltbarkeit, Ästhetik und Design. Bei der Festlegung des Abstandes zwischen den Stichen sollte überlegt werden, wie sehr das Projekt beansprucht wird. Zu dicht nebeneinander gesetzte Stiche verringern die Stabilität des Leders, da beim Nähen das Leder durchstochen oder perforiert wird. Deshalb sollte beispielsweise ein Gürtel nicht quer über das Leder genäht werden. Damit das Leder ausreichend stabil bleibt, sollten die Stiche nicht dichter als 2 mm sein, d. h. 13 Stiche auf einen Zoll (ca. 2,5 cm). Gegenstände, die nicht belastet werden, können natürlich mit dichteren Stichen genäht werden. Ein weiterer Faktor für den Abstand ist die Dicke des Fadens. Ein dickerer Faden erfordert generell einen längeren Abstand zwischen den Stichen als ein dünnerer.

Was das Anbringen der Naht in Bezug auf die Kante des Leders betrifft, kann als Faustregel gelten, dass der Abstand der Naht von der Kante etwa der Dicke des zusammengefügten Leders entsprechen soll. Wenn die zusammengefügten Lederstücke, die genäht werden sollen, beispielsweise 3 mm dick sind, sieht eine 3 mm von der Kante entfernt angebrachte Naht besonders ästhetisch aus. Das ist jedoch nur eine Faustregel, denn bei einem 7 mm dicken Leder muss die Naht beispielsweise nicht 7 mm von der Kante entfernt angebracht werden, sondern hier sollten Sie die Ästhetik entscheiden lassen.

»—→ WERKZEUG UND MATERIAL

NAHTVERSENKER Ein Nahtversenker, oder auch Rillenzieher, hat eine scharf geschliffene Klinge, die eine abgerundete Rille in das Leder schneidet. Durch die Rille wird es später leichter, eine gerade Naht zu nähen. Außerdem wird die Naht in der Rille versenkt und so geschützt. Um die Rille in einem gleichmäßigen Abstand von der Kante des Leders zu ziehen, hat der Nahtversenker einen verstellbaren Anschlag. Eine Alternative zum Nahtversenker ist ein Stechzirkel, mit dem durch eine gleichmäßige Linie, entlang der Lederkante, gekennzeichnet werden kann, wo die Naht angebracht werden soll. Bei Verwendung eines Stechzirkels liegt die Naht dann oben auf dem Leder und wird stärker strapaziert.

VORSTECHEISEN Ein Vorstecheisen ist ein Eisen mit scharfen diamantförmigen Zinken oder Spitzen. Vorstecheisen gibt es mit unterschiedlicher Anzahl Zinken und unterschiedlichen Abständen zwischen den Zinken. Mit einem Vorstecheisen werden die Nahtlöcher für die Nähte vorgestochen.

Es wird auf die mit dem Nahtversenker hergestellte Rille oder die mit dem Zirkel markierte Linie aufgesetzt und dann mit einem Rohhauthammer durch das Leder geschlagen. Dann wird das Vorstecheisen nach vorne gesetzt, sodass die letzte Zinke des Eisens in das erste, gerade geschlagene Loch gesetzt wird. Auf diese Weise erhält man einen gleichmäßigen Abstand zwischen den Stichen. Arbeiten Sie mit dem Vorstecheisen auf sich zu, damit Sie einen guten Überblick behalten und die Löcher genau auf Ihrer Markierung stanzen können. Achten Sie darauf, dass Sie das Vorstecheisen in einem Winkel von 90° zum Leder halten, sodass die Löcher auf der anderen Seite des Leders in einer geraden Linie erscheinen. Wenn Sie kräftigeres Leder verwenden, ist es eventuell erforderlich, die Löcher mit einer Ahle mit diamantförmiger Spitze nachzustechen. Um Ihre Arbeitsplatte vor vielen kleinen Löcher zu schützen, können Sie bei Verwendung eines Vorstecheisens ein dickeres Stück Leder zwischen Arbeitsplatte und Projekt legen. Wenn Sie kein Lederstück als zusätzliche Unterlage verwenden, können die vom Vorstecheisen verursachten Löcher mit aufgewölbtem Rand in der Arbeitsplatte hässliche Abdrücke auf dem Leder hinterlassen, mit dem Sie arbeiten.

PRICKRAD Mit einem Prickrad oder Nahtmarkierer wird markiert, wo Sie die Nahtlöcher mit einer diamantförmigen Ahle stechen wollen, wenn Sie kein Vorstecheisen verwenden. Befeuchten Sie zunächst das zu markierende Leder mit einem feuchten Schwamm. Lassen Sie dann das Prickrad in der mit dem Nahtversenker gezogenen Rille oder auf der mit dem Zirkel gezogenen Linie laufen, um zu markieren, wo Sie später die Nahtlöcher mit der Ahle stechen wollen. Wie beim Vorstecheisen gibt es auch Prickräder mit unterschiedlichem Abstand zwischen den Stichmarkierungen.

DIAMANTFÖRMIGE AHLE Eine Stechahle mit diamantförmiger Spitze, die zum Stechen von Nahtlöchern verwendet wird. Erfahrene Sattler verwenden ausschließlich eine Stechahle, um regelmäßige, gleichmäßige Nahtlöcher zu stechen. Beschäftigt man sich mit Lederarbeiten zu Hobbyzwecken, kann ein Vorstecheisen jedoch eine große Hilfe sein. Verwendet man ein Vorstecheisen, werden die Nahtlöcher mit diesem markiert und mit der Stechahle lediglich ganz durch das Leder gestochen. Es ist wichtig, dass die Stechahle scharf ist, damit sie leichter durch dickeres Leder dringen kann. Zum Schärfen Ihrer Stechahle können Sie einen einfachen Schleifstein für Küchenmesser verwenden. Der Griff der Stechahle ist entweder ganz rund oder rund mit einer abgeplatteten Seite. Beim Einschrauben der Ahlenklinge in den Griff wird die flache Seite der Klinge mit der abgeflachten Seite des Griffs in Übereinstimmung gebracht. Auf diese Weise können die Nahtlöcher leichter im richtigen Winkel angebracht werden.

LEINENGARN Leinengarn ist ein natürliches Material, das ästhetisch ansprechender als synthetisches Garn ist. Der Nachteil ist seine kürzere Lebensdauer – es trocknet aus und verrottet nach 5–20 Jahren. Wer sein Nähgarn nicht selbst wachsen will, für den gibt es fertig gewachstes Leinengarn.

SATTLERNAHT SCHRITT FÜR SCHRITT

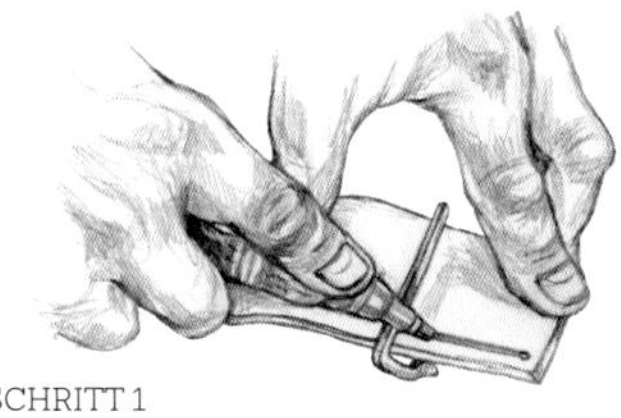

SCHRITT 1

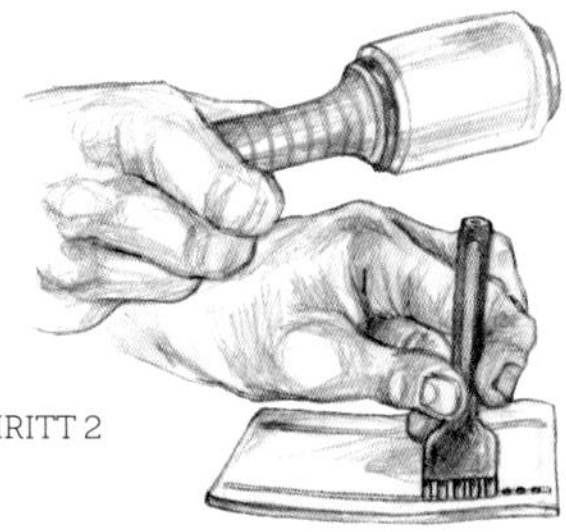

SCHRITT 2

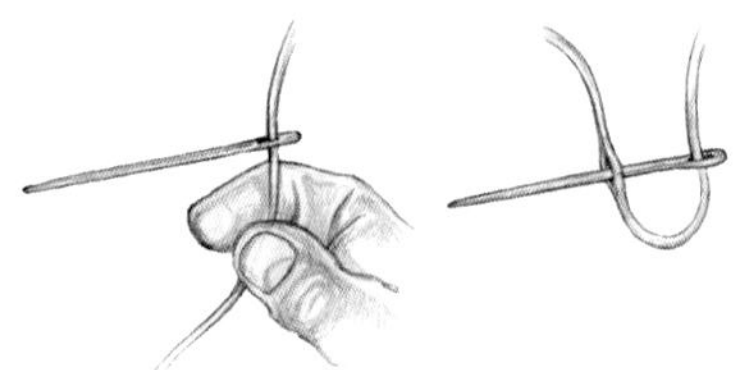

SCHRITT 4.1

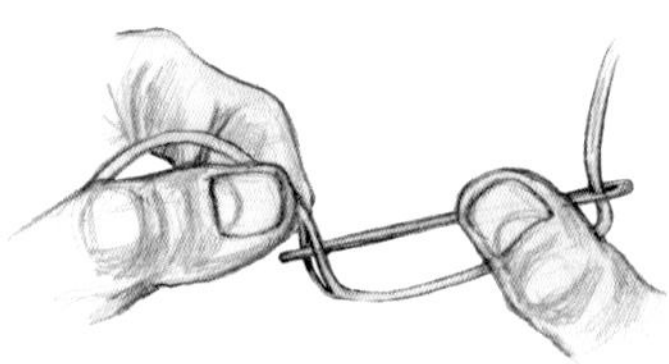

SCHRITT 4.2

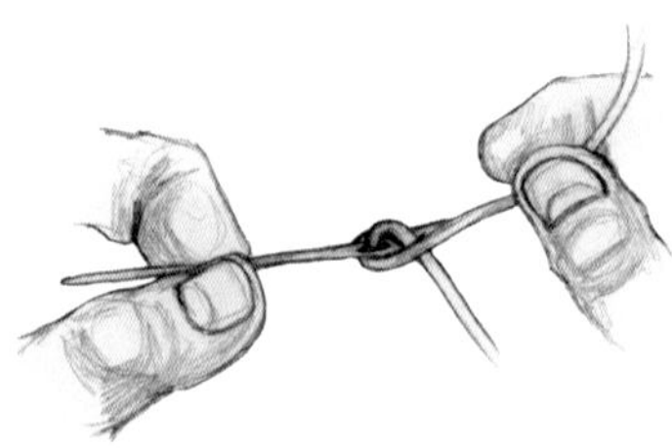

SCHRITT 4.3

SYNTHETISCHES GARN Polyestergarn ist nicht so dehnbar wie Leinengarn und hat eine längere Lebensdauer. Ästhetisch ist es vielleicht weniger ansprechend, eben, weil es synthetisch ist. Nach dem Nähen kann das synthetische Garn leicht befestigt werden, indem das Ende über ein Feuerzeug gehalten wird, bis sich eine Kugel aus geschmolzenem Garn bildet. Seien Sie aber vorsichtig beim Abschmelzen des Fadenendes, damit die Hitze des Feuerzeugs nicht die fertige Naht zum Schmelzen bringt. Genau wie Leinengarn kann auch synthetisches Garn fertig gewachst gekauft werden.

BIENENWACHS Bienenwachs wird in erster Linie zur Verlängerung der Lebensdauer des Leinengarns verwendet, verhindert aber auch das Ausfransen während des Nähens. Nicht mit Bienenwachs behandeltes Leinengarn verrottet schneller, wenn es in Kontakt mit Feuchtigkeit kommt. Wenn Sie die Nadeln und das Garn vorbereiten, behandeln Sie das Leinengarn, indem sie ein Stück Bienenwachs darüberstreichen, wenn es gespannt ist.

SATTLERNADEL Die Nadeln zum Nähen einer Sattlernaht haben stumpfe Spitzen, damit die Nadeln beim Durchführen durch das fertige Nahtloch, bzw. den Stich, den dort bereits vorhandenen Faden nicht beschädigen. Es kann aber passieren, dass die Nadel den vorhandenen Faden durchsticht. In diesem Fall sollten Sie die Fäden herausziehen und kontrollieren, ob der durchstochene Faden unbeschädigt ist. Wenn der durchstochene Faden beschädigt ist, sollten Sie ausreichend viele Stiche herausziehen und den Faden dort befestigen, wo er noch unbeschädigt ist. Beginnen Sie dann dort mit einem neuen Faden. Es gibt keine einheitlichen Maße für Nadeln und Garn. Die Nummerierung der Nadeln nach ihrer Größe ist in den verschiedenen Ländern unterschiedlich. In Skandinavien beispielsweise gibt es Nadeln in den Größen 4, 1, 0, 00, 000 und 0000. Die drei kleinsten Nadeln, 4, 1 und 0 sind gut für kleinere Lederarbeiten geeignet. Welche Nadel und welches Garn Sie wählen und wie dicht an der Kante Sie Ihre Naht anbringen, ist eine Frage von Haltbarkeit, Ästhetik und Design. Schauen Sie sich verschiedene Ledergegenstände an und finden Sie heraus, was Ihnen am besten gefällt.

NÄHKLOBEN, NÄHPFERD ODER NÄHROSS Ein Nähkloben dient dazu, kleinere Lederstücke festzuhalten, damit Sie beim Nähen beide Hände frei haben. Nähkloben oder Nähpferde gibt es in Abhängigkeit von der Größe des Lederstücks in verschiedenen Größen. Ein Nähross ist eine Art Nähstuhl, der sich für größere Arbeiten eignet. Um das Leder zu schützen, wenn es im Nähkloben festgeklemmt wird, können Sie ein Stück Leder an den Klemmbacken festkleben. Sperrige oder größere, schwere Projekte, die nicht in einem Nähross oder einem Nähstuhl festgeklemmt werden können, können stattdessen auf den Schoß oder einen Tisch gelegt werden.

SO NÄHEN SIE EINE SATTLERNAHT

SCHRITT 1 Markieren Sie zunächst, wo auf dem Leder Sie die Naht anbringen wollen, indem Sie mit einem Nahtversenker eine Rille oder einen Strich mit einem Zirkel anbringen.

SCHRITT 2 Verwenden Sie ein Vorstecheisen, um Ihre Nahtlöcher zu stechen. Setzen Sie es auf die mit dem Nahtversenker hergestellte Rille oder die mit dem Zirkel markierte Linie auf und schlagen Sie es dann vorsichtig mit einem Rohhauthammer durch das Leder. Wenn Sie kräftigeres Leder verwenden, ist es eventuell erforderlich, die Löcher mit einer Ahle mit diamantförmiger Spitze nachzustechen.

SCHRITT 3 Messen Sie den Faden für Ihre Naht ab. Die Grundregel dabei ist, dass der Faden etwa dreimal so lang sein sollte, wie die geplante Naht. Wenn die Naht nur einige Zentimeter lang ist, muss der Faden natürlich länger sein, denn Sie müssen einen ausreichend langen Faden haben, um die Nadel daran zu befestigen. Dann geben Sie noch einige Nadellängen hinzu. Die Fadenlänge ist auch von der Dicke des zu nähenden Leders abhängig: Dickes Leder erfordert einen längeren Faden.

SCHRITT 4 Für die Sattlernaht werden zwei gleich große Nadeln benötigt, die jeweils an den beiden

Enden desselben Fadens angebracht werden. Befestigen Sie den Faden in der Nadel, um zu verhindern, dass er sich während des Nähens löst. Ziehen Sie den Faden durch das Nadelöhr, durchstechen Sie dann das Fadenende, das das Nadelöhr nicht passiert hat und ziehen Sie dann den Faden über die Nadel. Machen Sie dasselbe mit der anderen Nadel. Manchmal kann es schwierig sein, einen gewachsenen Faden durch das Nadelöhr zu ziehen. Ein Tipp ist, vorsichtig eine Nadel oder eine Ahle über das Fadenende zu ziehen und es so abzuflachen. Wenn das Fadenende ausgefasert ist, können Sie es über ein Stück Bienenwachs streichen und wieder zusammendrücken.

SCHRITT 5 Legen Sie fest, wo Ihre Naht beginnen und wo sie enden soll. Wenn Sie beispielsweise um ein Lederstück herum nähen wollen, wird Ihre Naht dort enden, wo sie beginnt. Da die Naht mit einem Doppelstich abgeschlossen wird, sollten Sie möglichst dort beginnen und enden, wo es am wenigsten zu sehen ist. Etwas weiter hinten im Buch werde ich noch Tipps geben, wie man eine Naht an einer Kante beginnt und endet.

SCHRITT 6 Spannen Sie das zu nähende Leder in einem Nähkloben fest. Dabei sollte die Vorderseite des Leders in Richtung Ihrer rechten Hand und die Rückseite in Richtung Ihrer linken Hand zeigen. Die Seite, die beim Anbringen der Nahtlöcher mit dem Vorstecheisen nach oben gewandt war, ist die Vorderseite des Leders. Achten Sie darauf, dass das Nahtloch, an dem Sie Ihre Naht beginnen wollen, einige Zentimeter oberhalb der hinteren Ecke des Nähklobens sitzt.

SCHRITT 7 Beginnen Sie damit, eine der Nadeln durch das Nahtloch (Nahtloch 1) zu ziehen, in dem Sie Ihre Naht beginnen wollen. Achten Sie darauf, dass auf beiden Seiten des Nahtloches gleich viel Faden hängt. Wenn der Faden 100 cm lang ist, müssen also auf jeder Seite des Leders je 50 cm überstehen. Nachfolgend nennen wir die Nadel, mit der jeder Stich von der Rückseite des Leders beginnt, Nadel A und die Nadel, die jeden Stich von der Vorderseite des Leders abschließt, Nadel B.

SCHRITT 8 Nähen Sie die Sattlernaht immer auf sich zu. Ziehen Sie daher Nadel A halbwegs durch das nächste Nahtloch (Nahtloch 2), das Ihnen zugewandt ist.

SCHRITT 9 Legen Sie Nadel B hinter Nadel A. Greifen Sie jetzt Nadel A, sodass Sie Nadel A und Nadel B beide zwischen Daumen und Zeigefinger halten.

SCHRITT 10 Mit beiden Nadeln in der Hand ziehen Sie Nadel A ganz durch das Nahtloch (Nahtloch 2), aber warten Sie noch damit, den ganzen Faden hindurchzuziehen. Drehen Sie dann die Hand mit

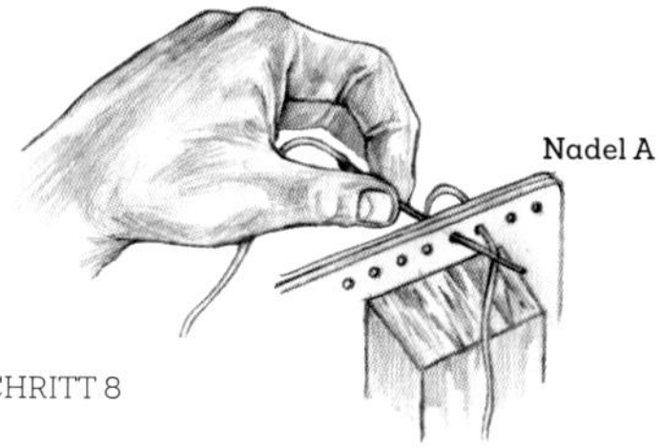

SCHRITT 8

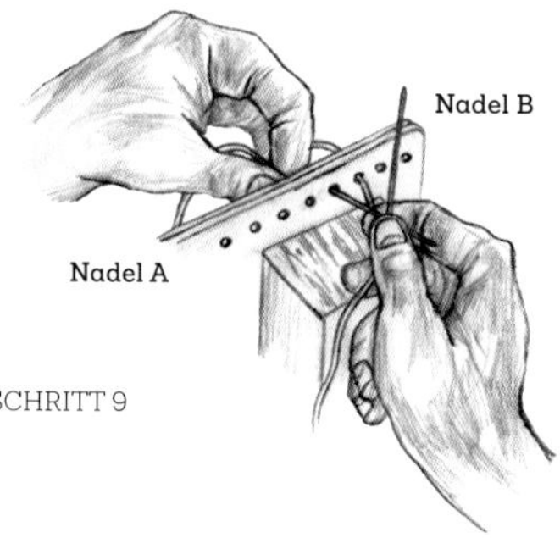

SCHRITT 9

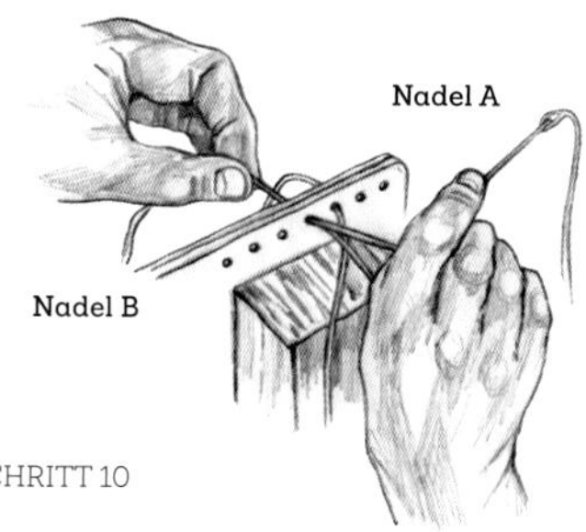

SCHRITT 10

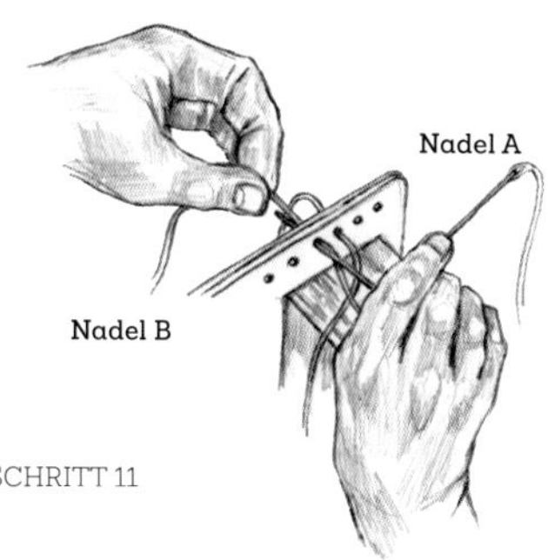

SCHRITT 11

den Nadeln darin so, dass Nadel B zum selben Nahtloch (Nahtloch 2) zeigt. Halten Sie mit der anderen Hand den Faden von Nadel A weg, damit er nicht von Nadel B durchstochen wird. Stechen Sie dann Nadel B in dasselbe Nahtloch. Achten Sie darauf, die Nadel so zu platzieren, dass sie sich zwischen Ihnen und dem Faden von Nadel A befindet. (Die mit einem Vorstecheisen gestochenen Nahtlöcher sind etwas schräg angebracht, damit sie das charakteristische Sattlernahtmuster bilden. Deshalb muss der von der Rückseite kommende Faden im oberen Teil des Nahtloches durch das Leder gezogen werden. Der von der Vorderseite kommende Faden wird durch den unteren Teil des Nahtloches gezogen.)

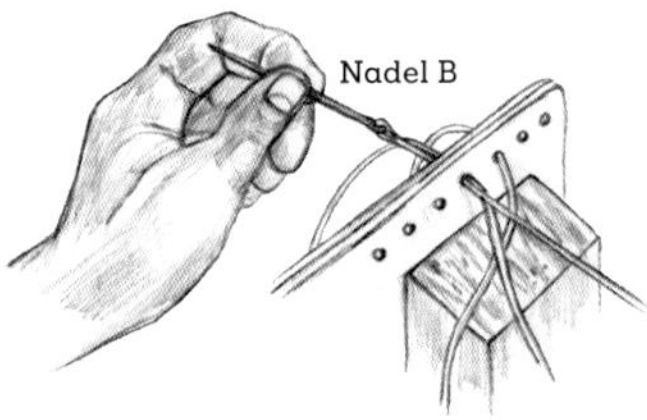

SCHRITT 12

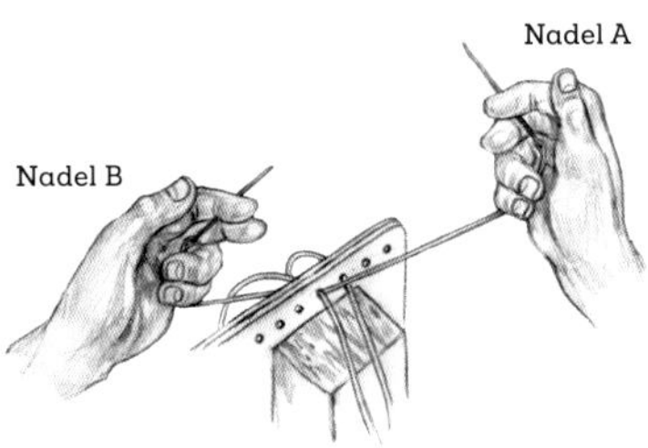

SCHRITT 13

SCHRITT 11 Ziehen Sie Nadel B in das Nahtloch 2. Halten Sie mit der anderen Hand den Faden von Nadel A weg, damit er nicht von Nadel B durchstochen wird.

SCHRITT 12 Ergreifen Sie Nadel B mit der linken Hand und ziehen Sie sie durch das Nahtloch 2.

SCHRITT 13 Ziehen Sie nun die Fäden von Nadel A und Nadel B durch das Nahtloch 2. Wenn Sie beide Fäden durchgezogen haben, ziehen Sie den Faden an der Vorderseite des Leders fest, in dem Sie ihn nach oben ziehen, und auf der Rückseite des Leders, in dem Sie ihn nach unten ziehen. Denken Sie daran, dass sich weicheres und dünneres Leder an der Naht zusammenziehen kann, wenn Sie zu fest ziehen.

SCHRITT 14 Wiederholen Sie Schritt 8–13 in den Nahtlöchern 3, 4, 5, 6 usw., bis Sie soweit sind, dass Sie Ihren Faden befestigen können.

SCHRITT 15 Befestigen Sie den Faden, indem Sie mit Nadel A und Nadel B einen Doppelstich in Nahtloch 1 und mit Nadel B in Nahtloch 2 nähen. Lassen Sie beide Fäden auf der Rückseite des Leders herauskommen. Schneiden Sie die Fäden einige Millimeter von der Rückseite des Leders entfernt ab. Wenn Sie synthetisches Garn verwenden, können Sie die Enden mit einem Feuerzeug erhitzen, sodass sie schmelzen und sie zusammendrücken, bevor sie getrocknet sind.

BEGINN UND ABSCHLUSS EINER NAHT AN EINER KANTE

Eine Naht endet nicht immer dort, wo sie beginnt. Bei einer Kreditkartenhülle müssen Sie an drei Kanten nähen und die obere offen lassen. Eine solche Naht ist am schönsten, wenn sie symmetrisch ist, d. h. mit Doppelstichen beginnt und endet. Dafür gibt es zwei Möglichkeiten: Entweder beginnt man die Naht, indem Nadel A durch Nahtloch 2 gezogen wird. Danach nähen Sie zwei Stiche von sich weg in Richtung Kante des Etuis. Legen Sie dann die Fäden A und B um die Kante herum und fahren Sie dann in Nahtloch 1, 2, 3, 4 usw. fort, wie in den Schritten 8–13 beschrieben. Die andere Möglichkeit ist, die Fäden nicht um die Kante herum laufen zu lassen. Beginnen Sie in diesem Fall in Nahtloch 3, nähen Sie dann zwei Stiche von sich weg, um dann umzudrehen und um das gesamte Etui herum wieder zu sich hin zu nähen.

Jetzt sind die beiden ersten Stiche am Anfang der Naht doppelt. Wenn Sie dann den Faden an der anderen Seite des Etuis befestigen, verfahren sie dort genauso wie am Anfang. Gehen Sie zwei Stiche zurück und befestigen Sie die Fäden wie in Schritt 15 beschrieben.

»——→ KANTENMARKIERUNG

Um ein dekoratives Finish an den Kanten eines Projekts zu erhalten, gibt es verschiedene Werkzeuge: das Reifelholz und das Reifeleisen. Das Reifelholz ist aus Holz und hat an jedem Ende zwei Schlitze. Diese vier gesägten Schlitze sind unterschiedlich breit. Die Markierung erfolgt, indem der Schlitz mit der gewünschten Breite an die Kante des Leders angelegt und dann das Holz an der Kante entlang gezogen wird.

Das Reifeleisen gibt es in einer verstellbaren und einer festen Variante. Beim verstellbaren Eisen wird der Abstand mit einer Schraube eingestellt. Es gibt auch Reifeleisen mit einem Rad, mit dem parallele Markierungen auf dem Leder vorgenommen werden können. Wenn das Eisen über einer Flamme erwärmt wird, werden die Markierungen deutlicher. Bei naturfarbenem, pflanzlich gegerbtem Leder kann man die Markierungen in der Regel gut sehen. Deutlichere Markierungen erhält man, indem man das Leder vorher mit einem feuchten Schwamm anfeuchtet. Dabei sollte man jedoch vorsichtig sein, denn bei feuchtem Leder werden auch andere Abdrücke schnell erzeugt. Wie immer sollte man auch hier vorher auf einem Stück Abfallleder üben. Ein teureres und hochwertigeres Markierwerkzeug ähnelt einem Lötkolben mit austauschbaren Eisen. Das Eisen dieses Brennkolbens erreicht genau die richtige Temperatur und lässt sich auch zum Abschmelzen von synthetischem Garn am Abschluss der Sattlernaht verwenden.

»——→ KANTENZIEHEN

Das Kantenziehen beim Leder wird durchgeführt, um eine schönere Kante zu erhalten oder eine Kante für das Polieren vorzubereiten. Kantenzieher gibt es in verschiedenen Breiten mit gerader oder gebogener Klinge. Die zu wählende Breite ist abhängig von der Dicke des Leders: je dicker das Leder, desto breiter der Kantenzieher. Ob man eine gerade oder gebogene Klinge wählt, ist von dem gewünschten Ergebnis abhängig. Für einen Gürtel mit zu polierenden Kanten verwende ich eine gebogene Klinge, die die Kanten formt und an ein abgerundetes Polierwerkzeug mit der gleichen Breite wie die Dicke des Gürtels anpasst. Das beste Ergebnis erzielt man mit einer scharfen Klinge. Mit einem stumpfen Kantenzieher wird das Leder gedrückt und die Kante wird ungleichmäßig. Bei einem Leder von schlechterer Qualität, das vielleicht etwas schlaff ist, ist es fast unmöglich eine schöne Kante zu bekommen, wenn der Kantenzieher nicht sehr scharf ist. Leder, das dünner als 1,5 mm ist, lässt sich kaum mit dem Kantenzieher bearbeiten. Allerdings ist das Polieren auch ohne Kantenzieher möglich.

Bevor Sie das Werkzeug an der Kante des Leders ansetzen, ist es wichtig, darauf zu achten, dass die Unterlage frei von Lederresten ist. Wenn etwas unter dem Lederstück liegt, kann der Kantenzieher sich daran festhaken und hässliche Abdrücke im Leder hinterlassen. Es ist zudem praktisch, das mit dem Kantenzieher zu bearbeitende Leder an einen Gegenhalt oder gegen eine Kante zu legen. Ich verwende immer eine größere Schneidmatte als Unterlage, auf die ich dann eine kleinere Schneidmatte lege. Die Kante des Leders, die ich gerade nicht bearbeite, lege ich dann an der kleineren Schneidmatte an und habe so einen Gegenhalt. Auf diese Weise ist es leichter, den Kantenzieher in einer gleichmäßigen, festen Bewegung nach vorne zu führen. Der Kantenzieher wird mit gleichmäßigen Druck in einem Winkel von 45° über die Kante gezogen. Je länger man ihn ziehen kann, ohne neu ansetzen zu müssen, desto gleichmäßiger wird die Kante. Man kann natürlich zwischendurch aufhören und wieder neu ansetzen, aber gleichmäßige, lange Züge bringen das beste Ergebnis. Das sollte man vorher unbedingt an einem Lederrest üben.

»——→ KANTENPOLIEREN

Durch das Polieren oder Kantenpolieren werden die Poren in den Kanten bzw. Flächen des Leders geschlossen. Die durch die Reibung entstehende Wärme verschließt die Poren im Leder und erzeugt eine glänzende, glatte Oberfläche. Es kann auch manchmal wünschenswert sein, die raue, unbehandelte Oberfläche beizubehalten, aber das ist Geschmackssache. Will man ein möglichst professionelles Ergebnis erzielen, sollte man die Kanten polieren.

Vergessen sollte man auch nicht, dass ein gefärbtes, pflanzlich gegerbtes Leder nicht immer ganz durchgefärbt ist, sodass es hier erforderlich sein kann, die Kante zunächst zu färben und dann zu polieren. Bei einem naturfarbenen pflanzlich gegerbten Leder brauchen die Kanten nicht gefärbt zu werden. Naturfarbenes Leder erhält durch das Polieren einen etwas dunkleren Farbton. Auf Englisch gibt es dafür den Begriff „Burnishing", der sehr gut beschreibt, was beim Polieren tatsächlich geschieht: Das Leder erhält eine leicht „gebrannte" Kante.

Zum Kantenpolieren wird ein grobes, weißes Canvas-Tuch oder ein Werkzeug aus Holz oder Kunststoff verwendet. Damit das gesamte Projekt „echte" Handarbeit ist, sollte das Polieren ganz von Hand erfolgen. Es gibt jedoch auch eine leichtere Alternative in Form von kleinen Polierscheiben aus Cocobolaholz, die auf das elektrische Multifunktionswerkzeug der Firma Dremel passen. Die Polierscheiben gibt es in verschiedenen Breiten, je nach Dicke des Leders. Informationen über einschlägige Händler finden Sie auf Seite 125.

In Lederwerkstätten wird eine Art Standbohrer mit Polierscheiben verwendet, die allerdings einen größeren Durchmesser haben als die für das Multifunktionswerkzeug. Der Vorteil größerer Polierscheiben besteht darin, dass diese sich nicht so leicht in das Leder eingraben können. Ein weiterer Vorteil des maschinellen Polierens ist, dass man beide Hände frei hat, um das Werkstück zu halten. Führen Sie jedoch in jedem Fall die Scheibe gleichmäßig und schnell über das Werkstück, um ein Brennen des Leders zu verhindern. Dann wird das Leder dunkelbraun und erhält eine leicht aufgesprungene Oberfläche.

VOR DEM POLIEREN

Vor dem Polieren muss das Leder vorbehandelt werden. Ein roh zugeschnittener Riemen für einen Gürtel hat gerade Kanten. Damit die Kanten mit dem Polierwerkzeug geformt oder abgerundet werden können, müssen sie mithilfe eines Kantenziehers gefasst werden. Die Anwendung des Kantenziehers wird auf Seite 38 beschrieben. Zum Erzielen eines optimalen Ergebnisses sollten die Kanten nach der Bearbeitung mit dem Kantenzieher noch mit einem feinen Sandpapier abgeschliffen werden. Zusammengeklebte Lederstücke müssen vor dem Polieren mit einem gröberen Sandpapier abgeschliffen, mit dem Kantenzieher bearbeitet und dann mit einer Nagelfeile nachbehandelt werden, damit die Kante gleichmäßig und glatt wird. Eine gleichmäßige, glatte Kante macht viel aus. Zudem wird das Polieren ebenfalls leichter.

Nach der Bearbeitung mit dem Kantenzieher müssen Sie sich überlegen, ob Sie die Kante noch färben wollen oder nicht, denn eine polierte Kante kann später nicht mehr gefärbt werden. Bei einem schwarz oder braun gefärbten Leder ist das Färben einer beschnittenen Kante vor dem Polieren ein Muss. Auch bei naturfarbenem Leder können die Kanten bei Bedarf gefärbt werden. Seien Sie aber vorsichtig, damit keine Farbe auf das übrige Werkstück gelangt. Es gibt dafür spezielle Schwämme oder Filzstifte, die das Kantenfärben erleichtern. Ich persönlich verwende einen speziellen Färbepinsel oder einen Malerschwamm. Mit der Zeit lernt man, wie viel Farbe man benötigt und wie schnell man den Schwamm bzw. Färbepinsel über die Kante führen muss, um ein gutes Ergebnis zu erzielen.

DAS POLIEREN

Nach dem Färben der Kanten, wenn die Farbe getrocknet ist, ist es an der Zeit, die Kanten für das Polieren vorzubereiten.

Durch das Auftragen von Flüssigkeit oder Fett wird es leichter, mit dem Polierwerkzeug runde Kanten zu formen. Außerdem wird dadurch verhindert, dass die Kanten beim Polieren zu warm werden und verbrennen. Das Leder kann auf verschiedene Art und Weise vorbehandelt werden. Eine gute Methode ist, vorsichtig Wasser und Sattelseife oder Wasser und Glycerin in das Leder einzureiben. Es gibt auch ein spezielles Poliergummi mit Tragant, das man im Internet bestellen kann. Tragant ist ein Naturprodukt, das aus dem Harz bestimmter, im Nahen Osten heimischer Gewächse gewonnen wird. Die englische Bezeichnung für dieses, in verschiedenen Farben erhältliche Poliergummi ist „tragacanth burnishing gum". Die transparente Variante ist auch für gefärbtes Leder geeignet. Genau wie beim Färben ist es wichtig, das Gummi nicht an andere Stellen zu bringen als an die zu polierende Kante. Kommt man mit dem Gummi auf die Narbenseite des Leders, werden dort die Poren verschlossen und es bildet sich eine dünne Haut, die eine Nachbehandlung des Leders erschwert.

Jetzt kann poliert werden. Verwendet man ein manuelles Werkzeug oder ein Canvas-Tuch, ist das Polieren recht anstrengend. Vor allem muss darauf geachtet werden, das zu polierende Werkstück immer gut festzuhalten. Größere Arbeiten kann man zwischen die Knie klemmen. Wählt man ein Polierwerkzeug, muss dieses dieselbe Breite haben wie die zu polierende Kante. Ein zu breites oder zu schmales Werkzeug liegt nicht an der gesamten Kante an und kann zu einem ungleichmäßigen Ergebnis führen. Bringen Sie die Polierflüssigkeit auf ca. 15 cm der Lederkante auf und führen Sie dann das Werkzeug schnell mit gleichmäßigem, festem Druck an der Kante entlang. Man merkt schnell, dass die Oberfläche der Kante gleichmäßig und blank wird. Bei der Verwendung eines Elektrowerkzeugs, beispielsweise von Dremel, darf die Geschwindigkeit nicht mehr als 1500 U/min betragen. Mit einem Elektrowerkzeug ist das Polieren wesentlich einfacher. Ist das Werkzeug darüber hinaus in einem Ständer befestigt, hat man beide Hände frei, um seine Lederarbeit gleichmäßig über die Polierscheibe zu ziehen. Denken Sie daran, dass die zur Vorbehandlung der Kanten verwendete Flüssigkeit bei Verwendung eines Elektrowerkzeugs spritzen kann. Haben Sie Tragant verwendet, besteht die Gefahr, dass Sie dann schwarze Flecken auf Fußboden und Wänden haben. Daher sollten Fußboden und Wände vor dem Polieren mit einer Folie abgedeckt werden.

Zum Abschluss kann Bienenwachs über die polierte Kante gestrichen werden, um ihr das letzte Finish zu verleihen.

»——→ SCHÄRFEN

Das Fasen der Kanten oder Enden des Leders wird als Schärfen bezeichnet und wird mit einem speziellen Schärfmesser durchgeführt. Das Fasen oder Verdünnen von Lederenden ist erforderlich, wenn zwei Stücke zusammengefügt werden sollen oder ein Riemen oder Gürtel vor dem Nieten bzw. dem Zusammennähen an der Schnalle verdünnt werden muss. Das Schärfen wird auch durchgeführt, wenn eine sichtbare Lederkante umgelegt und verklebt wird. Durch das Schärfen wird die Kante nicht so dick. Es ist wichtig, dass das verwendete Messer scharf ist und die Klinge in einem Winkel von 30° zur Schnittrichtung gehalten wird. Die Unterlage muss hart sein, am besten eignet sich eine Steinplatte, damit das Messer nicht hineinschneiden kann. Das Schärfmesser wird dort angesetzt, wo mit dem Fasen des Leders begonnen werden soll, und in Richtung der Kante geführt. Unsichtbare Nahtstellen und gleichmäßiges Fasen machen bei einem Gürtel den Unterschied zwischen der Arbeit eines Amateures und eines Meisters aus.

»——→ FORMEN

Pflanzlich gegerbtes Leder lässt sich leicht einweichen und dann in fast jede Form bringen. Das Leder behält dann seine Form, solange es nicht erneut gewässert wird. Während meiner Zeit als Schumacher habe ich viele Holzschuhe hergestellt. Dazu habe ich einen Leisten auf ein Holzschuhunterteil genagelt und dann darauf fertig gestanztes pflanzlich gegerbtes Leder befestigt, das in lauwarmes Wasser eingeweicht wurde. Überstehendes Leder wurde abgeschnitten und nach dem Trocknen wurde der Leisten herausgenommen und damit war ein naturfarbener Holzschuh fertig.

Es gibt zwei Arten der Arbeit mit Formen. Welche man wählt, hängt davon ab, was man machen möchte, aber auch davon, wie das Endergebnis aussehen soll. Bei einigen Projekten kann man eine Form einschieben, wenn das Projekt zusammengenäht ist. Andere Projekte hingegen erfordern, dass die einzelnen Teile vor dem Nähen oder Zusammenfügen geformt werden. Eine Handytasche kann man hervorragend zuerst zusammenkleben und nähen, um sie dann einzuweichen und eine nach den genauen Maßen des Handys angefertigte Form hineinzudrücken. Das feuchte Leder formt sich nach der hineingedrückten Form. Wenn das Leder getrocknet ist, wird die Form herausgenommen und man kann ein Handy hineinstecken. Wird die Tasche nicht geformt, kann es schwer werden, das Handy später hineinzustecken.

Dieselbe Handytasche kann auch mit der anderen Methode hergestellt werden. Anstatt eine Form in der Größe eines Handys in die fertige Handytasche zu stecken, kann man auch die einzelnen Teile vor dem Kleben und Nähen der Tasche formen. Für eine Lederscheide für ein Taschenmesser kann die Vorderseite vor dem Zusammenfügen mit der geraden Rückseite eingeweicht, um ein Taschenmesser herum geformt und dann trocknen gelassen werden.

Die Formen können aus verschiedenen Materialien hergestellt werden. Man sollte nur darauf achten, dass die Form Feuchtigkeit verträgt. Weichere Holzarten wie Kiefer quellen durch das Wasser mehr auf als härtere Holzarten. Für einige dünnere Formen, beispielsweise für Handytaschen, habe ich Schneidbretter aus Kunststoff verwendet, die ich auf die richtige Größe und Form gesägt und geschliffen habe. Der Vorteil von Kunststoff ist, dass er weder aufquellen noch reißen kann. Für dickere Formen habe ich Holz oder Bausperrholz verwendet, die Feuchtigkeit vertragen.

PUNZIEREN

Pflanzlich gegerbtes Leder eignet sich gut zum Punzieren. Durch Punzieren werden Muster oder Ornamente auf die Narbenseite aufgebracht. Das erfolgt, je nach gewünschtem Muster, mit einer oder mehreren Punzen. Die Punzen sind etwa 10 cm lange Metallstempel mit einem Muster an einem Ende. Eventuelle Konturlinien werden mit einem speziellen Messer mit Rundklinge geschnitten. Danach wird das Muster der Punze mithilfe eines Rohhauthammers in das angefeuchtete Leder geschlagen.

Ich werde in diesem Buch nicht näher auf das Punzieren eingehen. Wer es ausprobieren möchte, kann die häufigsten Muster in Hobbyläden kaufen. Da das Punzieren vor allem in der amerikanischen Sattlerei vorkommt, empfehle ich für alle, die ihre Fertigkeiten auf diesem Gebiet entwickeln wollen, sich mit den verschiedenen Punziermustern von Barry King Tools in Sheridan, Wyoming bekannt zu machen.

Wer seine eigene Marke oder seinen Firmennamen auf die fertigen Projekte punzieren möchte, der kann mit seinem Logo im PDF-Format eine entsprechende Punze im Internet bestellen. Damit lässt sich das Logo, wie jedes andere Muster auch, einfach in das feuchte Leder stanzen.

EIGENE DESIGNS

Je größer Ihre Kenntnisse und Fertigkeiten im Bereich Lederhandwerk werden, desto stärker wird wahrscheinlich auch Ihr Wunsch, nach eigenem Design zu arbeiten. Mit der Zeit erhalten Sie ein Gefühl für das Leder und dafür, wie Sie es selbst formen und gestalten können. Vielleicht beginnen Ihre Versuche mit einem Stück Papier, oder sie lassen sich von Lederartikeln in den Geschäften inspirieren. Zu erkennen, dass man selbst genügend Fertigkeiten hat, um vieles von dem, was in Geschäften oder im Internet verkauft wird, selbst anzufertigen, ist ein schönes Gefühl.

Beim Designen eigener Projekte ist es wichtig, Form und Funktion genau zu durchdenken. Gehen Sie das gesamte Projekt, von Anfang bis Ende, in jedem Detail genau durch. Welches Leder wollen Sie verwenden? Wie dick soll das Leder sein? Wo sollen Schnallen sitzen? Wo müssen Sie nähen und wo sollen Beschläge oder Nieten sitzen? Sollen die Riemen an einer Tasche verstellbar sein? Das Leder für seine selbst entworfenen Projekte zuzuschneiden und dann zu erkennen, dass die Proportionen nicht stimmen, kann ziemlich frustrierend sein. Testen Sie daher Ihr Design zunächst an minderwertigen Lederstücken. Testen Sie Form und Funktion an einem Prototyp, bevor Sie Ihr schönes Leder verwenden. Ich fertige manchmal auch mehrere Prototypen an, die ich immer wieder verändere, bis ich ganz zufrieden bin, besonders bei komplizierten Projekten. Die Fehler, die man macht, sind nützliche Erfahrungen für kommende Projekte.

Teil drei

FLECHTEN

Es gibt ganze Bücher, in denen es nur um das Flechten von Leder und Rohhäuten geht, u. a. ein Nachschlagewerk von Bruce Grant mit ganzen 550 Seiten. Das, was in meinem Buch behandelt wird, ist jedoch nur die Spitze des Eisbergs. Ich gehe hier lediglich auf einige einfache flache und runde Bänder und einige Knoten ein, mit denen Sie Ihre Flechtarbeit abschließen können. Sämtliches Flechten basiert auf einer Art mathematischer Logik, nach der ein symmetrisches Muster entsteht. Haben Sie die grundlegenden Griffe erst einmal gelernt und das Prinzip verstanden, können Sie Ihre Flechtarbeiten gut weiterentwickeln.

»——→ EINLEITUNG

Die Kunst des Flechtens und Bindens von Lederbändern mit Knoten und Schmuckknöpfen hat eine tausendjährige Geschichte und lässt sich bis zu den Phöniziern zurückverfolgen. Das Phönizische Reich existierte rund 1600 vor Christus und lag am östlichen Mittelmeer auf dem Gebiet des heutigen Libanon. Die Phönizier waren Kaufleute und die besten Seefahrer der damaligen Zeit. Im Wettstreit mit den Griechen breitete sich das Phönizische Reich bis nach Nordafrika aus. Die Stadt Karthago an der Küste des heutigen Tunesiens wurde zu einer blühenden Handelsstadt und das Phönizische Reich reichte sogar bis zu den Mauren im Nordwesten Afrikas. Als die Mauren etwa 700 nach Christus die iberische Halbinsel einnahmen, wurde das einflussreiche Kalifat Cordoba gegründet. Die maurische Kultur schätzte schöne und funktionale Gegenstände und es bildeten sich viele Berufe innerhalb des Lederhandwerks heraus, u. a. die Kunst Pferdegeschirre mit Mustern und Ornamenten zu versehen. Nach der Stadt Cordoba ist auch heute noch das Cordovan-Leder benannt, ein hochwertiges Leder, das für feine Herrenschuhe verwendet wird. Im Laufe des 14. Jahrhunderts wurden die Mauren von der Iberischen Halbinsel vertrieben, aber die Kenntnisse über das Lederhandwerk lebten weiter. Als dann die von hoher Handwerkskunst zeugenden spanischen Lederwaren von Cortés und anderen Eroberern nach Amerika gebracht wurden, breitete sich auch dort das Handwerk aus. In Mexiko waren die Vaqueros, bzw. Cowboys, Experten im Flechten und für die Reiter, die Charros, war das Pferd und das Dekorieren ihrer Pferde mit Lederarbeiten ein wichtiger Teil ihres Lebens.

Die Flecht- und Bindekunst mit Lederbändern ist im Aussterben begriffen. Formen und Funktionen von damals wurden mittlerweile durch neue Lösungen ersetzt. Der geflochtene Lederknopf und der zusammengefügte Ledersaum wurden durch Knöpfe und Nieten aus Metall ersetzt. Finden die Menschen neue Lösungen, ändern sich die Voraussetzungen für das Handwerk und die alten Lösungen müssen verändert werden. Heute werden die Traditionen und Fertigkeiten noch von einigen wenigen „Flechtern" bewahrt, aber die Kenntnisse und beruflichen Fähigkeiten werden wahrscheinlich mit dem Tod dieser Handwerker verschwinden.

Alle Arten von Bändern werden durch Wiederholung der gleichen Technik zu einem Muster geflochten. Auch wenn es auf den ersten Blick nicht klar ersichtlich ist, steckt eine einfache Logik oder ein mathematisches Muster hinter sämtlichen Flechtarbeiten. Folgt man dieser Logik oder dem Muster nicht, wird das Band unsymmetrisch. Das fertige Resultat sollte von allen Seiten betrachtet gleich aussehen. Natürlich lassen sich Muster beim Flechtvorgang ändern, vorausgesetzt die Änderung erfolgt konsequent und in allen Teilen des Bandes.

Der Begriff Flechten schließt das traditionelle flache oder runde Band ein, die Kunst des Zusammenknüpfens von Leder mit Riemen, die Kunst, Knöpfe und Knoten aus Leder herzustellen und die Kunst des Schmückens von Leder. Es gibt eine Reihe verschiedener Varianten von Bändern und Flechtmustern. In diesem Buch werden wir nur die traditionellen flachen und runden Bänder behandeln. Die komplizierteren Flechttechniken überlasse ich gern den Experten.

WERKZEUGE ZUM FLECHTEN

Hier finden Sie die Werkzeuge aufgelistet, die für die in diesem Buch vorgestellten Flechtarbeiten verwendet wurden. Es gibt noch weitere Werkzeuge, die man für die Ausführung komplizierterer Flechtarbeiten benötigt.

ARBEITS- UND SCHNEIDMATTE Unterlage bei Anwendung von Messern, Locheisen und Riemenendeisen.

RIEMENSCHNEIDER Schneidet Riemen auf die gewünschte Breite und bis zu einer Dicke von ca. 1,5 mm. Wird dünneres Leder benötigt, muss das Leder nach dem Zuschneiden des Riemens mit einer Spalt- oder Schärfmaschine ausgedünnt werden.

FLECHTAHLE Wird zum Straffen oder Lockern des Abstandes zwischen den einzelnen Flechtsegmenten verwendet, um diesen auszugleichen und anzupassen, wenn das Band fertig ist. Ebenso lassen sich damit Zwischenräume „öffnen", um Riemen beim

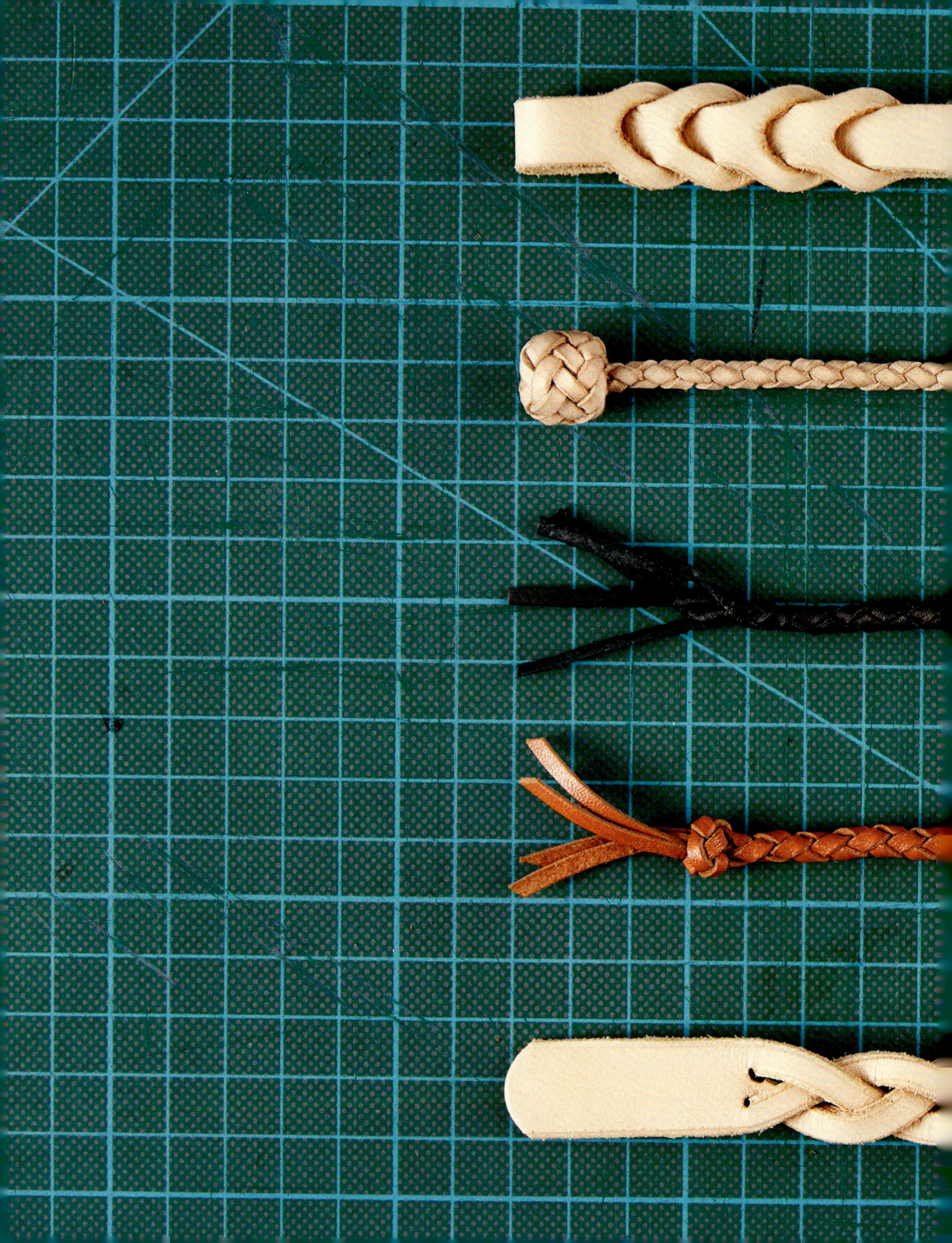

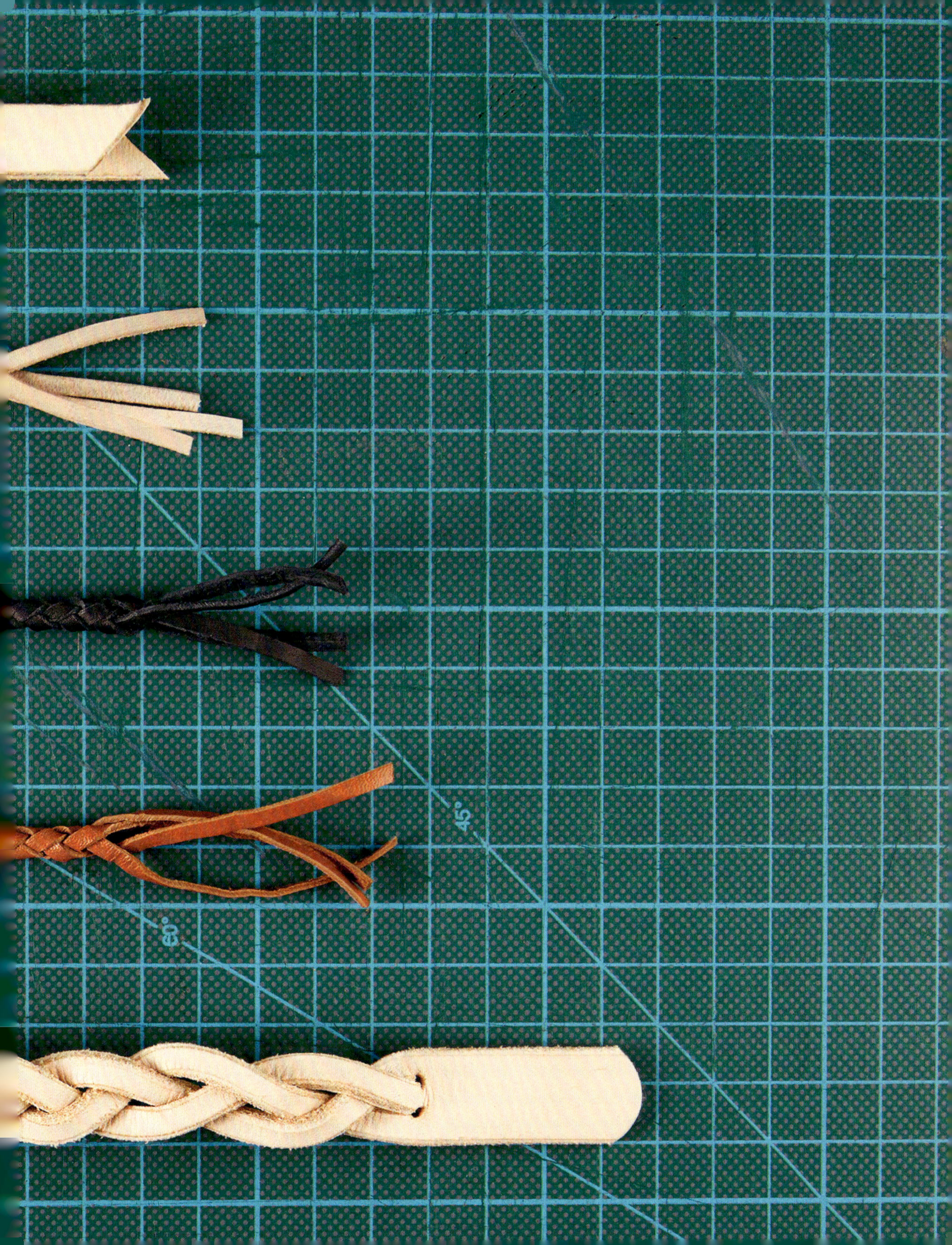
45°
60°

Flechten von Knoten leichter durchziehen zu können. Die Ahle hat eine stumpfe Spitze und abgerundete Kanten, um das Leder beim Einführen in die Zwischenräume nicht zu beschädigen.

STANLEY-KLINGE Die austauschbare Klinge eines Stanley-Messers wird zum Schneiden gerader Schnitte im Riemen, beispielsweise für ein Zauberband, verwendet oder statt eines Riemenendeisens, um Riemenenden abzuschneiden.

LANGLOCHEISEN Ein Langlocheisen wird statt eines Messers verwendet, um Löcher für ein Lochband in den Riemen zu stanzen.

ROHHAUTHAMMER Damit wird das Locheisen geschlagen, ohne es zu beschädigen.

DREI EINFACHE BÄNDER

LOCHBAND

Das Lochband ist kein Band im traditionellen Sinne, da hier nicht mehrere Riemen miteinander verflochten werden. Stattdessen wird nur ein Riemen verwendet. Entlang der Mittellinie werden längliche Löcher in den Riemen geschnitten oder gestanzt, durch die die beiden Enden des Riemens abwechselnd gezogen werden.

WERKZEUG
Langlocheisen oder Hobbymesser und Revolverlochzange
Arbeitsplatte
Riemenschneider oder Lineal und Rollschneider
Rohhauthammer
Messschieber
Schneidmatte
Stanley-Klinge

SCHRITT 1 Zuerst wird ein Riemen in gewünschter Breite und Länge zugeschnitten. Für längere Riemen einen Riemenschneider verwenden, für kürzere Riemen funktionieren auch Lineal und Rollschneider.

SCHRITT 2 Um genau zu wissen, wo die in Schritt 3 angebrachten Löcher liegen sollen, wird die Mitte des Riemens ausgemessen oder gefaltet. Ausgehend vom Mittelpunkt des Riemens wird das erste Loch gestanzt.

SCHRITT 3 Die Größe der Löcher wird von der Breite und Dicke des Riemens bestimmt. Ein Riemen, der 10 mm breit ist, sollte z. B. Löcher mit einer Länge von ca. 10–12 mm haben. Das passt für Riemen bis zu einer Dicke von 2 mm. Ist der Riemen dicker als 2 mm müssen die

LOCHBAND

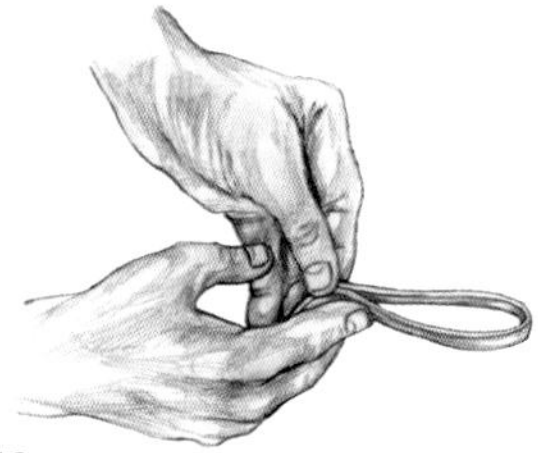

SCHRITT 2

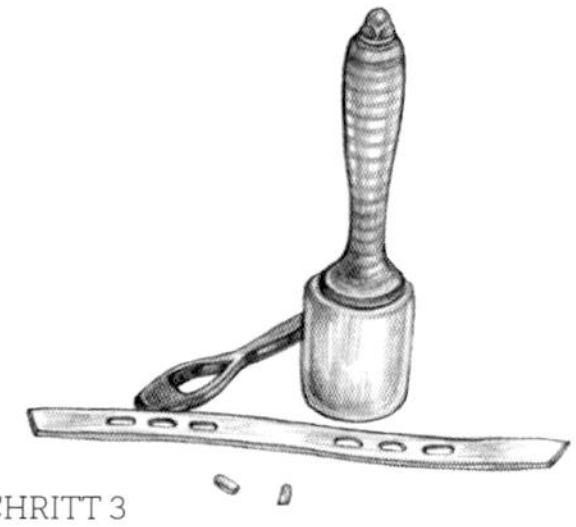

SCHRITT 3

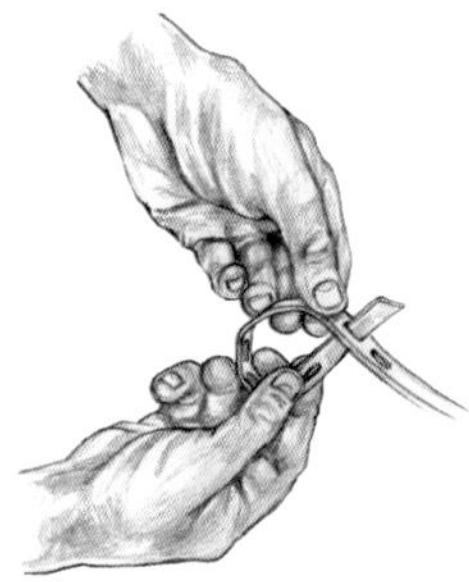

SCHRITT 4

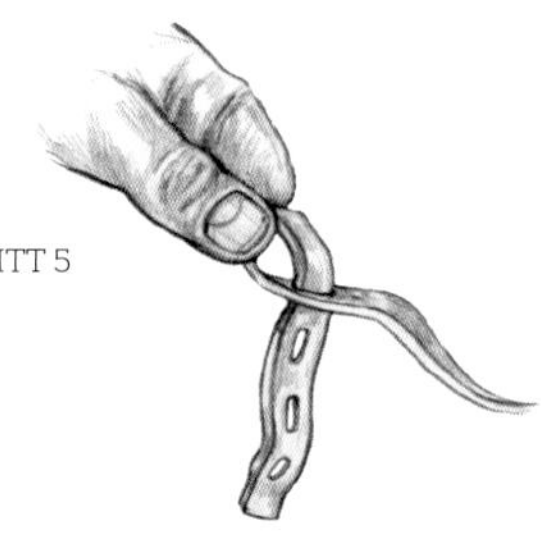

SCHRITT 5

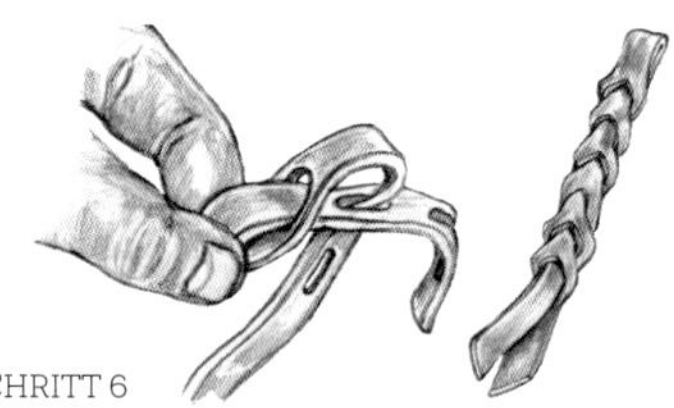

SCHRITT 6

Löcher eventuell länger sein. Die Länge eines Loches wird auch von der Steife des Leders bestimmt, bei steifem und hartem Leder müssen Löcher eventuell länger sein. Hier gilt es, selbst auszuprobieren und zu entscheiden, was am besten aussieht.

Zum Schneiden der Löcher lässt sich ein Hobbymesser oder ein Langlocheisen verwenden. Bei Verwendung des Messers sollten jeweils an den Enden eines jeden Messerschnitts mit dem kleinsten Locheisen der Revolverlochzange Löcher gestanzt werden. Ein kleines Loch an den Enden des Messerschnitts vermindert das Risiko, dass das Leder reißt. Man beginnt mit dem ersten Loch etwa 1 cm vom Mittelpunkt des Riemens entfernt und stanzt dann ein zweites Loch auf der anderen Hälfte des Riemens, eine „Locheisenlänge" unterhalb des ersten Loches. Auf diese Art und Weise fortfahren und weitere Löcher abwechselnd so platzieren, dass die Löcher der einen Hälfte immer jeweils eine „Locheisenlänge" unterhalb der Löcher der anderen Hälfte liegen. Sind die Löcher an der richtigen Stelle angebracht, sollte es nicht möglich sein, durch diese hindurchzuschauen, wenn der Riemen in der Mitte gefaltet wird und beide Hälften übereinander liegen.

SCHRITT 4 Beide Hälften des Riemens durch die Löcher auf der gegenüberliegenden Seite ziehen: Man beginnt mit dem Loch, das der Mitte des Riemens am nächsten liegt, nimmt die andere Hälfte des Riemens und zieht diese in das Loch.

SCHRITT 5 Nun liegen die Löcher in der Reihenfolge, in der sie mit den beiden Hälften des Riemens durchzogen werden. Durch das nächste Loch ziehen und alles wiederholen, bis das Lochband fertig ist.

SCHRITT 6 Ist das Lochband fertig, werden die Enden des Riemens in gewünschter Länge abgeschnitten.

ZAUBERBAND

Das Zauberband besteht aus drei oder mehreren Riemen, die aus Einschnitten bestehen und in die kurzen Lederenden münden. Das Leder ist an den Enden geschlossen und das Band erscheint deshalb wie von Zauberhand geschaffen. Das Zauberband ist eine Kombination aus Flechten und Durchstecken des unteren Endes des Bandes. Breite und Länge der Riemen sind wichtig: Als Faustregel sollte die Länge der drei Stränge in etwa dreimal der Gesamtbreite des Riemens entsprechen, damit eine komplette Flechtrunde möglich ist. Das fertige Zauberband besteht meist aus mehreren kompletten Flechtrunden. Siehe nachstehende Bilder und Beschreibungen.

WERKZEUG UND MATERIAL

Riemenendeisen
Arbeitsplatte
Karton für Schablone
Riemenschneider
Revolverlochzange
Rohhauthammer
Messschieber
Schneidmatte
Stanley-Klinge
Nahtversenker
Ahle

SCHRITT 1 Zunächst wird eine Schablone aus Karton angefertigt. Die Schablone muss die gewünschte Breite und Länge sowie Lochmarkierungen an den Stellen haben, an denen später die Löcher in das Leder gestanzt werden. Die beiden Enden der Schnitte, die beim Einschneiden des Riemens gesetzt werden, werden mit Löchern versehen, wodurch das Leder nicht so leicht reißt. Ein Riemen mit einer Gesamtbreite von 21 mm, sollte parallele Löcher im Abstand von 7 mm erhalten. Die drei Stränge des Riemens sind dann jeweils 7 mm breit. Bei der Bestimmung der Gesamtbreite des Riemens ist auch die Breite der später zu verwendenden Schnalle bzw. Druckknöpfe in Betracht zu ziehen. Eventuell sollte die Breite des Riemens auch von der Breite des Riemenendeisens, das später zum Kappen der Riemenenden benutzt wird, bestimmt sein. Eine gut durchdachte Schablone erleichtert die Arbeit.

SCHRITT 2 Die Schablone wird als Maß im Riemenschneider verwendet, wenn dieser auf die richtige Breite eingestellt wird. Der Riemenschneider lässt sich auch auf die Dicke des gewählten Leders einstellen. Ein genau eingestellter Riemenschneider schneidet im Prinzip perfekte Riemen, wenn das Leder nicht weich oder dünner als 1,5 mm ist. Zunächst wird die große Schraube am Riemenschneider gelöst. Auch die Schrauben, die die Dicke des zu schneidenden Leders regeln, sind zu lösen. Dann wird der Riemenschneider entsprechend der Dicke des Leders durch Anziehen der Schrauben eingestellt. Wurde der Riemenschneider vorher verwendet, ist es gut, auch noch einmal die Klinge zu prüfen, denn diese muss scharf sein. Nun wird die Schablone in den Riemenschneider eingeführt, um die richtige Breite des Riemens zu erhalten. Die große Schraube wird festgezogen und der Riemenschneider ist zur Anwendung bereit.

SCHRITT 3 Das Leder in den Riemenschneider einziehen. Sollte am Anfang Hilfe benötigt werden, kann man eine kleine, spitze Zange benutzen: Das Leder mit der Zange greifen und so lange ziehen, bis man es gut mit der Hand greifen kann. Zu beachten ist, dass die Zange das Leder beschädigen kann. Deshalb die Zange nur verwenden, wenn das Band später an den Enden gekappt werden soll.

SCHRITT 4 Ist der Riemen fertig zugeschnitten, werden die Löcher markiert, die in das Leder gestanzt werden sollen. Die Schablone auf das Leder legen und mit der Spitze einer Ahle markieren, wo die Löcher angebracht werden sollen.

SCHRITT 5 Die Löcher an den markierten Stellen mit dem kleinsten Locheisen der Revolverlochzange stanzen.

SCHRITT 6 Mit einem Kantenzieher die Kanten des Riemens sowohl auf der Narben- als auch auf der Spaltseite beschneiden.

SCHRITT 7 Mit einem Nahtversenker markieren, wo der Riemen in drei gleichbreite Stränge geteilt werden soll. Die Breite am Nahtversenker mithilfe eines Messschiebers einstellen. Die Breite der einzelnen Stränge sollten beim Flechten mit drei Strängen ein Drittel der Gesamtbreite des Riemens betragen. Die entsprechenden Rillen mit dem Nahtversenker auf der Narben- und Spaltseite des Riemens anbringen.

SCHRITT 8 Auf einer Arbeitsplatte, mithilfe eines Rohhauthammers und einer Stanley-Klinge in die soeben gezogene Rille schneiden. Die Länge der Klinge lässt sich bei Bedarf durch Abbrechen verkürzen. Vor dem Zuschlagen mit dem Hammer noch einmal die Stelle prüfen, wo der geplante Schnitt erfolgen soll, damit das Messer genau in der Rille und nicht auf bereits geschnittenen Strängen liegt.

ZAUBERBAND MIT 3 STRÄNGEN

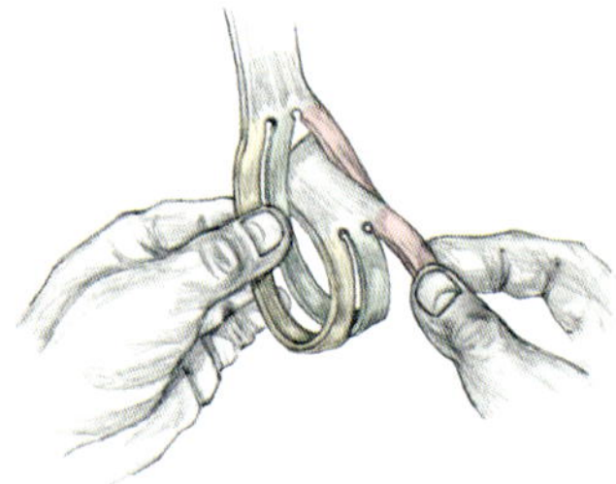

SCHRITT 9

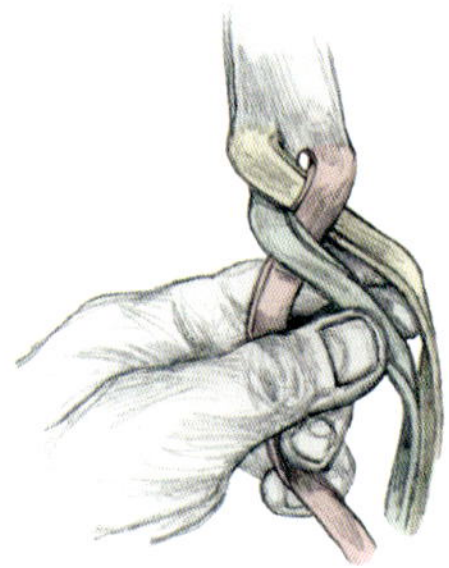

SCHRITT 10

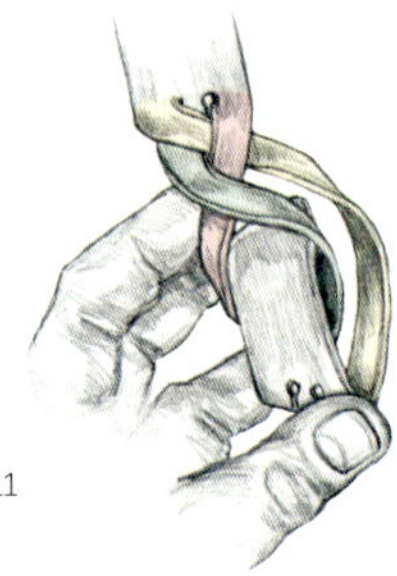

SCHRITT 11

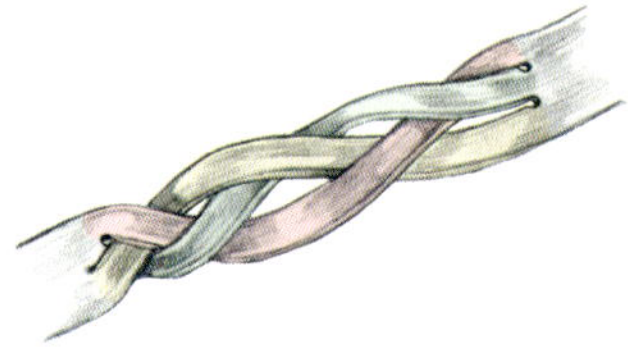

EINE FLECHTRUNDE

ZAUBERBAND MIT 5 STRÄNGEN

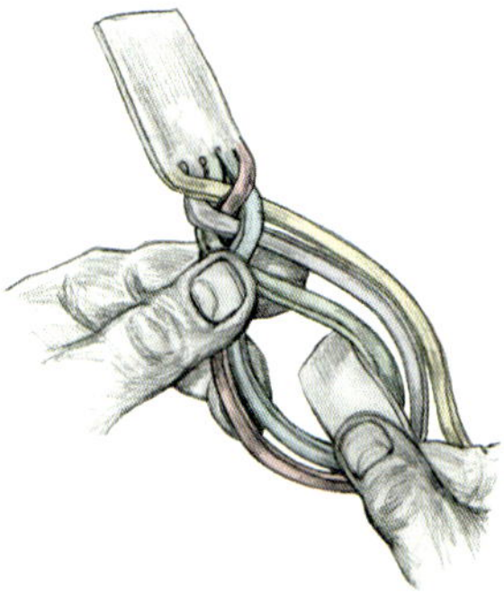

Nach der ersten Runde wird das Ende durch die Öffnung entweder links oder rechts vom mittleren Strang (grün) gezogen.

SCHRITT 9 Nun kann mit dem Flechten begonnen werden. Der Riemen ist fertig zugeschnitten und in drei Stränge geteilt. Strang 1 ist der linke, Strang 2 ist der mittlere und Strang 3 der rechte. Das Flechten beginnt, indem das Ende des Riemens durch die Öffnung zwischen Strang 2 und Strang 3 gezogen wird.

SCHRITT 10 Jetzt dreimal flechten: Strang 1 über Strang 2 legen; Strang 3 über Strang 1 legen; Strang 2 über Strang 3 legen.

SCHRITT 11 Das Ende des Riemens durch Strang 1 und Strang 2 ziehen. Nachdem sich nun alle Stränge entwirrt haben, ist die erste komplette Flechtrunde des Zauberbandes fertig.

SCHRITT 12 Schritte 9 - 11 bis zur Fertigstellung wiederholen. Wie oft eine komplette Flechtrunde wiederholt wird, ist abhängig von der Länge der geschnittenen Riemen und der Dicke des verwendeten Leders, siehe unten.

WIE VIELE FLECHTRUNDEN?

Für das beschriebene Band sind für jede komplette Flechtrunde Stränge mit einer Länge von ca. 7 cm erforderlich. Sind die Stränge zu kurz, wird das Band zu eng und der Abschluss wird schwierig, ohne das Leder zu beschädigen. Auch die Dicke des Leders hat Einfluss auf die Länge der Stränge. Die oben genannten Maße eignen sich für Leder bis zu einer Dicke von 3 mm. Bei dickerem Leder sind längere Stränge, als oben genannt, zu schneiden.

Die Maße sind als Orientierung gedacht. Natürlich kann man die Stränge länger schneiden, damit das Band lockerer wird. Das ist Geschmackssache.

ALTERNATIVE: ZAUBERBAND MIT 5 STRÄNGEN

Alle Zauberbänder basieren auf dem gleichen Prinzip. Hat man das Flechten eines Zauberbands mit drei Stränge gelernt, kann man nach dem gleichen Prinzip Bänder mit fünf, sieben, neun usw. Strängen flechten. Der Unterschied ist, dass Bänder mit fünf oder mehr Strängen nicht damit beginnen, dass das Ende des Riemens zwischen den Strängen hindurchgezogen wird, sondern der erste Schritt ist stattdessen, so viele Flechtungen durchzuführen, wie es Stränge gibt. Erst danach wird das Ende des Riemens durch das Band gezogen. Die Logik bei jedem Zauberband ist, dass nach der ersten Flechtrunde das Ende des Riemens entweder rechts oder links vom mittleren Strang durch das Band gezogen wird. Nach der zweiten Flechtrunde wird das Ende des Riemens wieder durch das Band gezogen, aber dieses Mal auf der anderen Seite des mittleren Strangs. Wurde das Riemenende nach der ersten Flechtrunde links vom mittleren Strang durchgezogen, ist es nunmehr rechts durchzuziehen.

Man stelle sich vor, die Stränge wären von links nach rechts von 1 bis 5 nummeriert: Strang 1 über Strang 3 legen; Strang 5 über 1 legen; Strang 2 über 5 legen; Strang 4 über 2 legen; Strang 3 über 4 legen. Nach der fünften Flechtung ergibt sich eine Öffnung im Band mit zwei Strängen auf der einen und drei auf der anderen Seite (siehe Abbildung auf Seite 49). Dann wird das Riemenende durch das Band gezogen, entweder rechts oder links vom mittleren Strang (Strang 3). Es entsteht ein wirres Bandgebilde, das sich aber im nächsten Moment entwirrt. Weitere fünf Flechtungen durchführen. Daraufhin ergibt sich wiederum eine Öffnung mit zwei Strängen auf der einen Seiten und drei auf der anderen. Nun das Riemenende durch die Öffnung vom mittleren Strang, auf der anderen Seite als beim letzten Mal, durchziehen.

RUNDBAND

Ein Rundband wird aus vier oder mehr Strängen in gerader Anzahl hergestellt, wobei der äußere rechte bzw. linke Strang abwechselnd hinter das Band geführt und dann zwischen den beiden bzw. mehreren Strängen wieder auf die andere Seite zurückgeführt wird. Das Rundband lässt sich um einen Kern aus Schnur oder Leder flechten bzw. kann ohne Kern geflochten werden. Ein Kern bietet sich an, wenn mit dünneren Riemen als ca. 1 mm geflochten wird, da das dünnere Leder das Band nicht in der runden Form hält.

WERKZEUG UND MATERIAL

Hobbymesser

Flechtahle

Riemenschneider oder Lineal und Rollschneider

SCHRITT 1 Zunächst werden mit einem Riemenscheider Riemen geschnitten. Für ein Viererband werden zwei Riemen benötigt. Den Riemenschneider auf die gewünschte Breite und Dicke einstellen. Leder, das dünner als 1,5 mm und nicht steif ist, lässt sich mitunter schwer mit einem Riemenschneider schneiden. Für lange Bänder (50 cm oder länger) ist es vielleicht notwendig, eine ganze Seite Leder zu kaufen; die Dicke sollte in jedem Fall ungefähr 1,5–2 mm betragen. Riemen, die dicker als 2 mm sind, sind schwer zu flechten – man braucht viel Fingerfertigkeit und Kraft. Leder in einer Dicke von 1,5–2 mm lässt sich gut in 4–6 mm breite Riemen schneiden. Wenn möglich, Riemen entlang des „Rückgrats" der Haut zuschneiden, dort wo das Leder am stärksten ist. Flanken- und Nackenleder dehnen sich, sodass die Riemen beim Festziehen des Bandes an Form verlieren. Es handelt sich hier um keine exakte Wissenschaft, vielmehr sollte es als Hinweis betrachtet werden.

RUNDBAND MIT 4 STRÄNGEN

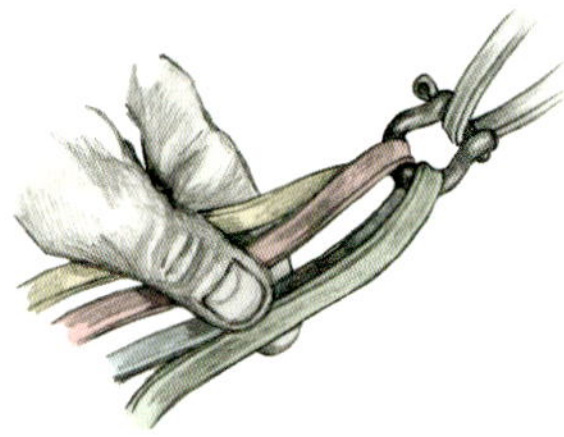

SCHRITT 3

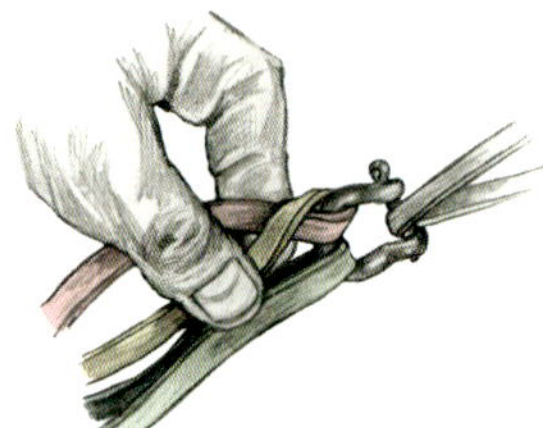

SCHRITT 4

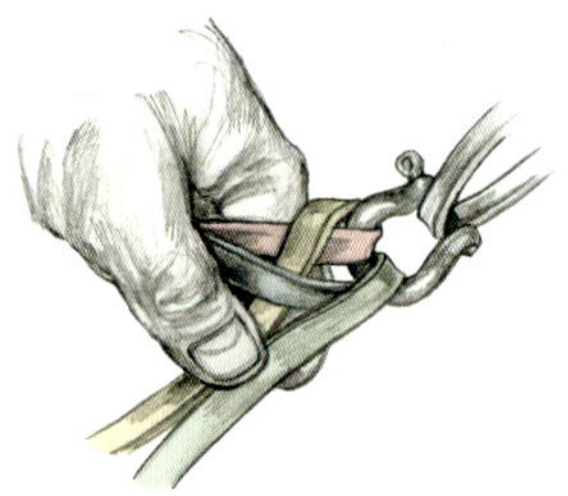

SCHRITT 5

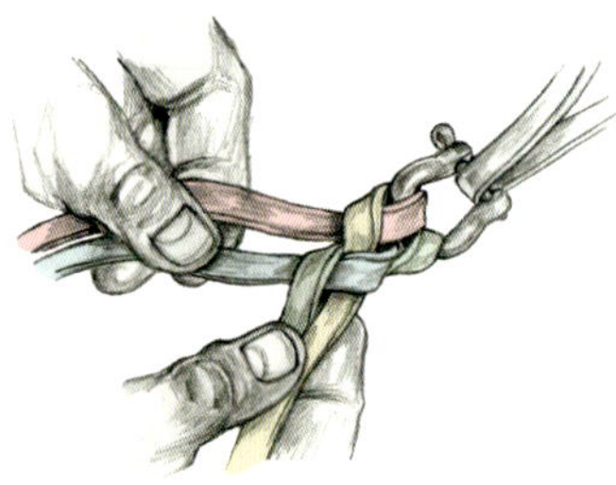

SCHRITT 6

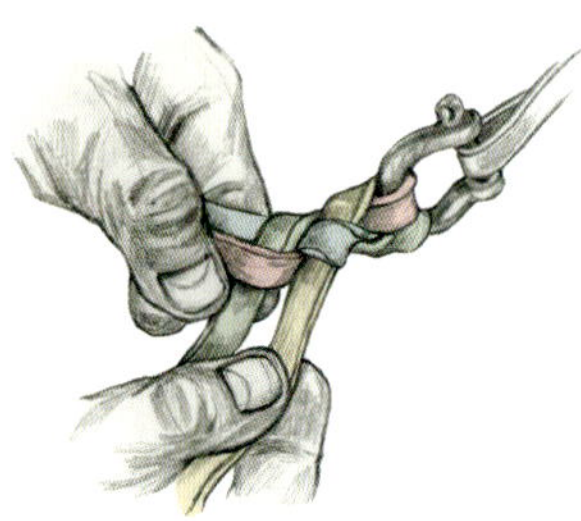

SCHRITT 7

RUNDBAND MIT 6 STRÄNGEN

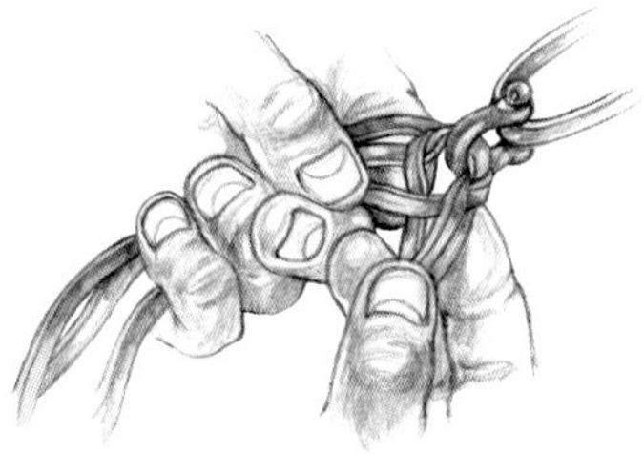

1. Die inneren Stränge werden an der linken und rechten Seite des Dreierbandes übereinander gekreuzt.

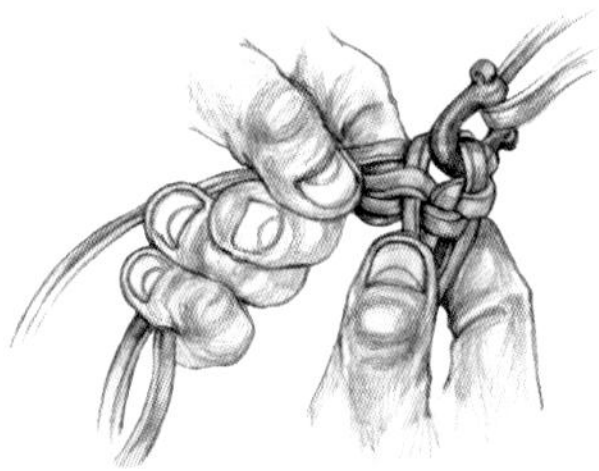

2. Strang 1 (rosa) wird von unten zwischen den beiden Strängen ganz rechts geführt, über den nächsten Strang und dann unter den letzten gelegt.

TIPP!

Ob man mit dem äußersten Strang auf der linken oder rechten Seite beginnt, hängt davon ab, welcher der beiden einen Strang kreuzt, wenn dieser nach unten und um das Band herum geführt wird. Der Strang, der als nächstes an der Reihe ist, um nach unten und um das Band herum geführt zu werden, ist immer der, der einen Strang auf der Unterseite des Bandes kreuzt. Welcher Strang das ist, lässt sich leicht feststellen, indem man das Band mit einer halben Drehung wendet und auf die „Unterseite" schaut.

SCHRITT 2 Nachdem zwei gleichlange Riemen zugeschnitten wurden, werden diese durch einen Schlüsselring, Karabinerhaken oder sonstigen Ringbeschlag gezogen, der das eine Ende des Bandes bilden soll. Dann den Ring an einem Gegenhalt befestigen. Dafür eignet sich eine Stuhllehne oder ein Tischbein, um das eine Schnur gelegt und der Ring befestigt wird. Alternative: Wenn ein Band nicht mit einem Ring oder Haken beginnen soll, werden vier Riemen nebeneinander in eine Klammer gelegt und die Stränge gekreuzt, wie in Abbildung 1 auf Seite 52 dargestellt, danach wird wie gewöhnlich geflochten.

SCHRITT 3 Die Länge der Riemen so anpassen, dass diese auf beiden Seiten des Rings gleich lang sind. Nun sind aus den beiden langen Riemen vier halb so lange Stränge geworden. Der linke besteht aus einem Strang mit sichtbarer Spaltseite (Strang 1) sowie einem darüber liegenden mit sichtbarer Narbenseite (Strang 2). Der rechte Riemen besteht aus einem Strang mit sichtbarer Spaltseite (Strang 3) und einem mit sichtbarer Narbenseite (Strang 4).

SCHRITT 4 Das Flechten beginnt, indem die Stränge mit sichtbarer Spaltseite gedreht werden, sodass die Narbenseite oben liegt: Strang 1 (gelb) im Uhrzeigersinn eine halbe Umdrehung drehen, sodass die Narbenseite sichtbar wird, und über Strang 2 (rosa) legen. Dabei kreuzt Strang 1 Strang 2 auf der Oberseite. Strang 2 muss Richtung Südwest und Strang 1 Richtung Südost zeigen.

SCHRITT 5 Strang 3 (blau) eine halbe Drehung entgegen dem Uhrzeigersinn drehen, sodass die Narbenseite sichtbar wird und diesen über Strang 1 legen. Nun müssen Strang 2 und 3 in Richtung Südwest und Strang 1 und 4 (grün) in Richtung Südost zeigen. Alle Stränge straffziehen und Strang 2 und 3 mit der linken Hand und Strang 1 und 4 mit der rechten Hand halten. Kontrollieren, ob alle vier Stränge auf beiden Seiten die gleiche Länge haben.

SCHRITT 6 Strang 4, der am weitesten rechts liegt, hinter das Band führen und zwischen Strang 2 und 3 wieder nach oben führen. Dann über Strang 3 legen, bis er auf der rechten Seite in der rechten Hand liegt. Das Band leicht straffziehen.

SCHRITT 7 Jetzt Strang 2, der am weitesten links liegt, hinter das Band legen und zwischen Strang 1 und 4 wieder nach oben führen. Dann über Strang 4 legen, bis er auf der linken Seite in der linken Hand liegt. Das Band leicht straffziehen. Schritte 6 und 7 mit allen vier Strängen wiederholen.

ALTERNATIVE: RUNDBAND MIT 6 STRÄNGEN

Zunächst den Schlüsselring, Karabinerhaken oder einen anderen Beschlag, an den das Band an einem Ende gebunden werden soll, an einem Gegenhalt befestigen. Dann drei Riemen durch die Öse des Beschlags ziehen und darauf achten, dass diese auf beiden Seiten gleich lang sind. Über den Riemen hinter dem Beschlag eine Klammer anbringen, damit diese nicht durchrutschen können. Mit den drei Riemen, ohne Klammer, auf der anderen Seite des Beschlags ein einige Zentimeter langes flaches Dreierband flechten. Jetzt die Klammer entfernen und das flache Dreierband so einpassen, dass der Beschlag genau in dessen Mitte liegt. (Zur Herstellung eines runden Sechserbands ohne Öse am Ende, sechs Riemen nebeneinander in eine Klammer legen und die Stränge auf die gleiche Weise kreuzen wie in Abbildung 2 auf Seite 51.) Drei Riemen in die linke Hand und drei Riemen in die rechte Hand nehmen. Jetzt die rechts und links liegenden Innenstränge des Dreierbandes miteinander kreuzen (gemäß Abbildung 1 auf Seite 51), der rechte Strang muss dabei über dem linken liegen. Den am weitesten links liegenden Strang (Strang 1) hinter und entgegen dem Uhrzeigersinn um das Band herum führen und ihn zwischen den beiden am weitesten rechts liegenden Strängen (Strang 5 und 6) wieder nach oben führen und dann über Strang 5 und unter Strang 4 legen. Das Gleiche mit dem am weitesten rechts liegenden Strang (Strang 6) wiederholen: Diesen hinter und im Uhrzeigersinn um das Band herum führen und zwischen den beiden am weitesten links liegenden Strängen (Strang 1 und 2) wieder nach oben führen, dann über Strang 2 und unter Strang 3 legen. Genau wie bei dem runden Viererband wird diese Flechtung mit allen sechs Strängen wiederholt.

ALTERNATIVE: RUNDBAND MIT 8 STRÄNGEN

Zunächst den Schlüsselring, Karabinerhaken oder einen anderen Beschlag, an den das Band an einem Ende gebunden werden soll, an einem Gegenhalt befestigen. Dann vier Riemen durch die Öse des Beschlags ziehen und darauf achten, dass diese auf beiden Seiten gleich lang sind. Über die Riemen hinter dem Beschlag eine Klammer anbringen, wodurch diese nicht durchrutschen können.

Die vier Riemen auf der einen Seite des Beschlages nehmen, diese gemäß Abbildung 1 kreuzen und ein einige Zentimeter langes rundes Viererband flechten. Jetzt die Klammer entfernen und das runde Viererband so einpassen, dass der Beschlag genau in dessen Mitte liegt. (Zur Herstellung eines runden Achterbands ohne Öse am Ende, acht Riemen nebeneinander in eine Klammer legen und die Stränge auf die gleiche Weise kreuzen wie in Abbildung 2 auf Seite 52). Vier Riemen in die linke Hand und vier Riemen in die rechte Hand nehmen. Jetzt zwei der Stränge in jeder Hand miteinander kreuzen, wie in Abbildung 2 dargestellt. Nach gleicher Flechttechnik wie bei allen Rundbändern flechten: Den am weitesten links liegenden Strang (Strang 1) entgegen dem Uhrzeigersinn hinter das Band führen und zwischen den beiden am weitesten rechts liegenden Strängen

RUNDBAND MIT 8 STRÄNGEN

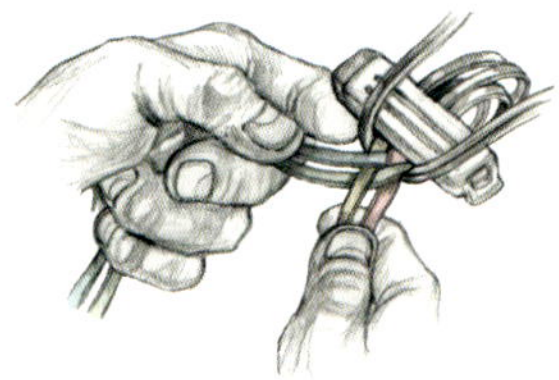

1. Die Stränge kreuzen und ein rundes Viererband flechten.

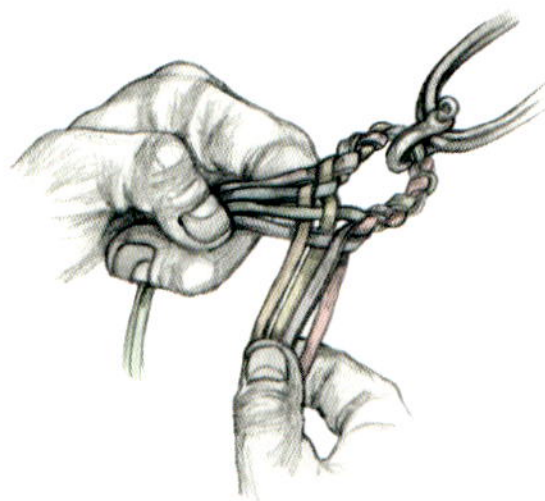

2. Zwei der auf der rechten und linken Seite des Viererbandes liegenden Stränge miteinander kreuzen. Nun lässt sich ein rundes Achterband flechten.

TIPP

Der runde Achterband lässt sich in einem Fischgrätenmuster flechten, indem jeder Strang zwischen den mittig gelegenen beiden Strängen nach oben geführt wird, d. h. unter zwei Stränge, über zwei Stränge.

PEITSCHENKNOTEN

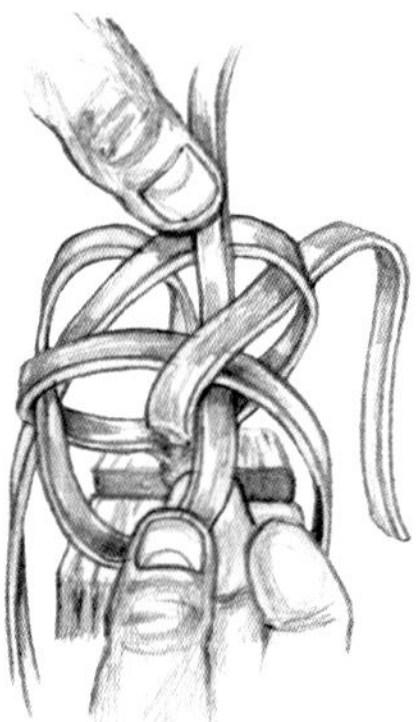

SCHRITT 2

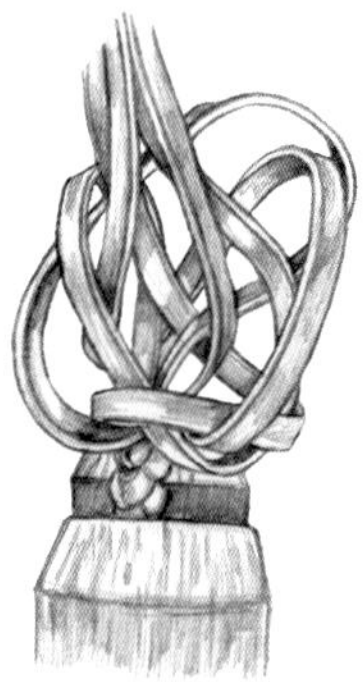

SCHRITT 3

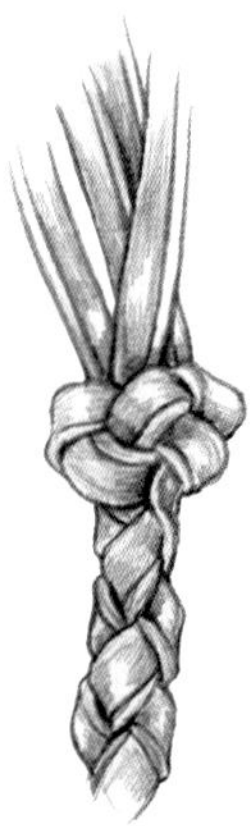

FERTIGER KNOTEN

(Strang 7 und 8) wieder nach oben führen und dann über Strang 7, unter Strang 6 und über Strang 5 legen. Das Gleiche mit dem am weitesten rechts liegenden Strang (Strang 8) tun. Die Flechtung mit allen acht Strängen wiederholen.

»——→ DER ABSCHLUSS BEI RUNDBÄNDERN

Nachdem das Band fertig geflochten ist, wird ein Abschluss erforderlich. Für welchen Abschluss man sich entscheidet, hängt von der Anwendung des Bandes ab. Es ist jedoch in jedem Fall günstig, eine Schnur um das Band zu wickeln, damit es sich nicht wieder öffnen kann. Hierfür eignet sich ein gewachster Faden, der leicht zu knoten ist. Bei den hier beschriebenen verschiedenen Schritten für den Peitschen- und Gaucho-Knoten ist jeder Schritt mit allen Stränge zu wiederholen. Ein Band lässt sich auf verschiedene Art und Weise abschließen, nachstehend ein Vorschlag für einen leichteren und für einen schwereren Knoten.

PEITSCHEN- ODER ANANASKNOTEN

Der Peitschen- oder Ananasknoten ist ein einfacher Abschluss, der sich beispielsweise für einen geflochtenen Schlüsselring verwenden lässt. Genau wie beim Flechten werden alle Knoten durch Wiederholung der gleichen Schritte gebunden. Die beschriebenen Teilschritte werden mit allen Strängen des Bandes in exakt gleicher Weise durchgeführt. In dem unten genannten Beispiel ist ein Peitschenknoten als Abschluss eines Bandes mit vier Strängen dargestellt, d. h. jeder Teilschritt ist viermal zu wiederholen. Der gleiche Knoten lässt sich auch mit sechs oder acht Strängen herstellen. Dann sind die Teilschritte sechs- bzw. achtmal zu wiederholen.

SCHRITT 1 Beim Peitschenknoten wird zunächst ein Stopperknoten gemäß der Anleitung auf Seite 54 angebracht. Den Stopperknoten nicht festziehen.

SCHRITT 2 Jeden Strang nach rechts und um den vom Band kommenden Strang herumführen und dann durch die Öffnung des Stopperknotens nach oben führen, sodass dieser an der Oberseite des Knotens herauskommt. Dies mit allen Strängen wiederholen.

SCHRITT 3 Den Knoten festziehen. Damit der Knoten symmetrisch wird, ist es wichtig, alle Stränge gleichmäßig stark festzuziehen und dies schrittweise zu tun, wofür man eine Flechtahle nehmen kann.

Den Knoten etappenweise festziehen, wobei alle vier Stränge (einer nach dem anderen) festgezogen werden, beginnend mit dem Strang, der dem Ursprung des Bandes am nächsten liegt. Dann einen Punkt weiter „vorn" im Knoten wählen. Alle Stränge durchlaufen den Knoten genau gleich, sodass die Stränge durch den Knoten verfolgt und festgezogen werden können. Das letzte Festziehen erfolgt an jedem Strang, wenn dieser an der Spitze des Knotens herauskommt. Wahrscheinlich muss diese Prozedur einige Male wiederholt werden. Wichtig ist, dass jeder Strang gleich stark festgezogen wird. Wenn der Knoten erst einmal angezogen ist, ist es schwerer, eventuelle Ungleichheiten zu korrigieren, die infolge nicht gleichmäßigen und schrittweisen Festziehens entstanden sind.

RUNDKNOTEN UND -KNOPF SOWIE GAUCHOKNOTEN UND -KNOPF

Anfang und Ende des Rund- und Gauchoknotens sind genau gleich. Der Unterschied ist, dass beim Rundknoten die Stränge nur eine halbe Runde im Knoten geflochten werden, während beim Gauchoknoten eine ganze Runde geflochten wird. Somit ist der Rundknoten der einfachere von beiden. Dennoch lohnt es sich beide zu lernen, da diese einen größeren Anwendungsbereich als der Peitschenknoten haben. Beide lassen sich mit 4, 6 und 8 Strängen flechten. In der nachfolgenden Anleitung werden sie mit 4 Strängen geflochten, jedoch ist die Vorgehensweise unabhängig von der Anzahl der Stränge dieselbe. Es bietet sich an, mit 4 Strängen zu beginnen, da sich die Stränge leichter verfolgen lassen.

RUNDKNOPF UND GAUCHOKNOPF

Wenn man einen kleineren Lederknopf für ein Lederprojekt oder ein Kleidungsstück herstellen möchte, passen Rundknopf oder Gauchoknopf perfekt. Die Größe des fertigen Knopfes wird durch die Anzahl der Stränge sowie durch die Breite und Dicke der Stränge bestimmt. Für Knöpfe eignet sich Känguruleder, da es einen Riemen ergibt, der sich gut ziehen lässt ohne nachzugeben. Passend sind eine Breite von 3 mm und eine Dicke von 1 mm. Bei einem Knopf mit vier Strängen werden zunächst zwei Riemen durch einen Ring (z. B. eine größere Büroklammer) oder einen kleineren Schäkel gezogen. Wichtig ist, dass der Ring oder der Schäkel wieder entfernt werden können, sobald der Knopf fertig ist, da die Riemen um den Ring bzw. Schäkel herum zwei Ösen bilden, die man dann zum Befestigen des Knopfes an der Lederarbeit oder an dem Kleidungsstück verwendet. Sind die Riemen durch den Ring gezogen, wird eine Schnur, am besten gewachst, mit einigen Umdrehungen um sämtliche Stränge gewickelt. Die Schnur wird so gewickelt, dass sie ca. 7 mm der Stränge oberhalb des Ringes oder Schäkels bedeckt. Dann einen Stopperknoten anbringen und der Anleitung für Gauchoknoten folgen.

ANFERTIGEN EINES STOPPERKNOTENS

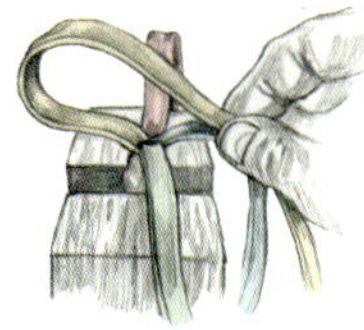

1. Strang 1 (gelb) zwischen Strang 2 (grün) und 3 (blau) legen.

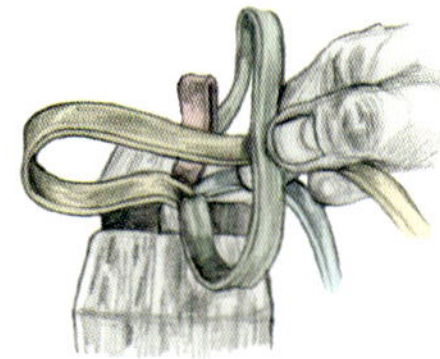

2. Strang 2 über Strang 1 und zwischen Strang 3 und 4 legen.

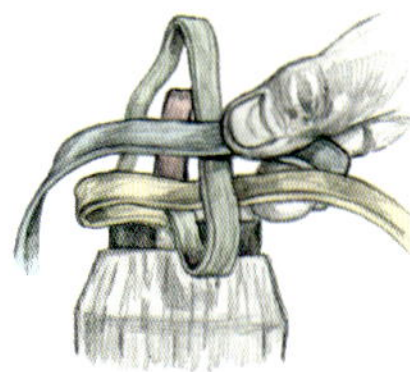

3. Strang 3 über Strang 2 und zwischen Strang 4 und 1 legen.

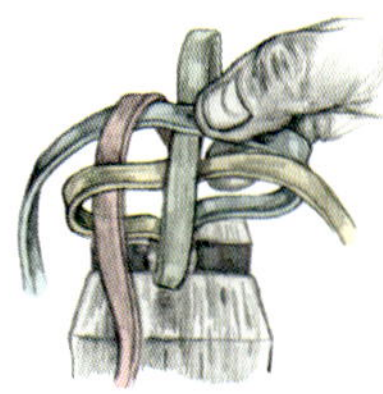

4. Strang 4 über Strang 3 legen und unter Strang 1 führen.

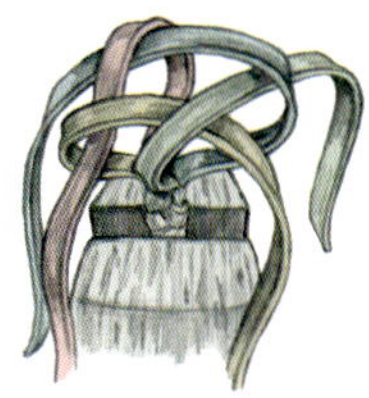

5. Stopperknoten festziehen, wenn mit einem Gauchoknoten fortgefahren wird oder ihn lose lassen für einen Peitschenknoten.

GAUCHOKNOTEN SCHRITT FÜR SCHRITT

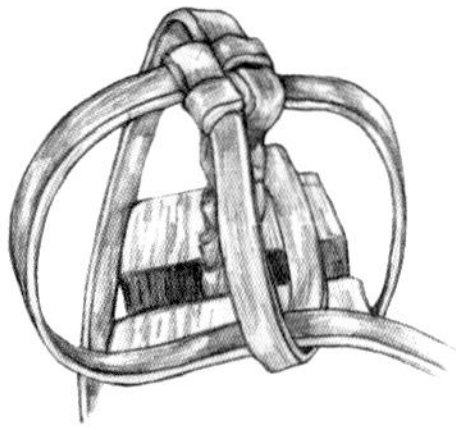

SCHRITT 3.1

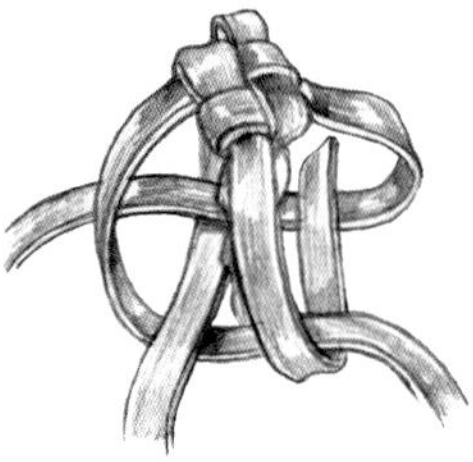

SCHRITT 3.2

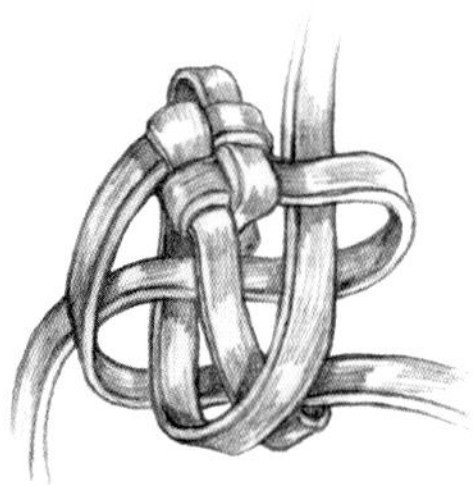

SCHRITT 4.1

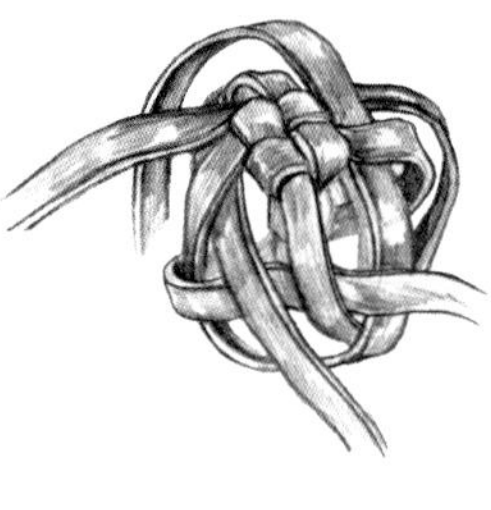

SCHRITT 4.2

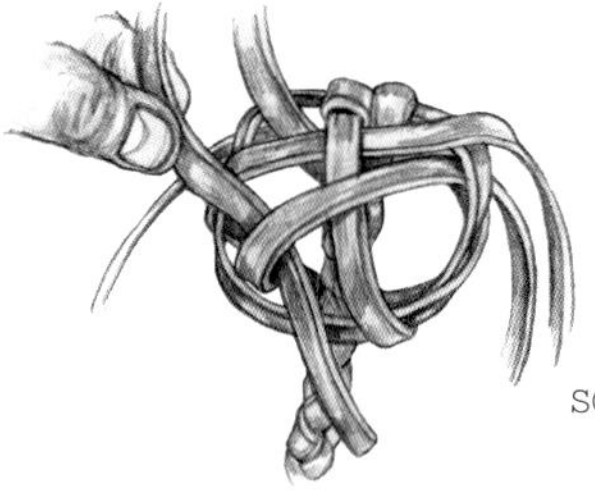

SCHRITT 5.1

RUNDKNOTEN UND GAUCHOKNOTEN

Nachstehend wird sowohl der Rundknoten als auch der Gauchoknoten als Abschluss für ein Band verwendet. Das kann ein Knoten am Ende eines geflochtenen Schlüsselrings sein oder ein Knoten, der als Knopf an einem geflochtenen Armband verwendet wird. Für den Gauchoknoten beim Projekt mit dem Schlüsselanhänger (Seite 86) wurden vier 5–6 mm breite, 1,5–2 mm dicke Riemen verwendet. Für den Rundknoten beim geflochtenen Armband (Seite 97) wurden vier 3 mm breite und 1 mm dicke Riemen aus Känguruleder verwendet. Der Gauchoknoten mit den breiteren und dickeren Riemen hat einen Durchmesser von ca. 3–4 cm, je nachdem, wie straff er gezogen wurde. Der Rundknoten mit den 3 mm breiten Riemen hat einen Durchmesser von ca. 10–12 mm und einen Kern aus Holz oder Leder. Auch der Gauchoknoten kann einen Kern benötigen, damit er beim Festziehen nicht seine Form verliert. Flechtet man den Gauchoknoten mit dünneren Riemen, lassen sich Holzkugeln aus dem Bastelladen oder selbstgemachte Kerne aus dickerem Leder (ca. 5 mm), die mit einem größeren Rundlocheisen (7–10 mm) entsprechend dem Durchmesser passgerecht gestanzt werden, verwenden. In die Holzkugeln wird ein Loch gebohrt, das kleiner ist als der Durchmesser des Bandes, aber ausreichend groß ist, um alle Stränge durchziehen zu können. In die Lederkerne wird das Loch mit einer Revolverzange gestanzt.

SCHRITT 1 Nachdem das Band fertig ist, wird ein gewachster Leinenfaden um das Band gebunden, damit er sich nicht wieder öffnet. Sollte der Gauchoknoten einen Kern (siehe oben) benötigen, werden zunächst die Stränge des Bandes durch den Kern gezogen. Der einfachere Rundknoten benötigt meist keinen Kern.

SCHRITT 2 An der Spitze des Bandes wird ein Stopperknoten angebracht und festgezogen. Darauf achten, dass er symmetrisch festgezogen wird, da der Stopperknoten den oberen Abschluss des fertigen Gauchoknoten bildet und sichtbar ist.

SCHRITT 3 Jeden Strang nehmen und unter den jeweils links liegenden Strang legen. Der vierte Strang wird genau wie die übrigen unter den links liegenden gelegt und dann über den nächsten rechts liegenden Strang und durch die gebildete Schlaufe nach oben geführt.

SCHRITT 4 Nun jeden Strang über den ersten jeweils rechts liegenden Strang und dann unter den nächsten rechts liegenden Strang legen. Die Enden aller vier Stränge müssten nun an der Oberseite des Knotens herauskommen. Wird ein Rundknoten geflochten, erfolgt der Abschluss des Knotens, wie in Schritt 7 und 8 beschrieben, die Schritte 5 und 6 in diesem Fall überspringen.

SCHRITT 5 Beim Flechten eines Gauchoknotens müssen alle vier Stränge weiterhin im Uhrzeigersinn nach unten den Knoten durchlaufen: Jeden Strang über den nächsten rechtsliegenden legen, dann unter den nächsten etwas unterhalb rechtsliegenden führen und schließlich über den letzten ganz unten liegenden Strang führen. Nachdem das mit allen vier Strängen wiederholt wurde, sollten die Stränge auf der Unterseite des Knotens herauskommen und nach unten zeigen.

SCHRITT 6 Jetzt wird jeder Strang nach oben im Uhrzeigersinn durch den Knoten geführt und erscheint dann auf der Oberseite des Knotens. Jeden Strang zunächst unter den am weitesten unten liegenden nach oben führen. Dann weiter schräg hoch nach rechts, vorbei an zwei Strängen und dann unter den beiden Strängen, die unmittelbar am Stopperknoten auf der Oberseite des Knotens ein Kreuz bilden. Diesen Schritt mit allen vier Strängen wiederholen. Jetzt müssten alle vier Stränge an der unmittelbar am Stopperknoten liegenden Oberseite des Knotens herauskommen.

SCHRITT 7 Bevor der Knoten festgezogen wird, sind alle vier Stränge durch die Mitte des Bandes nach unten zu führen, sodass sie auf der Unterseite des Knotens herauskommen. Jeden Strang über den jeweils rechts liegenden, vom Stopperknoten auf der Oberseite kommenden, legen und diesen nach unten und schließlich durch die auf der Unterseite des Knoten befindliche Öffnung wieder nach außen führen. Jetzt ist der Knoten fertig. Vor dem Festziehen der Stränge abermals prüfen, ob der Knoten symmetrisch ist.

SCHRITT 8 Es ist wichtig, dass das Festziehen des Gauchoknotens schrittweise erfolgt. Dabei ist vorzugehen, wie in Schritt 3 der Anleitung für Peitschenknoten beschrieben. Ist der Knoten schließlich richtig festgezogen, werden die Enden der herausstehenden Stränge abgeschnitten.

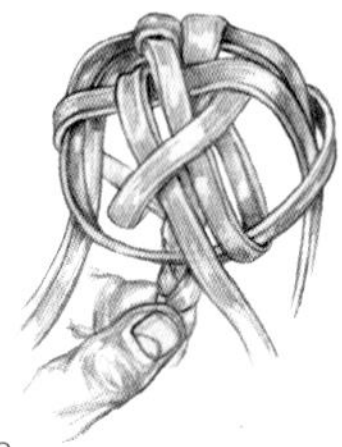
SCHRITT 5.2

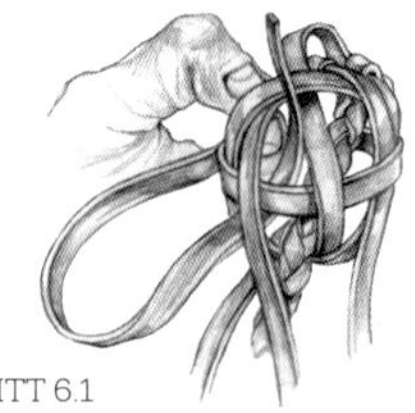
SCHRITT 6.1

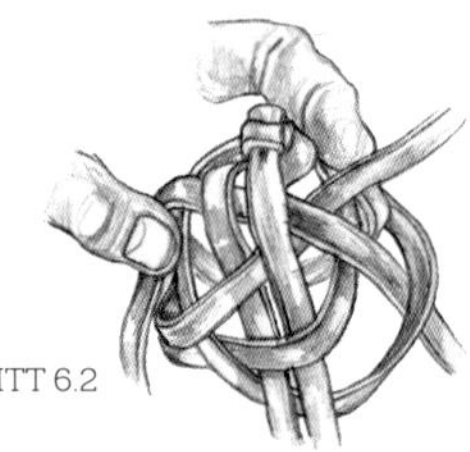
SCHRITT 6.2

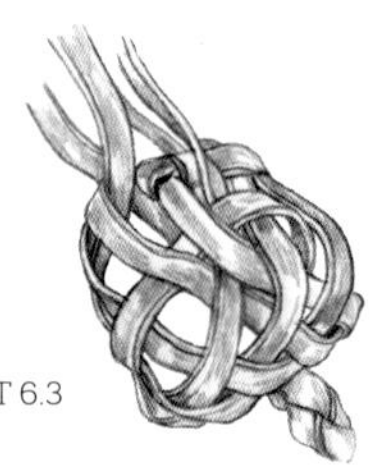
SCHRITT 6.3

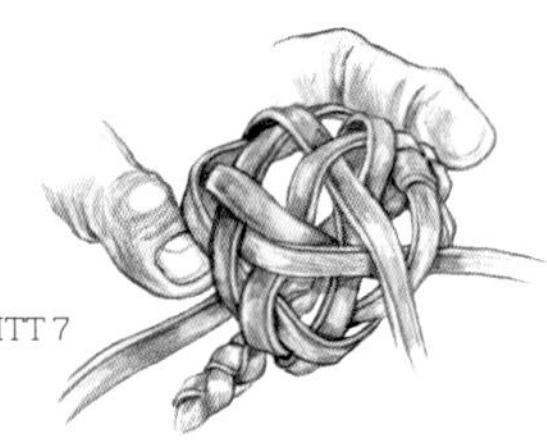
SCHRITT 7

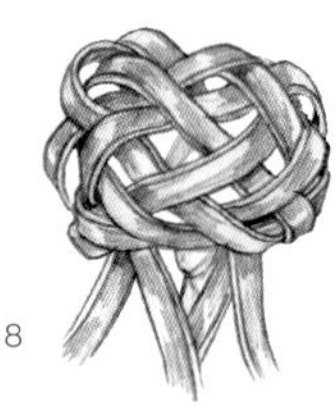
SCHRITT 8

Teil vier

PROJEKTE

Jetzt ist es an der Zeit, das neu gewonnene Wissen anzuwenden. Die Projekte in diesem Buch haben verschiedene Schwierigkeitsgrade und alle Arbeitsschritte sind in Teil zwei Technik und Design ausführlich beschrieben. Haben Sie diesen Teil durchgelesen und geübt, dann ist keines der Projekte schwierig. Manche erfordern nur etwas mehr Zeit als andere. Geduld ist der Schlüssel für ein gelungenes Ergebnis. Viel Erfolg!

SCHLÜSSELANHÄNGER/ BRIEFTASCHENRIEMEN

ZWEI VARIANTEN EINES EINFACHEN LOCHBANDES

MATERIAL

2 Lederriemen
für den Schüsselanhänger
= 35 cm x 15 mm, 1,5 mm dick
2 Lederriemen
für den Brieftaschenriemen
= 60 cm x 15 mm, 1,5 mm dick

WERKZEUG

Langlocheisen, 12–15 mm
Arbeitsplatte
Kantenpolierer
oder Canvas-Tuch
Kantenzieher
Kontaktklebstoff und Pinsel
Lederfett
Anpressrolle
Polierflüssigkeit
Riemenschneider
oder Lineal und Rollmesser
Rohgummi
Rohhauthammer
Reifelholz oder Reifeleisen
Messschieber
Schneidmatte
Ahle

SCHRITT 1 Mit dem Riemenschneider zwei Lederriemen entsprechend der angegebenen Maße ausschneiden (Abbildung 1). Die Breite der fertigen Riemen beträgt letztendlich 10 mm. Um eventuelle Klebstoffreste an den Kanten wegschneiden zu können, sollten Sie zunächst 15 mm breit sein.

SCHRITT 2 Den Kontaktklebstoff auf die Spaltseite jedes Riemens nach Anleitung auf Seite 28 auftragen. Wenn der Klebstoff getrocknet ist, die beiden Seiten zusammendrücken. Exakt arbeiten und Kante auf Kante kleben. Mit einer Anpressrolle fest zusammendrücken (Abbildung 2). Jetzt ist der Lederriemen 15 mm breit und 3 mm dick mit zwei Narbenseiten.

SCHRITT 3 Den zusammengeklebten Lederriemen mit einem Riemenschneider auf eine Breite von 10 mm schneiden (Abbildung 3). Dazu an jeder Seite 2,5 mm abschneiden. Den Lederstreifen erst nach dem Zusammenkleben auf die richtige Breite zuschneiden, sodass eventuelle Reste des Klebstoffs gleich mit entfernt werden. Falls versehentlich Klebstoff auf die Narbenseite gelangt ist, kann dieser mit einem Stück Rohgummi entfernt werden.

SCHRITT 4 Wenn die Kanten des Riemens dekoriert werden sollen, kann dies mit einem Reifeleisen oder -holz erfolgen, siehe Seite 38.

SCHRITT 5 Die Kanten des Riemens mit dem Kantenschneider bearbeiten (Abbildung 4), um sie anschließend nach der Anleitung auf Seite 38 zu polieren.

SCHRITT 6 Wenn das Band mit Lederfett eingefettet werden soll, sollte dies vor dem Stanzen der Löcher und dem Flechten erfolgen, damit sich das Fett nicht in die Öffnungen des Bandes setzt.

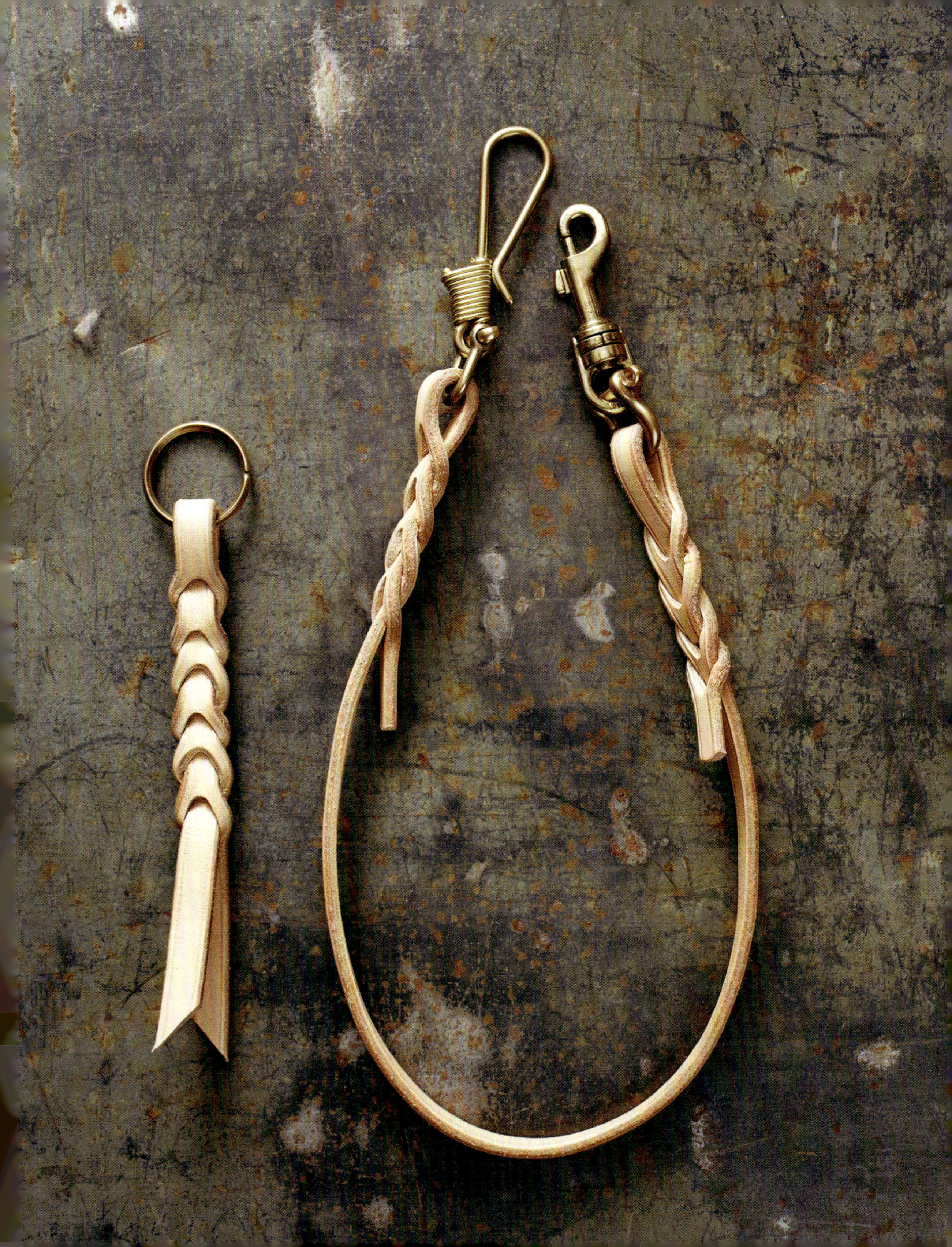

SCHRITT 7 Löcher mit einem Langlocheisen in den Riemen stanzen. Da dieser 10 mm breit und 3 mm dick ist, wird ein Locheisen mit ca. 12–15 mm Länge benötigt. Den Riemen in der Mitte falten und eine Schlinge in der gewünschten Größe bilden, in der später der Schlüsselring oder ein anderer Beschlag sitzen soll. Soll die Schlinge 6 cm groß sein, wird das erste Loch 3 cm von der Mitte des Riemens entfernt gestanzt. Anschließend ein zweites Loch in die andere Hälfte des Riemens, 3 cm und eine „Locheisenlänge" unter dem ersten Loch, stanzen. Dann zwei weitere Löcher mit jeweils einer „Locheisenlänge" Abstand in beide Hälften des Riemens stanzen (Abbildung 5). Insgesamt sollten schließlich sechs Löcher abwechselnd so auf dem Riemen sitzen, dass man beim Zusammenfalten nicht durch die Löcher schauen kann (Abbildung 6). Beim Riemen für eine Brieftasche, werden stattdessen die beiden Enden des Riemens ca. 10–12 cm umgeschlagen.

SCHRITT 8 Den Schlüsselring oder einen anderen Beschlag in die Mitte des Riemens ziehen und ein Lochband nach der Anleitung auf Seite 46 flechten. Zum Abschluss die Enden in der gewünschten Länge abschneiden. Beim Brieftaschenriemen werden beide Enden in derselben Technik geflochten. Hier wird ein Beschlag benötigt, der nach dem Flechten angebracht werden kann.

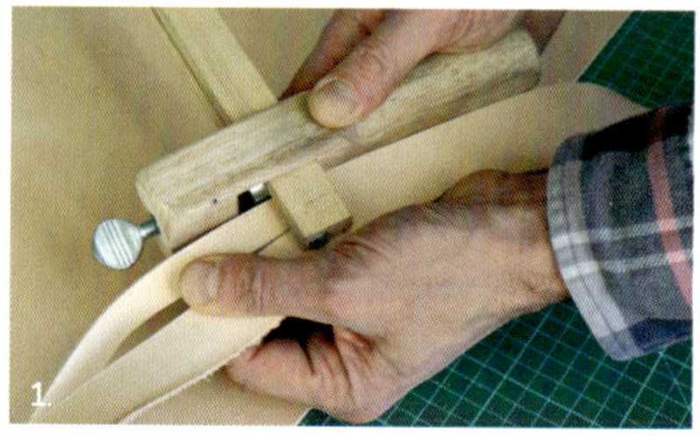
1.

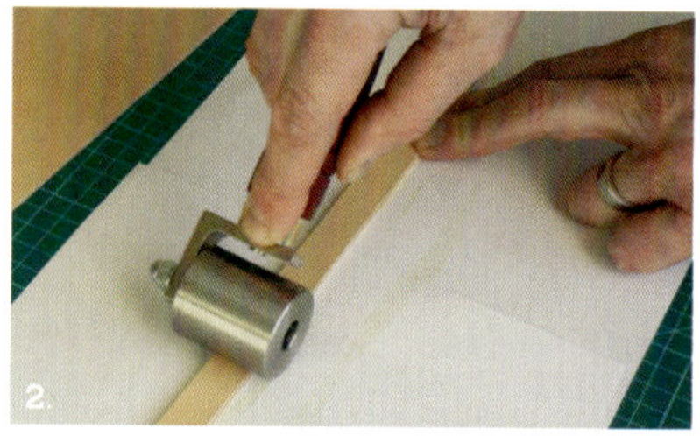
2.

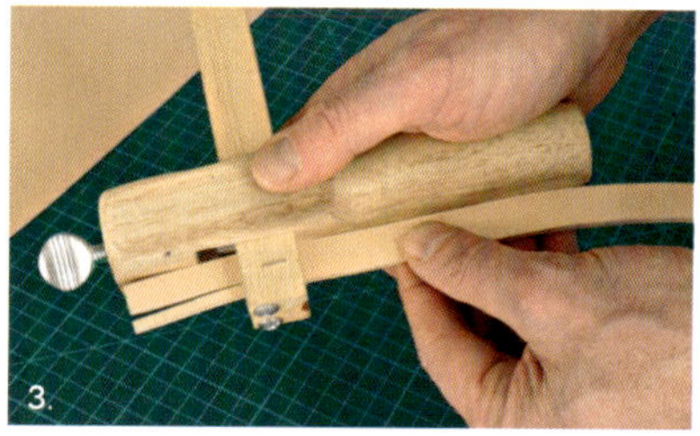
3.

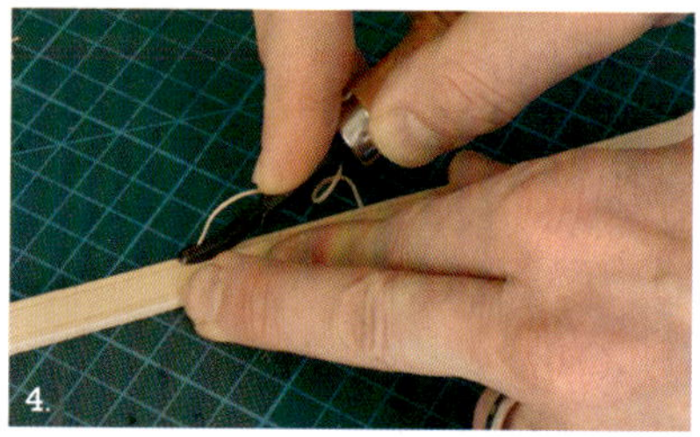
4.

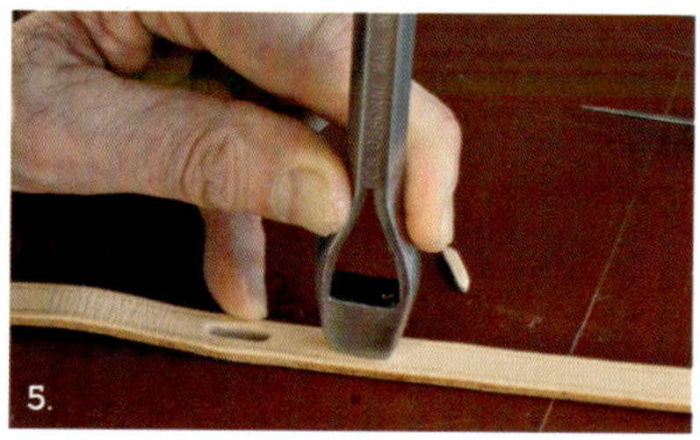
5.

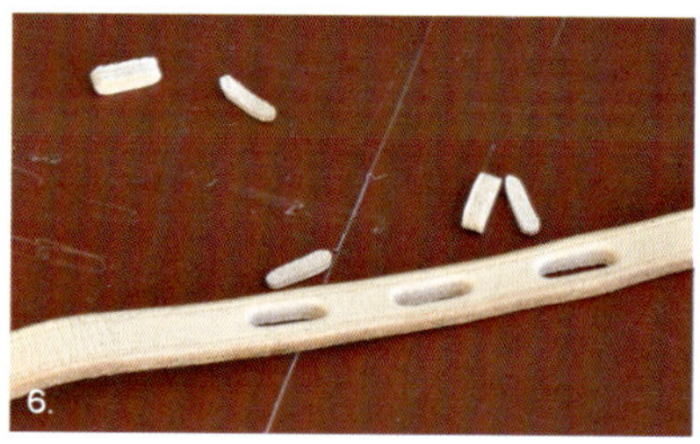
6.

GEFLOCHTENES ARMBAND

MIT KNEBELVERSCHLUSS

MATERIAL

1 Lederriemen
= 25 cm x 21 mm, 3 mm dick
1 Verschluss = 21 mm breit
Karton, weißes Papier und
Klebstoff für die Schablone

WERKZEUG

Langlocheisen, 12 mm
Vorstecheisen
Arbeitsplatte
Kantenzieher, 1 mm breit
Lineal
Lederfett
Nadel und Faden für Sattlernaht
Riemenschneider
Revolverlochzange
Rollschneider
Rohhauthammer
Nähkloben
Messschieber
Schneidmatte
Ahle
Nahtversenker
Riemenendeisen U-Form, 21 mm
Stanley-Klinge

SCHRITT 1 Zunächst eine Schablone anfertigen. Von einem u-förmigen Riemenendeisen mit einer Breite von 21 mm ausgehen. Die Schablone wird 21 mm breit und ca. 25 cm lang. Da der Riemen 21 mm breit ist und das Band drei Stränge hat, ist jeder Strang 7 mm breit und hat eine Länge von 14 cm. Um die Schablone in drei gleich große Stränge zu teilen, werden zwei Löcher je 7 mm von der Kante entfernt angebracht. Die Löcher sitzen an den Enden jedes Strangs. Insgesamt werden es vier Löcher, zwei an jedem Ende, mit 14 cm Abstand (Abbildung 1).

SCHRITT 2 Den Riemenschneider nach der Breite der Schablone und der Dicke des Leders einstellen. Bei Bedarf die Kanten des Leders mit einem Lineal und einem Rollschneider gerade schneiden. Den Riemen mit einem Riemenschneider ausschneiden.

SCHRITT 3 Die Schablone auf den Riemen legen und mit einer Ahle die Position der Löcher auf dem Leder markieren.

SCHRITT 4 An den mit einer Ahle vormarkierten Stellen mit dem kleinsten Locheisen der Revolverlochzange Löcher in das Leder stanzen. Die Löcher am Ende jedes Strangs verhindern, dass das Leder beim Flechten reißt.

SCHRITT 5 Den Riemen auf der Narben- und der Unterseite mit dem Kantenschneider bearbeiten.

SCHRITT 6 Um drei gleich breite Stränge schneiden zu können, den Nahtversenker mithilfe des Messschiebers auf 7 mm einstellen. Anschließend auf der Narben- und der Spaltseite eine Rille zwischen den Löchern ziehen (Abbildung 2).

SCHRITT 7 Die Stränge mit einer Klinge und einem Hammer ausschneiden; dazu die Klinge auf die vorher mit dem Nahtversenker geschnittene Rille legen und vorsichtig mit dem Hammer darauf klopfen, bis die Klinge durch das Leder geschnitten hat. Das Gleiche in der anderen Rille wiederholen.

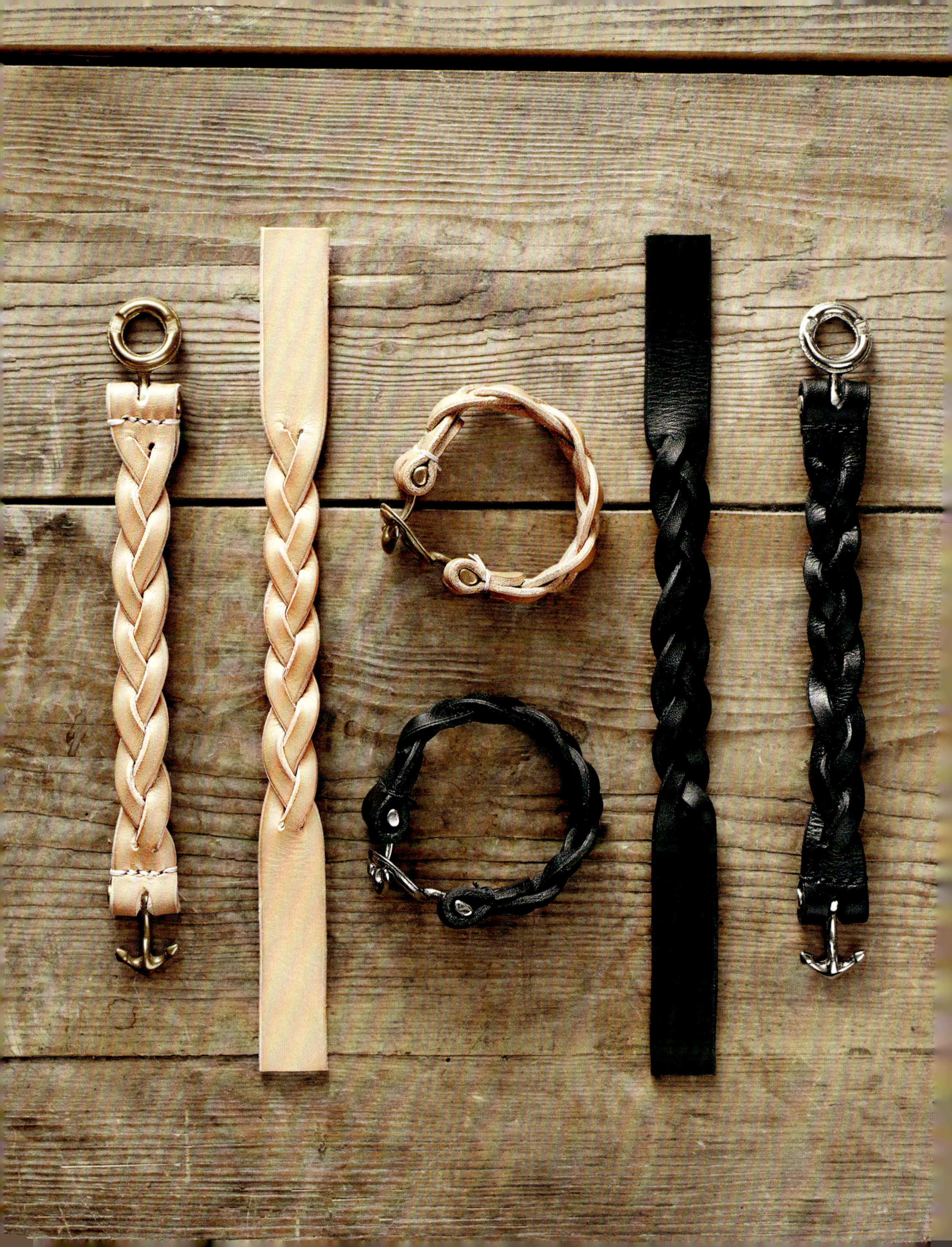

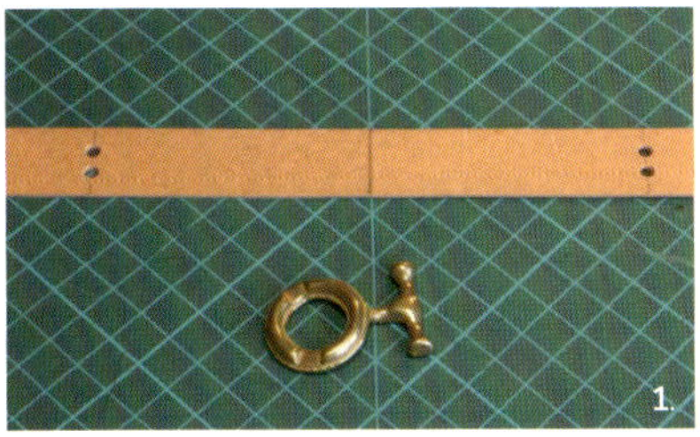

1.

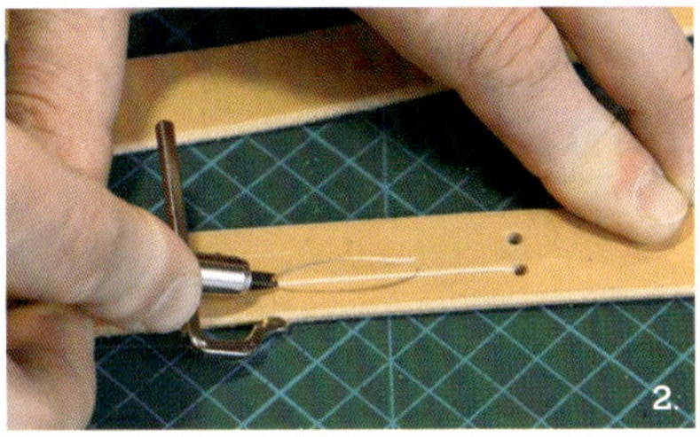

2.

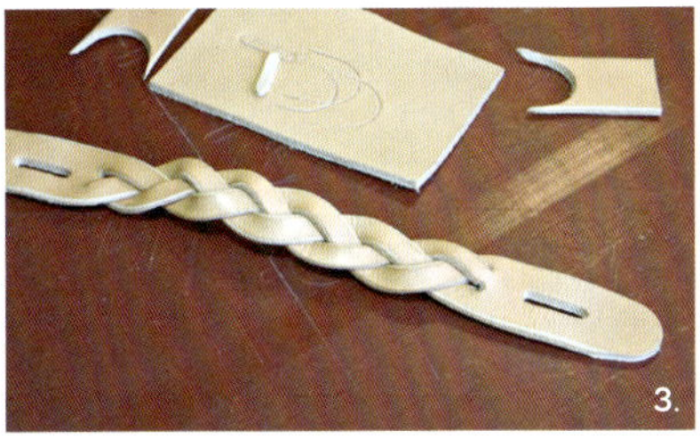

3.

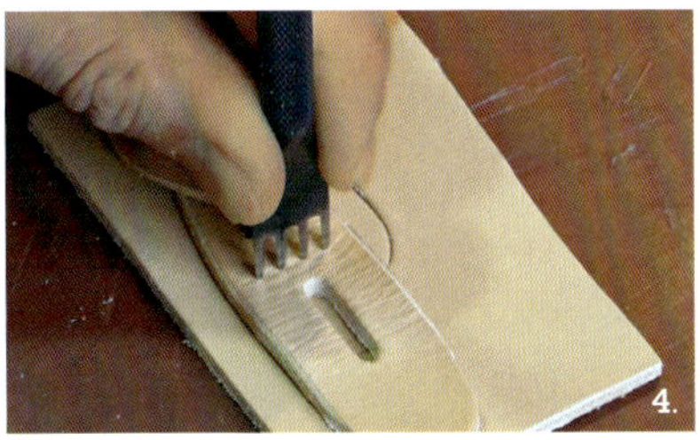

4.

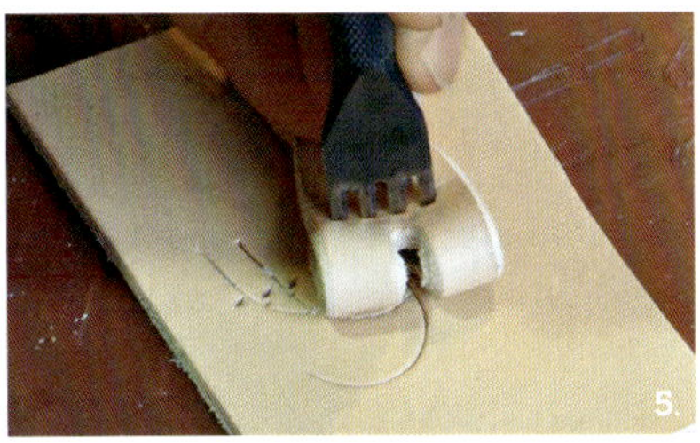

5.

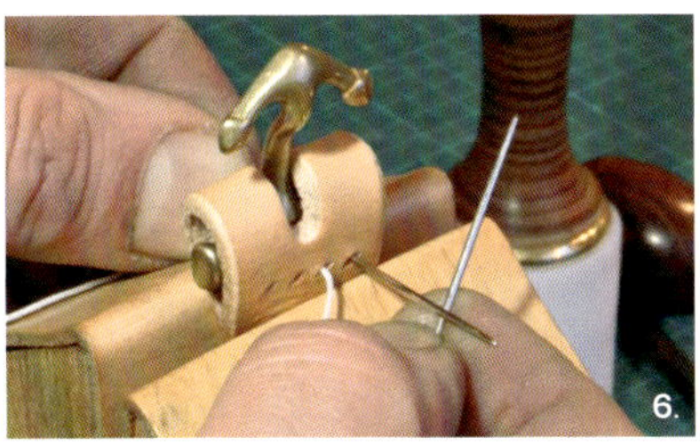

6.

SCHRITT 8 Den Riemen auf beiden Seiten mit Lederfett einreiben.

SCHRITT 9 Die Stränge entsprechend der Anleitung für das Zauberband mit drei Strängen auf Seite 47 flechten.

SCHRITT 10 Die Länge des Armbandes ausmessen, um zu wissen, wo der Verschluss angebracht werden muss. Anschließend dort, wo der Verschluss angebracht werden soll, mit einem 12 mm großen Locheisen an jedem Ende ein Loch stanzen.

SCHRITT 11 Den Riemen an der gewünschten Länge mit einem u-förmigen Riemenendeisen abtrennen. Hinter dem länglichen Loch an jedem Ende jeweils 2 cm stehen lassen, um sie hinter den Verschluss zu falten und Platz für die Naht zu lassen (Abbildung 3).

SCHRITT 12 Mit dem Vorstecheisen Nahtlöcher stechen, um zu markieren, wo anschließend genäht werden soll. Die Nahtlöcher zuerst auf der Oberseite stanzen. Anschließend das Leder, das später um den Verschluss sitzen soll, umschlagen und von der anderen Seite an derselben Stelle markieren (Abbildung 4 und 5).

SCHRITT 13 Den Verschluss einsetzen und entsprechend der Anleitung auf Seite 35 nähen (Abbildung 6).

ARMBAND MIT SILBERKNOPF

UND VERSCHLUSS MIT RUNDBAND

MATERIAL

1 Lederriemen
= 25 cm x 20 mm, 3 mm dick
1 Druckknopf oder Knopf
Karton, weißes Papier und
Klebstoff für die Schablone

WERKZEUG

Arbeitsplatte
Kantenzieher, 1 mm breit
Lineal
Lederfett
Riemenschneider
sauberes, weißes Baumwolltuch oder weißes Canvas-Tuch
Revolverlochzange
Rollschneider
Rohhauthammer
Messschieber
Schneidmatte
Ahle
Nahtversenker
Riemenendeisen u-Form,
21 mm breit oder etwas breiter
Stanley-Klinge

SCHRITT 1 Zunächst eine Schablone anfertigen, dabei von einem Riemenendeisen mit einer Breite von 21 mm ausgehen. Die Schablone wird 20 mm breit und 25 cm lang, je nach gewähltem Verschluss. Da das Band fünf Stränge hat, wird jeder Strang 4 mm breit und 14 cm lang. Um die Schablone in fünf gleich große Stränge zu teilen, müssen vier Löcher in 4 mm Abstand voneinander in die Schablone gestanzt werden (Abbildung 1). Die Löcher sitzen an beiden Enden jedes Strangs. Insgesamt werden es also acht Löcher mit 14 cm Abstand.

SCHRITT 2 Den Riemenschneider entsprechend der Breite der Schablone und der Dicke des Leders einstellen. Bei Bedarf mit einem Lineal und einem Rollschneider die Kanten des Leders gerade schneiden. Den Riemen mit einem Riemenschneider ausschneiden.

SCHRITT 3 Die Schablone auf den Riemen legen und mit einer Ahle Löcher in das Leder stanzen. (Abbildung 2). Das kleinste Locheisen der Revolverlochzange ist dafür zu groß.

SCHRITT 4 Die Kanten auf der Narben- und der Spaltseite mit einem Kantenzieher zurechtschneiden.

SCHRITT 5 Um zu markieren, wo später die fünf gleich breiten Stränge ausgeschnitten werden sollen, wird der Nahtversenker mithilfe des Messschiebers auf 4 mm eingestellt. Anschließend eine Rille zwischen die äußeren Löcher auf der Narben- und der Spaltseite ziehen. Dann den Nahtversenker auf 8 mm einstellen und eine Rille zwischen die inneren Löcher auf der Narben- und der Spaltseite schneiden (Abbildung 3).

SCHRITT 6 Die Stränge mithilfe von Klinge und Hammer ausschneiden. Dazu die Klinge an die vorher mit dem Nahtversenker geschnittene Rille legen und vorsichtig mit dem Hammer darauf klopfen, bis die Klinge durch das Leder geschnitten hat (Abbildung 4). Ebenso mit allen vier Rillen verfahren.

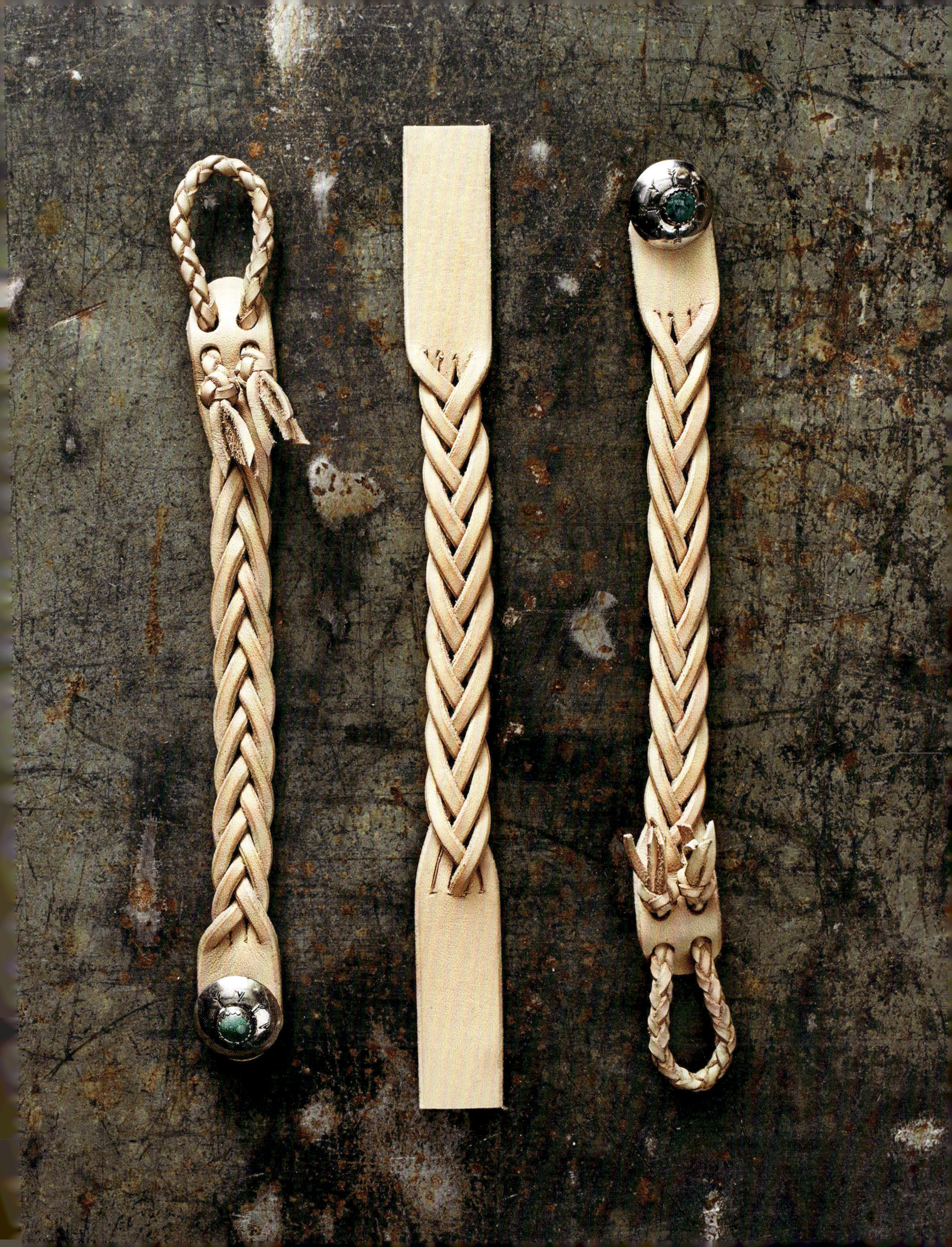

SCHRITT 7 Den Riemen auf beiden Seiten mit Lederfett einfetten.

SCHRITT 8 Die Stränge entsprechend der Anleitung für das Zauberband mit fünf Strängen auf Seite 49 flechten (Abbildung 5).

SCHRITT 9 Um jetzt schon ein wenig Patina auf das Band zu bringen, kann mit einem sauberen, weißen Canvas-Tuch Lederfett mit etwas Druck auf das Band gerieben werden. Nicht zu viel, da das Fett sonst in die Windungen des Bandes gelangt.

SCHRITT 10 Jetzt wird die Länge des Bandes festgelegt, die von dem gewünschten Verschluss abhängig ist. Mit einem Druckknopf muss das Armband 3–4 cm überlappen, d. h. Umfang des Handgelenkes plus 3–4 cm. Auf dem Bild habe ich einen schönen Silberknopf benutzt, den ich im Internet gefunden habe. Ich habe das Armband mit einem u-förmigen Riemenendeisen abgetrennt, das etwas breiter als der Riemen ist. Anschließend habe ich den Knopf mit gewachstem synthetischem Garn angenäht und in dem anderen Ende vier Löcher mit dem kleinsten Locheisen einer Revolverlochzange gestanzt. Als Öse habe ich ein rundes Viererband mit 3 mm breiten und 1 mm dicken Lederriemen geflochten, siehe Seite 50 (Abbildung 6). Die Enden habe ich jeweils mit einem Peitschenknoten abgeschlossen, siehe Seite 53. Ich habe zuerst an einem Ende einen Peitschenknoten geknotet und anschließend das ganze Band durch die vier Löcher gefädelt, um dann auch am anderen Ende einen Peitschenknoten zu machen. Fertig!

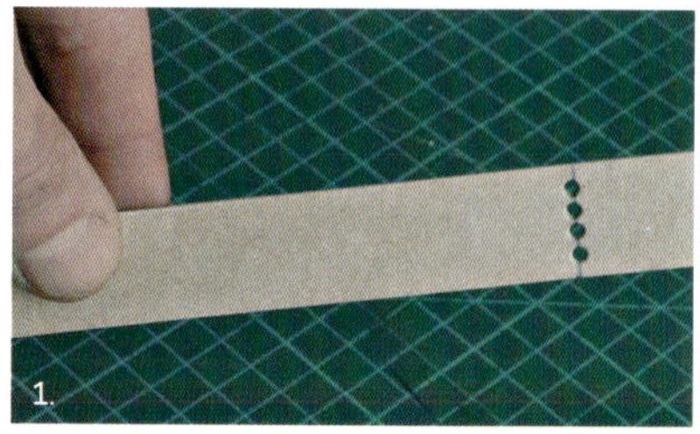
1.

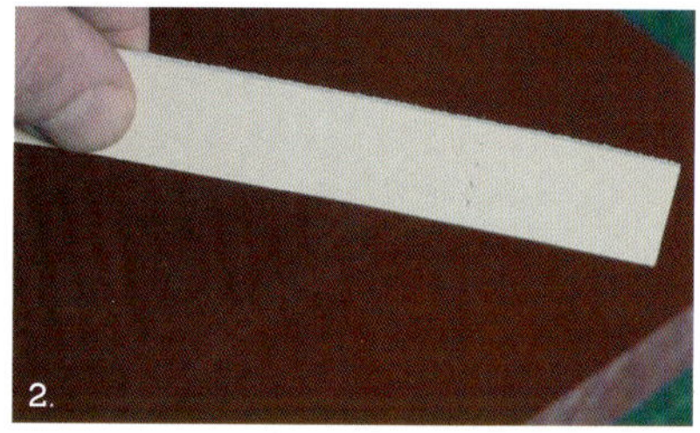
2.

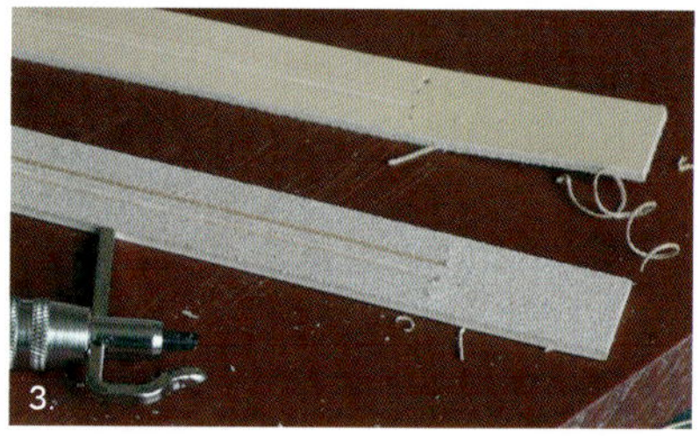
3.

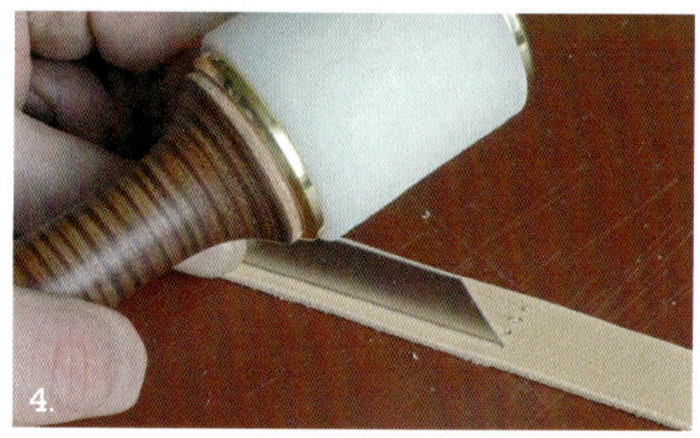
4.

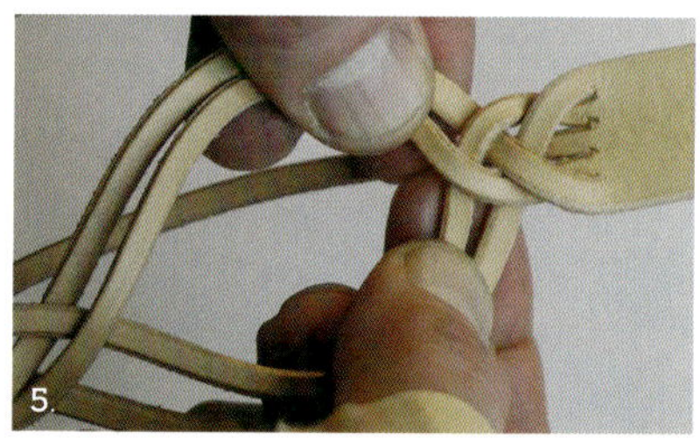
5.

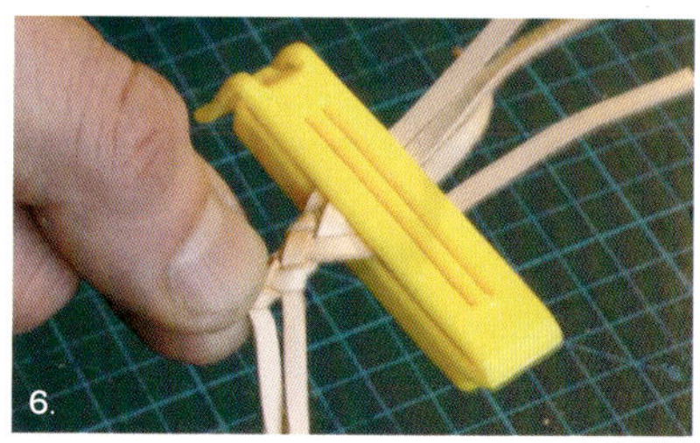
6.

KARTENETUI

MIT GELDSCHEINFACH

MATERIAL

4 Lederstücke = 7 x 10 cm, 1–1,5 mm dick
Karton, weißes Papier und Klebstoff für die Schablone

WERKZEUG

Vorstecheisen
Hobbymesser oder Riemenendeisen für runde Ecken
Arbeitsplatte
Kantenpolierer oder Canvas-Tuch
Kantenzieher
Kontaktklebstoff und Pinsel
Stechzirkel oder Messschieber
Nagelfeile oder Sandpapier
Nadel und Faden für die Sattlernaht
Polierflüssigkeit
Rollschneider
Rohhauthammer
Reifelholz oder -eisen
Nähkloben
Schneidmatte
Ahle

SCHRITT 1 Mit den Schablonen beginnen: Es wird eine rechteckige Schablone mit vier geraden Seiten für die beiden Mittelteile und ein weiteres Rechteck mit selbst entworfener oberer Kante für die beiden äußeren Kreditkartenfächer angefertigt. Ich habe meine Fächer nach oben etwas abgerundet. Die Schablone erst auf Papier, ausgehend von der Größe einer Kreditkarte, aufzeichnen. Die Standardmaße einer Kreditkarte sind etwa 5,4 x 8,5 cm. Das Kreditkartenetui muss aber 1,5 cm breiter und höher sein (10 x 7 cm), um Platz zum Nähen zu haben und damit die Karten nicht herausfallen. Jetzt die Schablonen ausschneiden: die geraden Kanten mit Rollschneider und Lineal und die runden Ecken mit einem Hobbymesser (Abbildung 1). Die Skizzen auf Karton kleben, trocknen lassen und erneut ausschneiden.

SCHRITT 2 Mit einer spitzen Ahle auf dem Leder die Umrisse der Schablonen markieren und die Lederstücke mit einem Rollschneider für die geraden Linien und einem Hobbymesser für die Kanten ausschneiden.

SCHRITT 3 Auf allen vier Lederstücken mit einem Reifelholz oder Reifeleisen Zierlinien an der oberen Kante anbringen (Abbildung 2), eine Linie 3 mm unter der Kante und eine weitere 6 mm unter der Kante.

SCHRITT 4 Die oberen Kanten an allen vier Teilen mit einem Kantenzieher und einer Nagelfeile oder Sandpapier bearbeiten, um sie für das Polieren vorzubereiten.

SCHRITT 5 Anschließend die obere Kante an jedem Teil entsprechend der Anleitung auf Seite 39 polieren.

SCHRITT 7 Die beiden Außenfächer ankleben. Dazu werden sie zunächst genau über das innere Lederteil gelegt. Um zu markieren, wie weit der Klebstoff aufgetragen werden muss, wird mit einer Ahle auf dem inneren Lederteil das Ende des äußeren Faches gekennzeichnet (Abbildung 4). Diese Markierung auf beiden Seiten anbringen.

SCHRITT 8 Mit einer Nagelfeile die glatte Fläche auf der Narbenseite des inneren Lederteils bis zur festgelegten Markierung aufrauen. Dann je einen 5 mm breiten Klebstoffstrang auf die aufgeraute Fläche auf der Narbenseite und auf die Rückseite des äußeren Faches auftragen (Abbildung 5). Wenn der Klebstoff getrocknet ist, die beiden Außenfächer mit den Innenseiten zusammendrücken. Alles mit einer Anpressrolle aufeinanderpressen.

SCHRITT 9 Die drei noch nicht polierten Kanten durch Bearbeitung mit Kantenzieher und Nagelpfeile für das Polieren vorbereiten. Kanten und Ecken glattschleifen und die Kanten abrunden. Je mehr Arbeit jetzt aufgewendet wird, um gleichmäßige und abgerundete Kanten zu erhalten, desto besser wird das Ergebnis nach dem Polieren.

SCHRITT 10 Vor dem Polieren die Nahtlöcher mit einem Vorstecheisen stanzen. In diesem Projekt wurde die Nahtmarkierung 3–4 mm von der Kante entfernt angebracht. Zur Markierung kann ein Zirkel oder ein Messschieber verwendet werden. Dann mit einem Vorstecheisen und einem Rohhauthammer die Nahtlöcher entlang der markierten Linie stanzen (Abbildung 6). Für abgerundete Ecken ist ein Vorstecheisen mit zwei Zinken besonders geeignet.

SCHRITT 11 Entlang der Seiten und der Unterkante des Kreditkartenetuis nach der Anleitung auf Seite 35 eine Naht anbringen.

SCHRITT 12 Zum Abschluss die Kanten polieren.

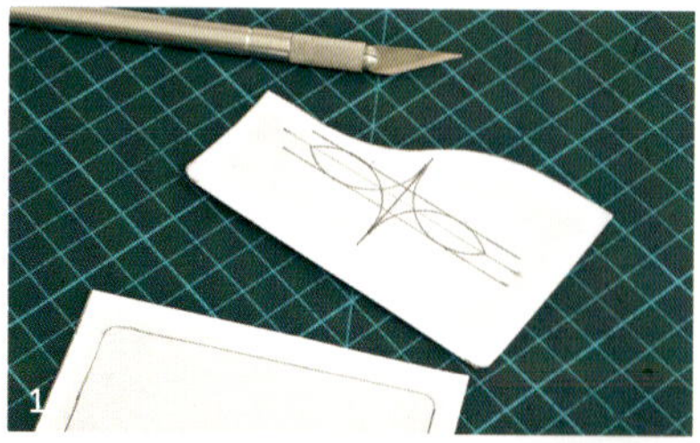

1.

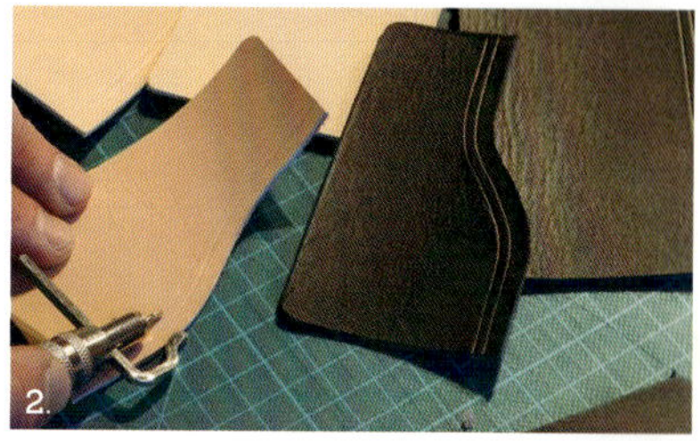

2.

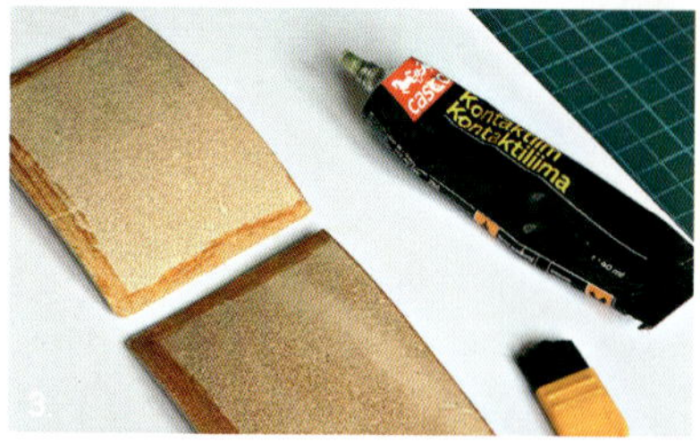

3.

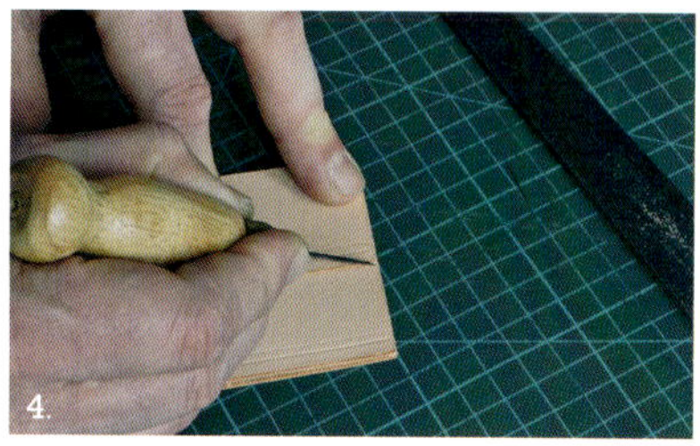

4.

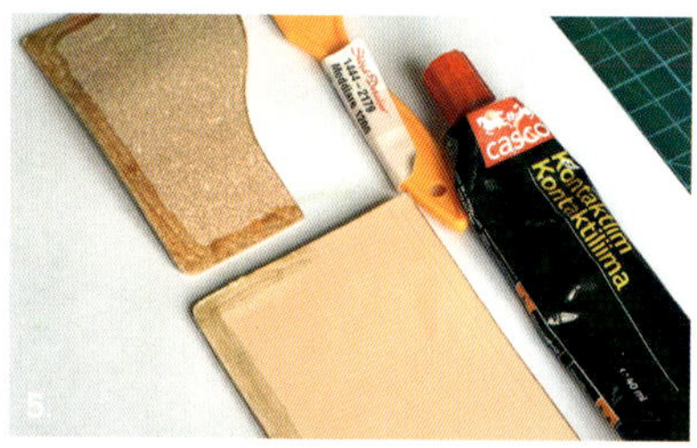

5.

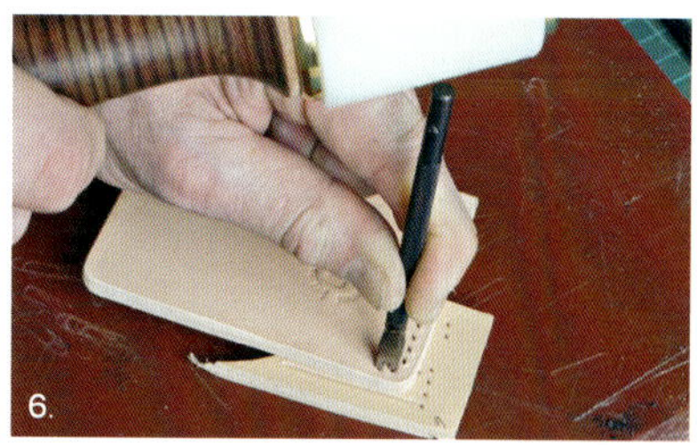

6.

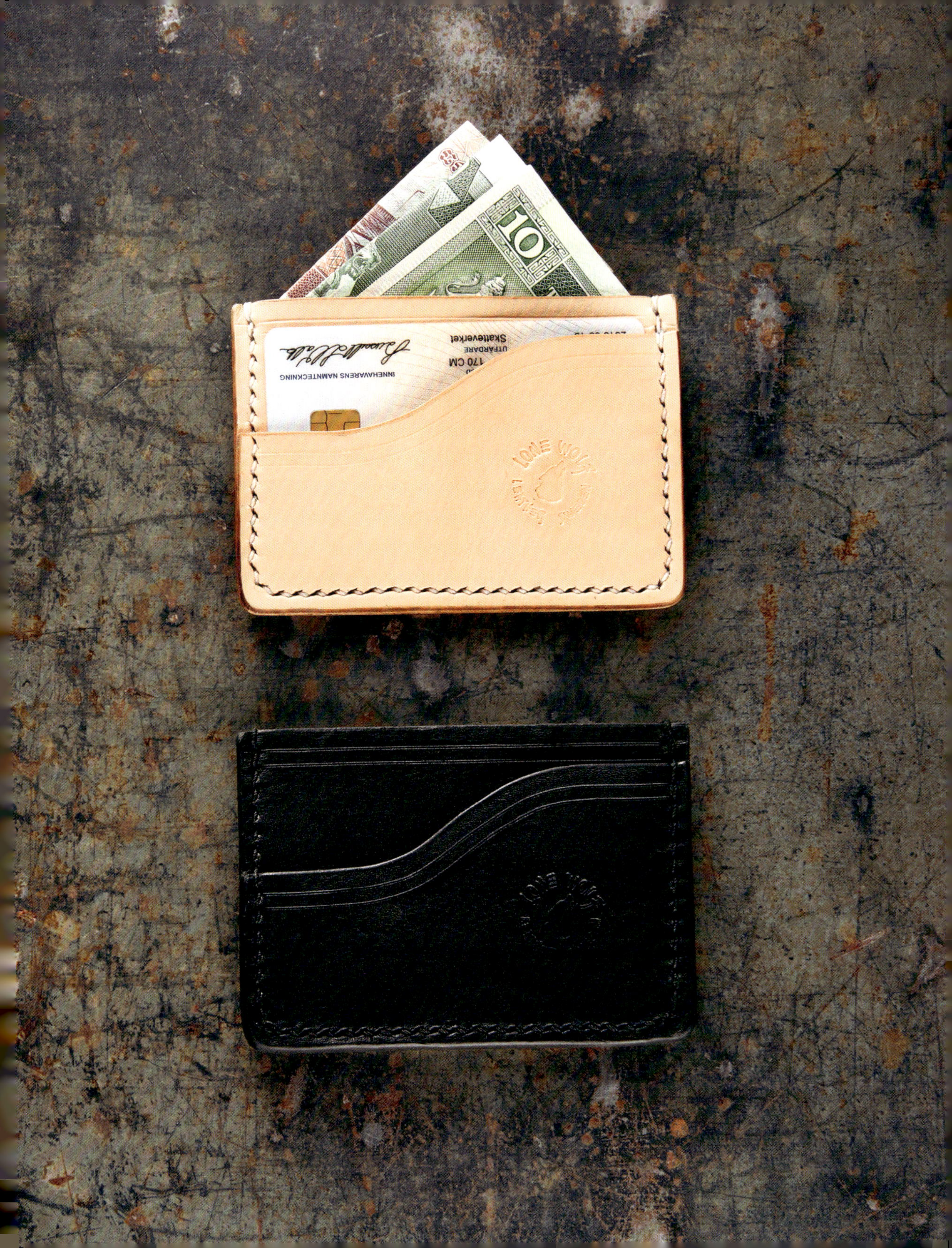
INNEHAVARENS NAMNTECKNING
170 CM
UTFÄRDARE
Skatteverket
LONE WOLF

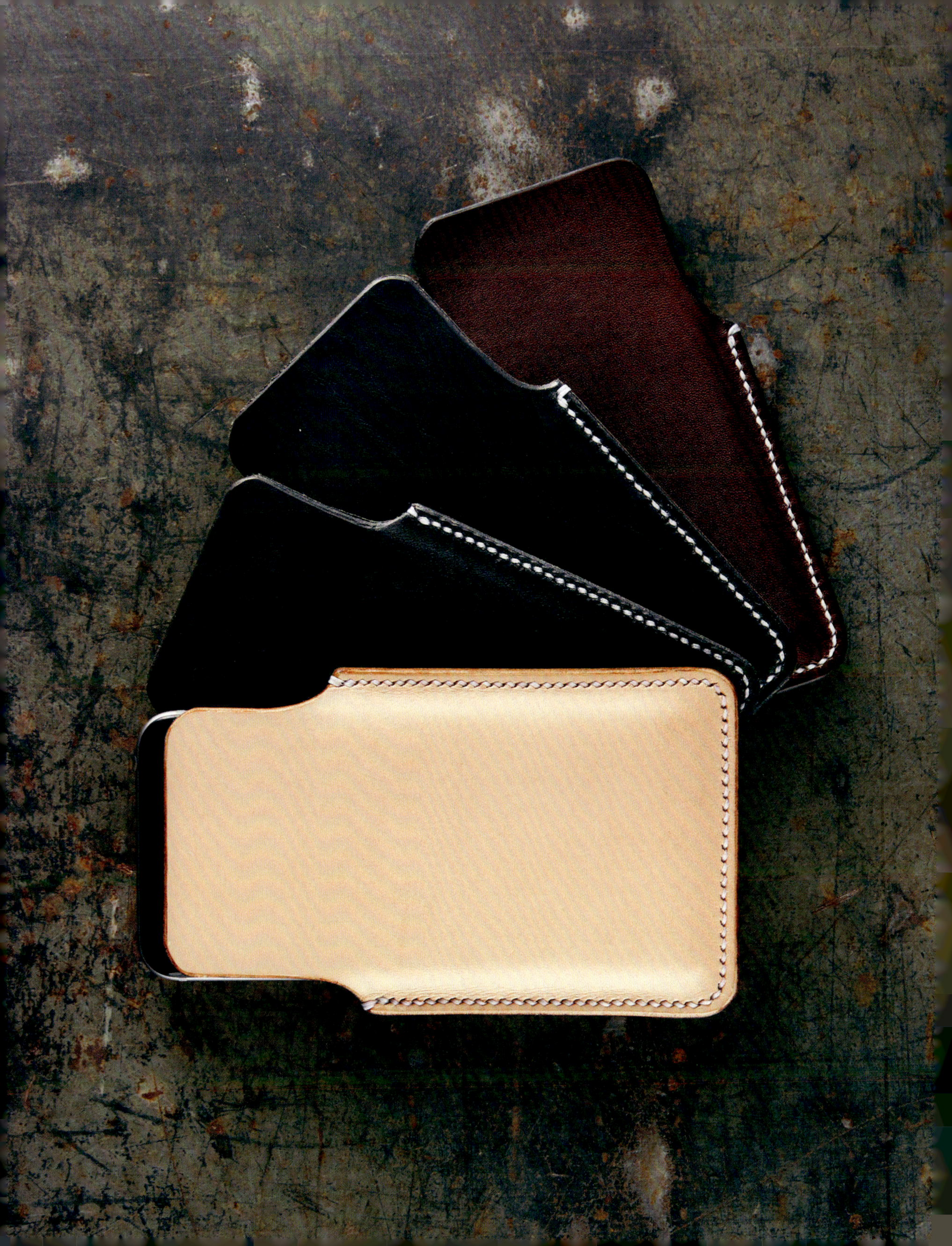

HANDYTASCHE

EINFACHE VARIANTE MIT DAUMENAUSSCHNITT

MATERIAL

2 Lederstücke
= 2-2,5 cm breiter und 1–1,25 cm länger als die Maße des Mobiltelefons. Das Leder sollte ca. 1–1,5 mm dick sein.
Karton, weißes Papier und Klebstoff für die Schablone
1 Form aus Holz oder Kunststoff

WERKZEUG

Vorstecheisen
Hobbymesser
Riemenendeisen für runde Kanten
Arbeitsplatte
Kantenpolierer oder Canvas-Tuch
Kantenzieher
Kontaktklebstoff und Pinsel
Lineal oder Messschieber
Nagelfeile oder Sandpapier
Nadel und Faden für Sattlernaht
Stechzirkel
Polierflüssigkeit
Rollschneider
Rohgummi
Rohhauthammer
Nähkloben
Schneidmatte
Ahle
u-förmiges Riemenendeisen

SCHRITT 1 Zunächst eine Form in den gleichen Abmessungen wie das Mobiltelefon aus einem Schneidbrett (o. Ä.) aus Kunststoff ausschneiden. Billige Schneidbretter sind in den meisten Kaufhäusern erhältlich, manchmal findet man sogar Schneidbretter, die in etwa die gleiche Dicke wie das Mobiltelefon haben.

SCHRITT 2 Eine Schablone auf das Papier zeichnen. Die Maße des Mobiltelefons verwenden, plus der unter „Material" oben angegebenen zusätzlichen Breite und Länge. Bei flacheren Mobiltelefonen, z. B. iPhone 6, reicht es, 2 cm an Breite und 1 cm an Länge hinzuzugeben. Bei dickeren Mobiltelefonen, wie iPhone 4 oder 5, noch einige mm extra hinzugeben. Auch sollte die Schablone nach unten hin einige mm schmaler werden, damit das Etui nicht aussieht wie eine Schlaghose. Die Skizze ausschneiden, auf Karton aufkleben und erneut ausschneiden, nachdem der Klebstoff getrocknet ist (Abbildung 1).

SCHRITT 3 Mit einer scharfen Ahle die Schablone auf dem Leder markieren und die Lederstücke ausschneiden. Für die geraden Linien Rollschneider und Lineal verwenden und für die runden Aussparungen an den Seiten des Etuis das Riemenendeisen in u-Form verwenden (Abbildung 2). Die Ecken unten mit dem Riemenendeisen abrunden (Abbildung 3).

SCHRITT 4 Die Kanten entlang der Etuiseiten auf einer Breite von ca. 5 mm mit einer Nagelfeile oder Sandpapier aufrauen, um hier den Klebstoff auf die Oberfläche aufzutragen (Abbildung 4). Der Klebstoff sollte noch etwas feucht sein, wenn beide Hälften vorsichtig Kante auf Kante zusammengedrückt werden. Zum Andrücken die Anpressrolle verwenden.

SCHRITT 5 Mit gröberem Sandpapier die Kanten glätten und Kleberstoffreste entfernen. Die Kanten mit dem Kantenschneider bearbeiten.

SCHRITT 6 Das zusammengeklebte Etui in lauwarmes Wasser legen und die Kunststoffform hineindrücken (Abbildung 5). Durch Reiben mit einem Glass Slicker entlang der Kanten lassen sich diese gut in Form bringen.

Feuchtes Leder ist sehr anfällig für Abdrücke, daher unbedingt auf einer glatten Unterlage arbeiten. Hat das Lederetui die gewünschte Form, muss es ca. 24 Stunden mit der darin befindlichen Kunststoffform trocknen. Um eine Verfärbung durch die Unterlage zu verhindern, ist die Verwendung einer Unterlage aus Kunststoff zu empfehlen.

SCHRITT 7 Wenn das Etui trocken ist, die Kanten mit einem Stück Rohgummi von eventuellen Klebstoffresten säubern und mit einer Nagelfeile glattschleifen. Dann die Kanten entsprechend der Anleitung auf Seite 38 polieren.

SCHRITT 8 Die Naht entlang der Etuiseiten mit einem Stechzirkel markieren (Abbildung 6). Die Nahtlöcher mit dem Vorstecheisen stechen und dann die Naht wie in der Anleitung auf Seite 35 beschrieben nähen.

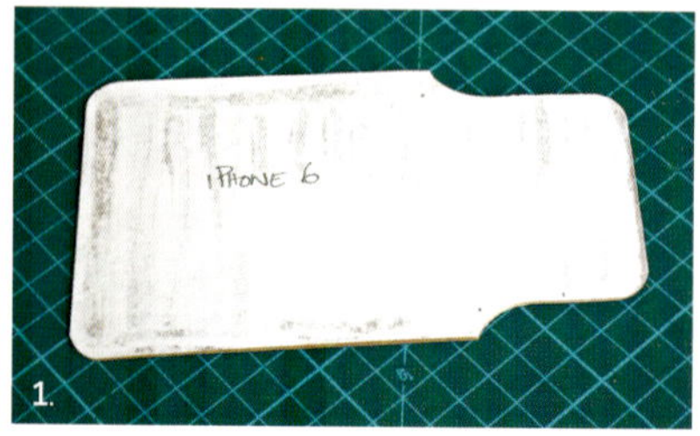

1.

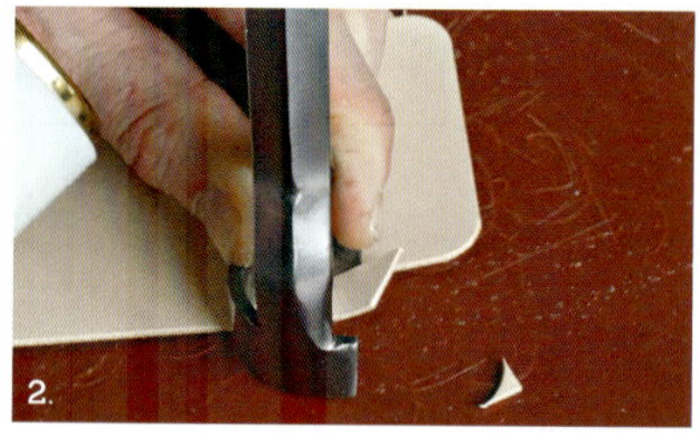
2.

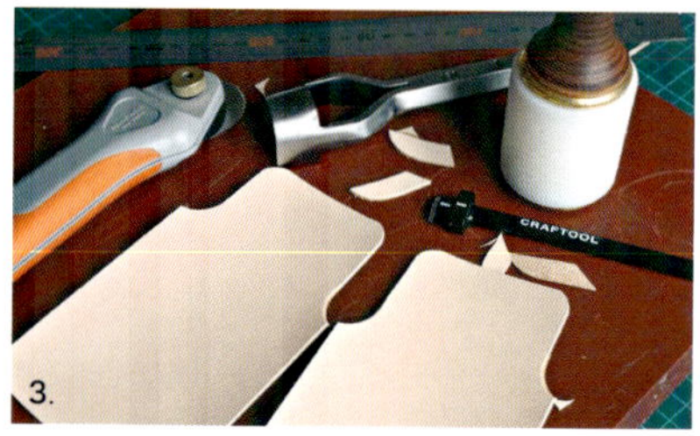

3.

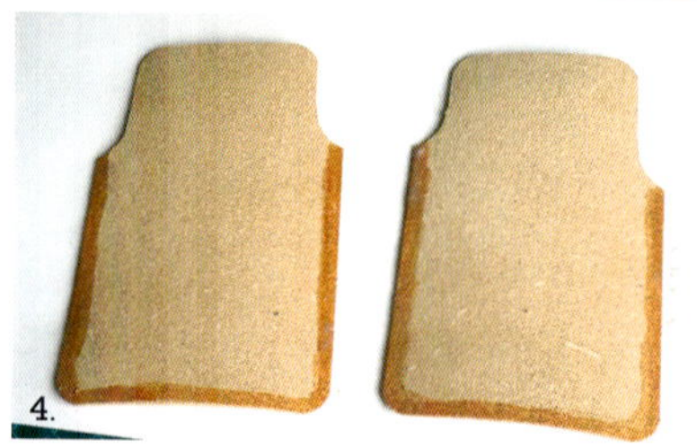
4.

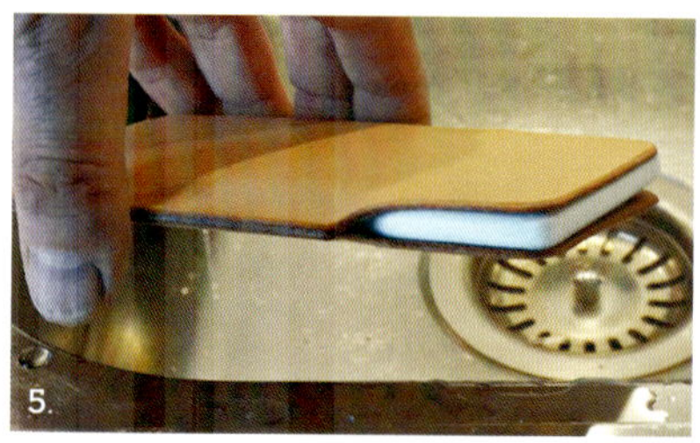
5.

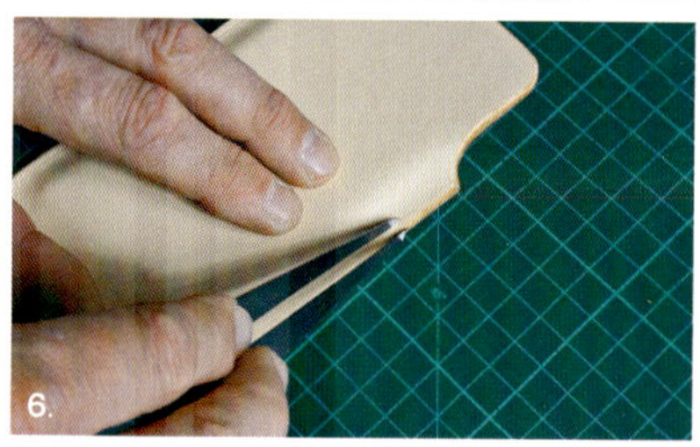
6.

SCHLÜSSELHALTER FÜR GÜRTEL

MIT ZAUBERBAND UND KNOPFNIETEN

MATERIAL

1 Lederriemen
= 35 cm x 21 mm, 3 mm dick
1 Karabinerhaken = 22 mm breit
Karton, weißes Papier und
Klebstoff für die Schablone

WERKZEUG

Riemenendeisen-English-point, 22 mm
Vorstecheisen
Knopfnieten
Arbeitsplatte
Kantenzieher, 1 mm
Lederfett
Nadel und Faden für Sattlernaht
Locheisen Schlüssellochform
Riemenschneider
Revolverlochzange
Messschieber oder Lineal
Rohhauthammer
Schneidmatte
Nahtversenker
Riemeneisen in u-Form, 22 mm
Stanley-Klinge

SCHRITT 1 Der bei diesem Projekt verwendete Haken hat eine 22 mm breite Öse. Aus Karton eine Schablone herstellen, die etwas schmaler ist: 21 mm breit und 35 cm lang. Beginnend mit 7 cm ab dem einen Ende der Schablone zwei 7 cm lange parallele Stränge im Abstand von 7 mm zeichnen. An beiden Enden eines jeden Strichs mit dem kleinsten Locheisen der Revolverlochzange ein Loch stanzen.

SCHRITT 2 Den Riemenschneider auf die Breite und Dicke des Leders einstellen und die Riemen schneiden.

SCHRITT 3 Die Schablone auf den Riemen legen und mit einer Ahle die Position der Löcher im Leder markieren.

SCHRITT 4 Mit dem kleinsten Locheisen der Revolverlochzange die Löcher an den Stellen in das Leder stanzen, die zuvor mit der Ahle markiert wurden. Die Löcher an den Enden jedes Strangs sollen verhindern, dass das Leder beim Flechten reißt.

SCHRITT 5 Um exakt drei gleichbreite Stränge zu bekommen, wird der Nahtversenker mithilfe des Messschiebers auf 7 mm eingestellt. Dann zwischen den Löchern sowohl auf der Narben- als auch auf der Spaltseite eine Rille schneiden.

SCHRITT 6 Die Riemenkanten mit einem Kantenzieher jeweils auf Narben- und Spaltseite bearbeiten.

SCHRITT 7 Zum Ausschneiden der Stränge Messerklinge und Hammer verwenden; die Messerklinge in die Rille legen, die zuvor mit dem Nahtversenker gezogen wurde, und mit dem Hammer vorsichtig auf die Klinge schlagen, bis diese das Leder durchschnitten hat. Das Gleiche in der anderen Rille wiederholen.

SCHRITT 8 Den Riemen auf beiden Seiten mit Lederfett einreiben.

SCHRITT 9 Die Stränge flechten, wie in der Anleitung für das Zauberband mit drei Strängen auf Seite 47 beschrieben.

SCHRITT 10 Das Riemenende, das auf der Vorderseite des Schlüsselhalters zu sehen sein wird, ca. 7 cm unterhalb des Flechtbandes abtrennen (Abbildung 1). Dafür ein 22 mm breites „English Point"-Riemenendeisen oder die Klinge eines Stanley-Messers verwenden. Die Mitte des Lederriemens mithilfe eines Messschiebers oder Lineals markieren, sodass die Spitze genau in der Mitte liegt.

SCHRITT 11 Das andere Ende des Riemens mit einem Riemenendeisen in u-Form abtrennen. Da dieses Ende im Inneren des Schlüsselhalters liegen wird, ist es wichtig, die Größe der Schlaufe des Lederriemens zu kennen, durch die der Gürtel führt. Bei diesem Schlüsselhalter wurde das Riemenende 21 cm vom Anfang des Flechtbandes gekappt.

SCHRITT 12 Die Öffnungen für die Knopfnieten ins Leder stanzen. Zuerst die Öse des Hakens aufziehen (Abbildung 2), dann den Schlüsselhalter an der Stelle umklappen, an der der Haken sitzen soll. Mit einer Ahle markieren, wo die Knopfnieten auf der Vorderseite (dem kurzen Ende unterhalb des Flechtbandes) sitzen sollen. In unserem Beispiel wurden sie mit gleichem Abstand zum Band und zur Riemenspitze platziert. Die Löcher mit einem Locheisen in Schlüssellochform auf der Markierung stanzen (Abbildung 3). Alternativ lassen sich auch eine Revolverlochzange und ein Hobbymesser verwenden. Den Riemen noch einmal umklappen und mit einer Ahle markieren, wo die entsprechenden Löcher für die Knopfnieten angebracht werden sollen (Abbildung 4). Bitte beachten, dass diese Löcher nur in den Teil des Riemens gestanzt werden, der 7 cm durch die Öse des Hakens führt. Entsprechend dem Halsdurchmesser der Knopfniete wird ein rundes Loch gestanzt. Dann den Boden der Knopfniete in das Loch drücken, den oberen Teil der Knopfniete auf den Hals legen und mit einem Rohhauthammer vorsichtig daraufschlagen (Abbildung 5).

SCHRITT 13 Den Riemen über, zwischen und unter den Knopfnieten zusammennähen: mit einem Vorstecheisen markieren und entsprechend der Anleitung auf Seite 35 nähen (Abbildung 6).

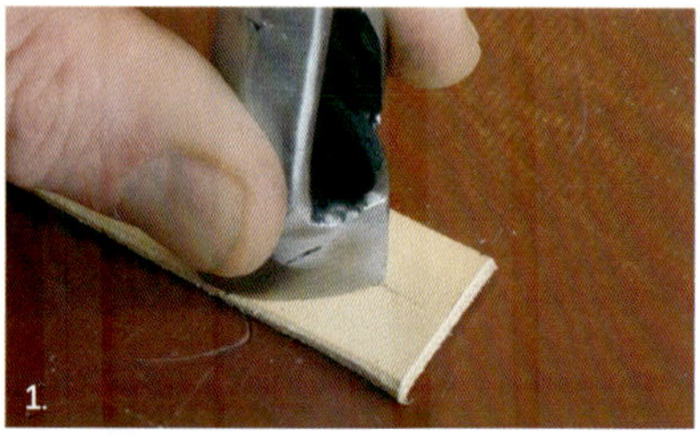
1.

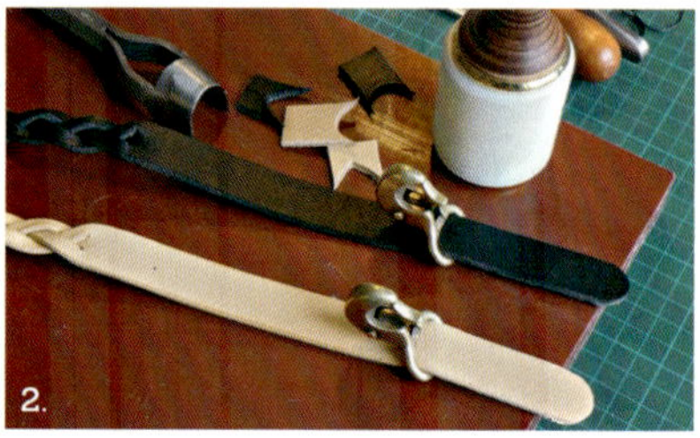
2.

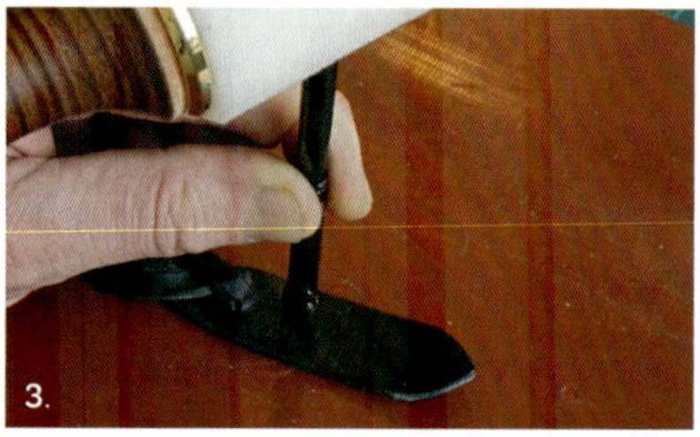
3.

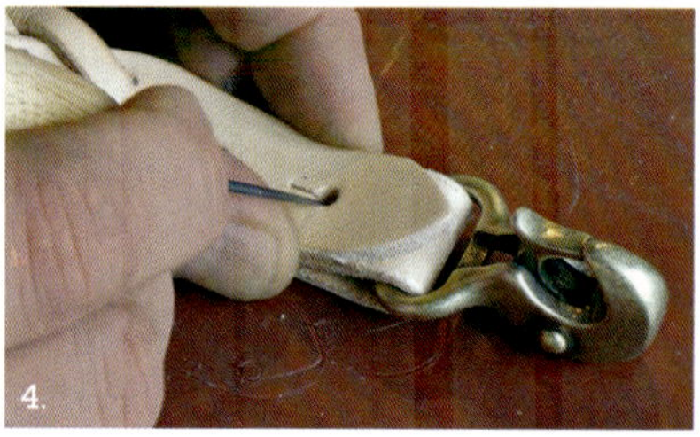
4.

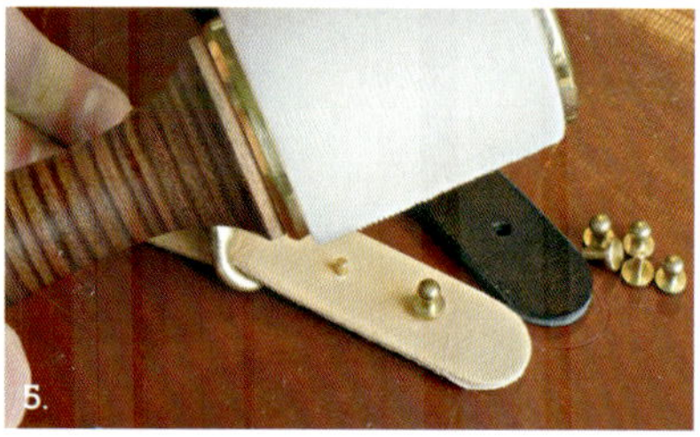
5.

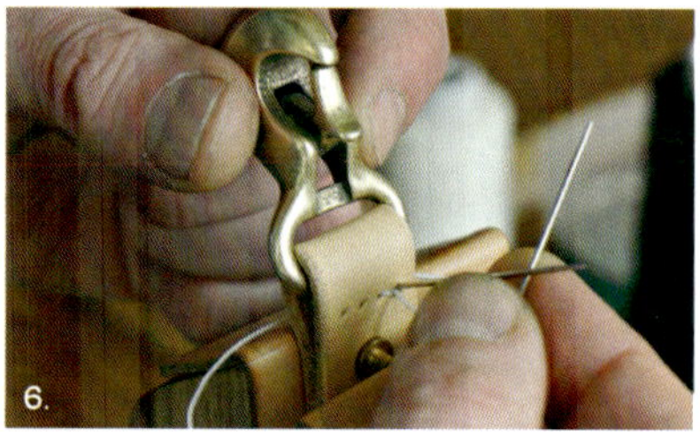
6.

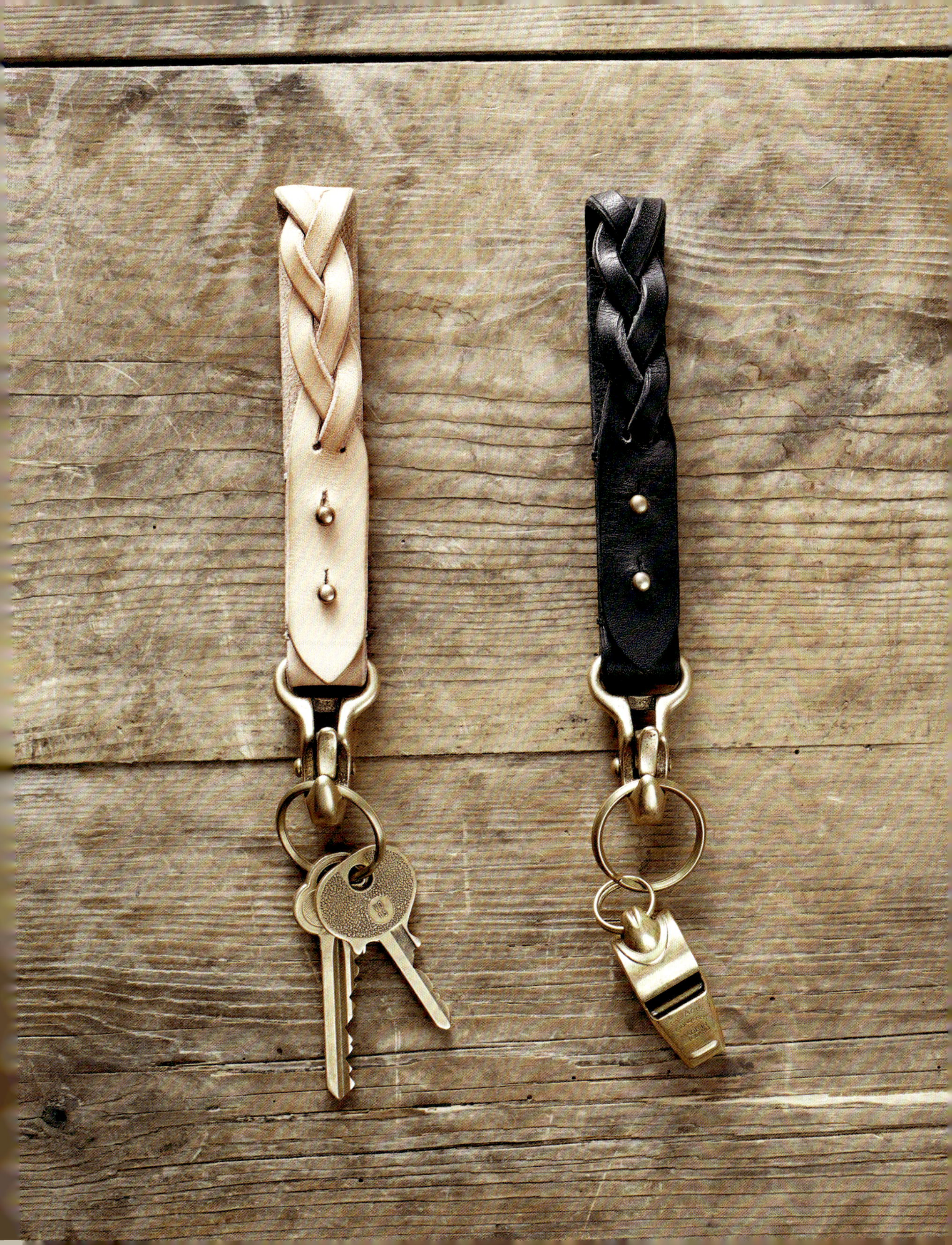

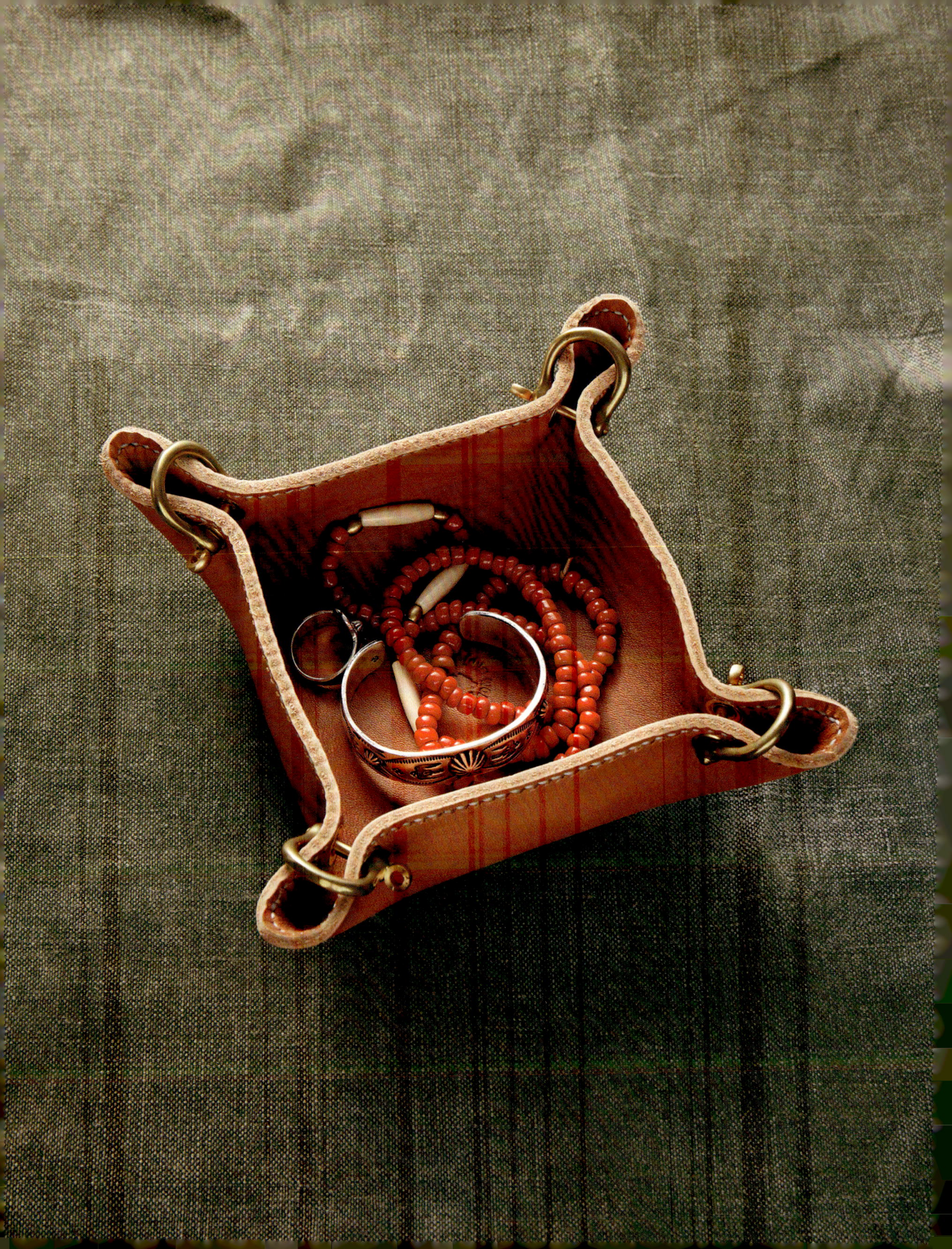

LEDERSCHALE

MIT HOCHGEBOGENEN ECKEN UND MESSINGSCHÄKELN

MATERIAL

2 quadratische Lederstück
= 21 x 21 cm (ergeben hochgefaltet eine Schale 11 x 11 cm), 1,5–2 mm dick
Karton, weißes Papier und Klebstoff für die Schablone
Schäkel aus Messing
Ösen aus Messing und Befestigungsvorrichtung

WERKZEUG

Riemenendeisen für runde Kanten oder Hobbymesser
Arbeitsplatte
Vorstecheisen
Kontaktklebstoff und Pinsel
Lineal
Nadel und Faden für Sattlernaht
Stechzirkel
Anpressrolle
Revolverlochzange
Rollschneider
Rohhauthammer
Nähkloben
Schneidmatte
Ahle

SCHRITT 1 Zunächst eine quadratische Schablone auf Papier zeichnen, gern entsprechend den oben vorgeschlagenen Maßen. Bei anderen Maßen ist zu beachten, dass die Schablone etwa 1 cm größer als die gewünschte Abmessung sein sollte (da etwa 1 cm Rand nach dem Kleben abgeschnitten wird). Die Skizze ausschneiden, auf Karton aufkleben und erneut ausschneiden, sobald der Klebstoff trocken ist. Mithilfe der Schablone zwei Lederteile ausschneiden.

SCHRITT 2 Den Kontaktklebstoff auf die Spaltseite der Lederteile auftragen, gemäß der Anleitung auf Seite 28. Wenn der Klebstoff getrocknet ist, die beiden Seiten zusammendrücken. Darauf achten, dass Kante auf Kante liegt. Zum Zusammenpressen eine Anpressrolle verwenden.

SCHRITT 3 Mit dem Rollschneider den zugegebenen Rand abschneiden, darauf achten, dass die Schale quadratisch wird. Die Linien auf der Schneidmatte sowie die Schablone helfen beim Schneiden der 90° Winkel.

SCHRITT 4 Alle vier Ecken mit einem Riemenendeisen für Ecken oder einem Hobbymesser abrunden.

SCHRITT 5 Mit einer Ahle die Position der Löcher für die Schäkel auf dem Leder markieren. Die Größe der Löcher ist der Größe der gewählten Ösen und Schäkel anzupassen. Mit einer Revolverlochzange die Löcher in das Leder stanzen.

SCHRITT 6 Mit einem Zirkel markieren, wo die Nahtlöcher entlang der Kanten des Leders verlaufen sollen. Dann die Nahtlöcher mit dem Vorstecheisen stanzen, an den Ecken ein kleineres Zweizackeneisen verwenden. Entlang der Kanten gemäß der Anleitung auf Seite 35 nähen.

SCHRITT 7 Die Ösen und Schäkel anbringen.

GELDBÖRSE

MIT OFFENEM FACH UND DRUCKKNOPF

»——→ MATERIAL

2 Lederstücke
für die Innen- und Außenseite
= 17 x 6,5 cm, 1,5 mm dick
1 Druckknopf
mit Befestigungsvorrichtung
Karton, weißes Papier und
Klebstoff für Schablonen

»——→ WERKZEUG

Vorstecheisen
grobes Sandpapier
Hobbymesser oder Stanley-Klinge
Arbeitsplatte
Kantenpolierer oder Canvas-Tuch
Kontaktklebstoff und Pinsel
Lineal
Nagelfeile
Nadel und Faden für Sattlernaht
Stechzirkel
Polierflüssigkeit
Revolverlochzange
Rollschneider
Rohgummi
Rohhauthammer oder Holzhammer
Schneidmatte
Ahle
Riemenendeisen in u-Form,
ca. 40 mm breit

SCHRITT 1 Zunächst eine Schablone auf Papier zeichnen: Diese muss 17 cm lang und 6,5 cm breit sein. Wie die Geldbörse am oberen und unteren Ende aussehen soll, kann man frei wählen; in diesem Projekt wurde die „English-point"-Form an den Enden gewählt.

SCHRITT 2 Die Skizze ausschneiden, auf Karton kleben, trocknen lassen und erneut ausschneiden. Zum Zuschneiden der runden Formen die Stanley-Klinge verwenden, siehe Seite 24. Die Öffnung in der Schablone wird mit dem Riemenendeisen in u-Form angebracht. Sie ist so anzubringen, dass genug Platz für Druckknopf und Saumnaht bleibt.

SCHRITT 3 Entsprechend der Schablone die Umrisse mit einer scharfen Ahle auf dem Leder markieren und mit Rollschneider und Lineal zwei gleichgroße Lederstücken für die Innen- und Außenseite der Geldbörse ausschneiden. Zum Zuschneiden der abgerundeten Enden der Geldbörse die Stanley-Klinge verwenden.

SCHRITT 4 Den Druckknopf auf die Innenseite der Geldbörse auflegen und mit einer Ahle auf dem Leder markieren. Mit einer Revolverlochzange zwei Löcher für den Druckknopf an der Außenseite der Geldbörse stanzen und diesen einsetzen.

SCHRITT 5 Mit dem Riemenendeisen die Aussparung in die Innenseite der Geldbörse stanzen.

SCHRITT 6 Mit einer Nagelfeile die Kante um die Innen- und Außenseite der Geldbörse auf einer Breite von 5 mm aufrauen, jedoch nur auf der Spaltseite des Leders. Die Lederstücke gemäß der Anleitung auf Seite 28 zusammenkleben. Darauf achten, dass dabei Kante auf Kante liegt.

SCHRITT 7 Mit einem Stück Rohgummi die Kanten von eventuellen Klebstoffresten säubern und mit einer Nagelfeile glattschleifen. Die Kanten entsprechend der Anleitung auf Seite 38 polieren.

SCHRITT 8 Mit einem Steckzirkel ca. 3 mm vor der Kante die Saumnaht markieren. Entsprechend der Markierung die Nahtlöcher mit dem Vorstecheisen stechen und die Saumnaht gemäß der Anleitung auf Seite 35 nähen.

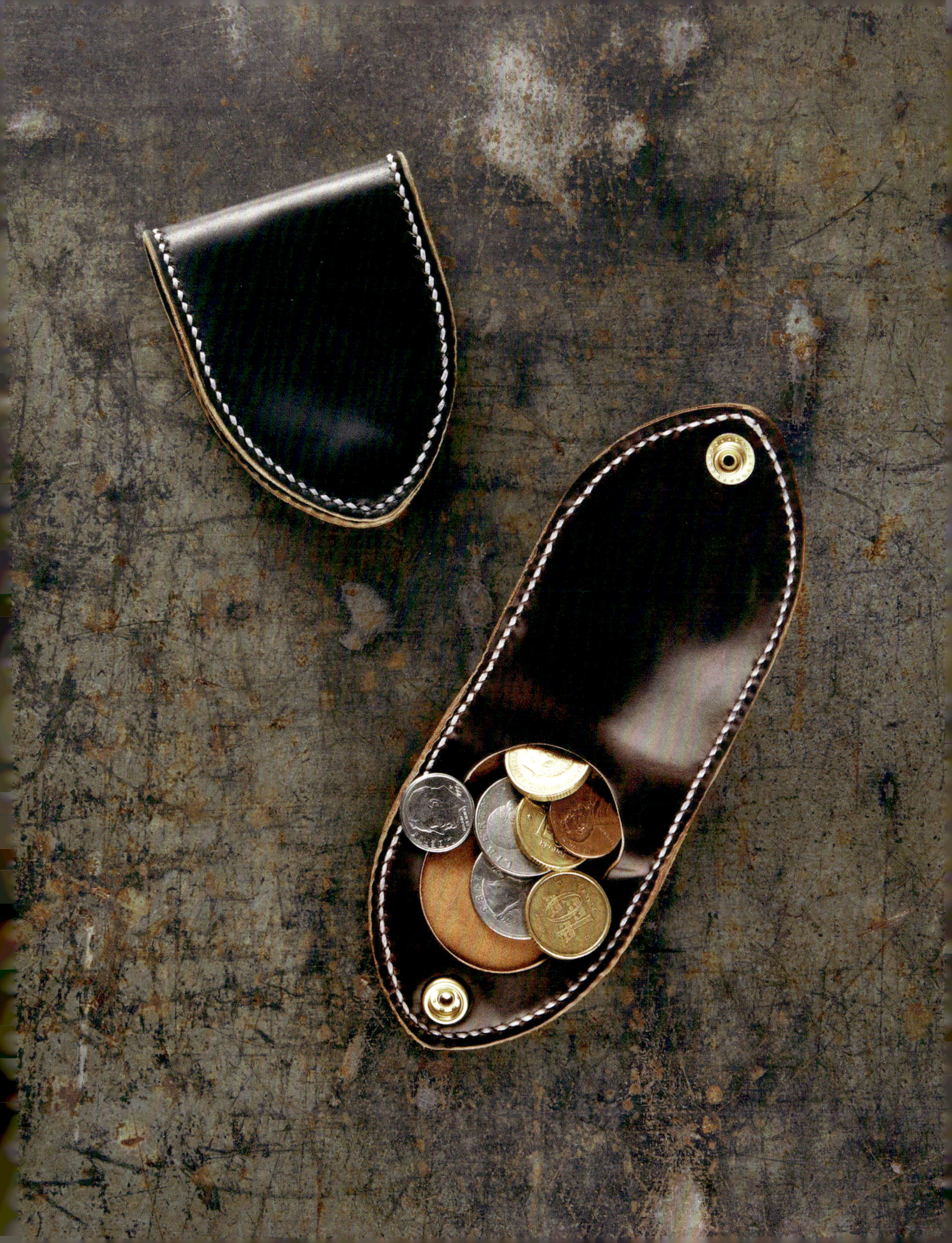

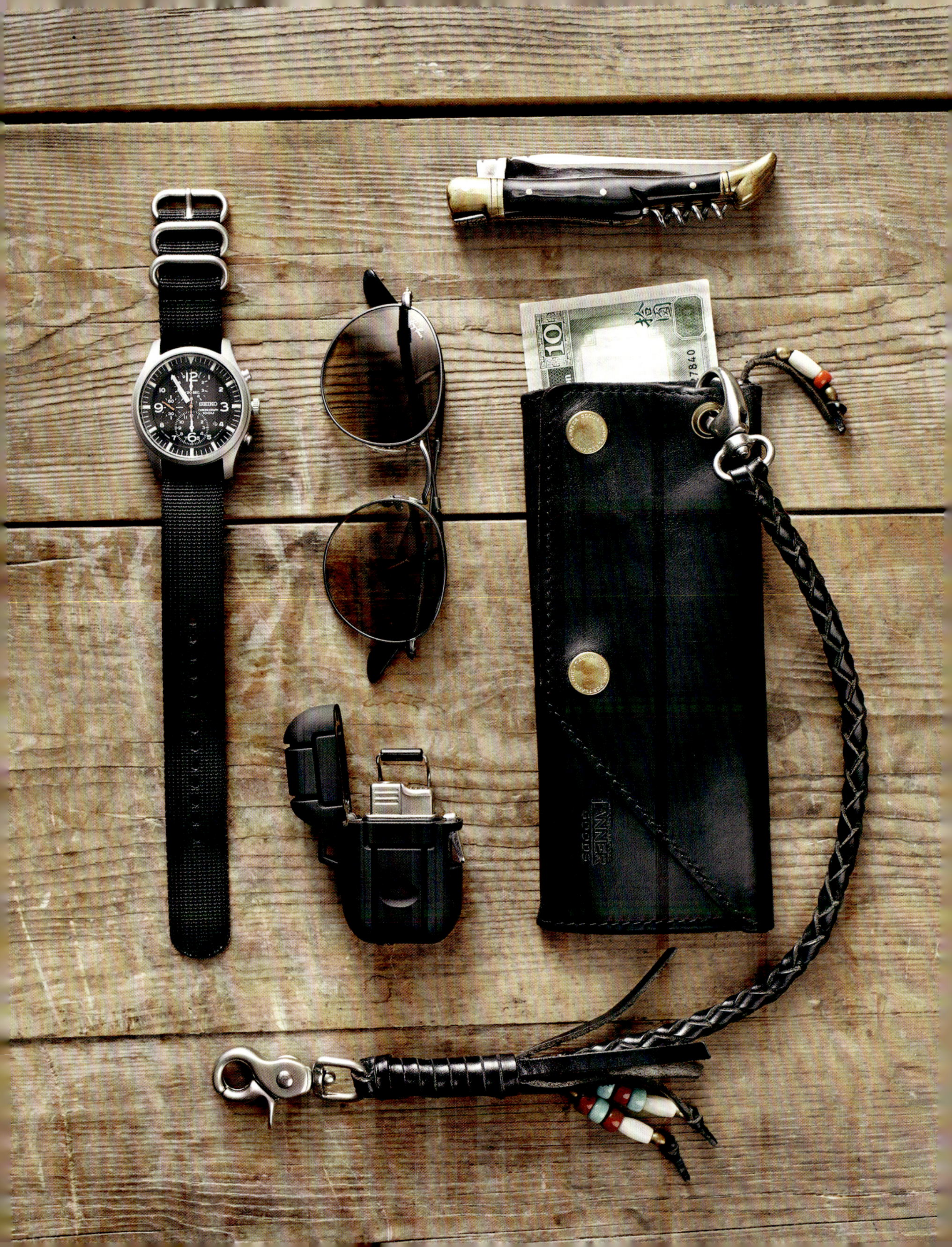
SEIKO

RIEMEN FÜR BRIEFTASCHE

MIT RUNDBAND UND PERLEN

MATERIAL

2 Lederriemen
= 150 cm x 6 mm,
1,5–2 mm dick
1 Lederriemen
zum Zusammenbinden des Rundbandes oben
= 50 cm x 6 mm, 1,5–2 mm dick
1 Lederriemen
zum Aufziehen der Perlen
= 40 cm lang,
Dicke und Breite entsprechend der Perlen
2 Haken
mit einer Öffnung von 1,5 cm, durch die das Leder gezogen werden kann
Perlen zum Verzieren

WERKZEUG

Flechtahle
Verschlussclip zum Zusammenhalten des Flechtbandes beim Pausieren
Riemenschneider oder
Lineal und Rollschneider
Schneidmatte
gewachstes synthetisches Garn

SCHRITT 1 Ein Rundband mit vier Strängen entsprechend der Anleitung auf Seite 50 anfertigen. Das Flechtband bei einer Länge von 35 cm abschließen und mit einem gewachsten synthetischen Faden zusammenbinden. Bitte beachten: Das Band muss an dem Haken begonnen werden, der an der Brieftasche befestigt werden soll.

SCHRITT 2 Den zweiten Haken am losen Ende des Bandes mithilfe des auf Seite 54 beschriebenen Stopperknotens befestigen, dabei aber die Stränge durch die Öse des Hakens ziehen. Den Knoten festziehen.

SCHRITT 3 Mithilfe einer Flechtahle die Stränge des Bandes unterhalb des Hakens etwas auseinanderziehen und zwei Stränge so durch das Band ziehen, dass sie jeweils auf der anderen Seite herauskommen (Abbildung 1).

SCHRITT 4 Soll der Riemen für die Brieftasche mit Perlen dekoriert werden, den 40 cm langen Riemen mithilfe der Flechtahle, wie in Schritt 3 beschrieben, durch das Band ziehen. Die Stränge/Fransen gleichmäßig um das Flechtband herum verteilen.

SCHRITT 5 Das Band oben zusammenbinden. Den 50 cm langen Riemen neben das Flechtband legen, sodass der eine Teil des Riemens genauso lang ist, wie die herunterhängenden Fransen. Den oberen Teil des Riemens oben am Haken herunterklappen, sodass sich eine etwa 5 cm große Schlaufe bildet (Abbildung 2).

SCHRITT 6 Dann den oberen Teil des Riemens fest um das Band und die Fransen herumwickeln, und zwar von unten in Richtung Haken und nicht vom Haken aus nach unten. Darauf achten, dass die Fransen beim Umwickeln gleichmäßig um das Band herum verteilt sind.

SCHITT 7 Wenn der Haken fast erreicht ist, den Riemen um die zuvor gebildete Schlinge wickeln, aber einen kleinen Teil der Schlinge unter der Umwickelung hervorschauen lassen (Abbildung 4). Wurde bis zum Haken hin gewickelt, irgendwo unterhalb des Stopperknotens mit der Flechtahle eine Öffnung neben der Schlinge machen und den Riemen erst durch die Schlinge und dann durch die angefertigte Öffnung ziehen (Abbildung 5). Jetzt kann die Schlinge zugezogen werden, indem an dem unter der Umwickelung hervorschauenden unteren Ende des Riemens gezogen wird (Abbildung 6). Festziehen und den Rest des für die Umwickelung verwendeten Riemens abschneiden.

SCHRITT 8 Zum Abschluss die Perlen aufziehen und festknoten und die Fransen auf die gewünschte Länge schneiden.

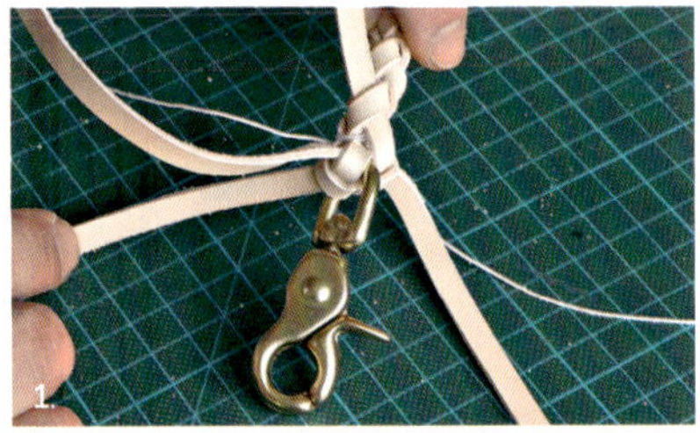
1.

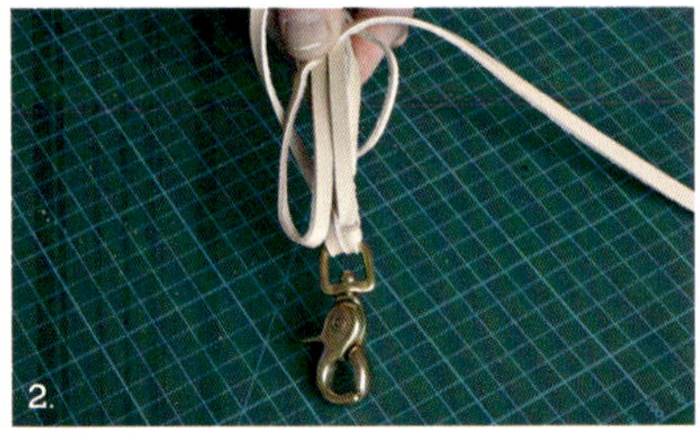
2.

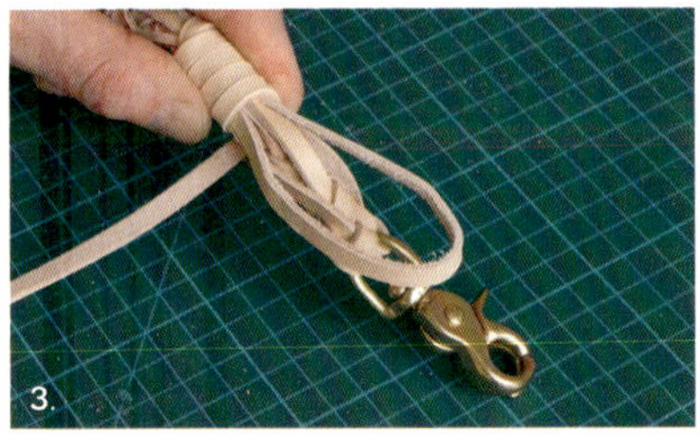
3.

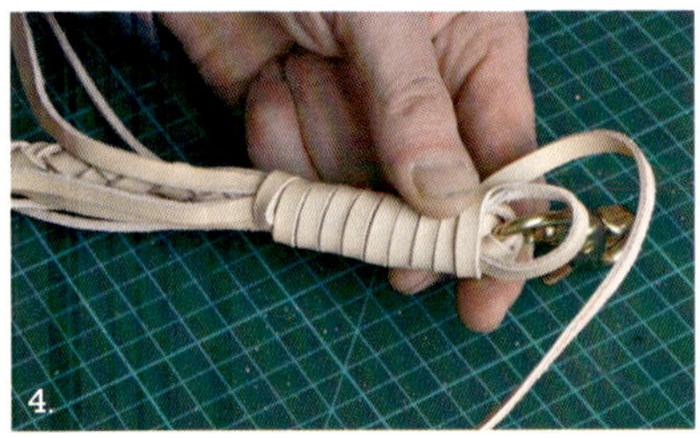
4.

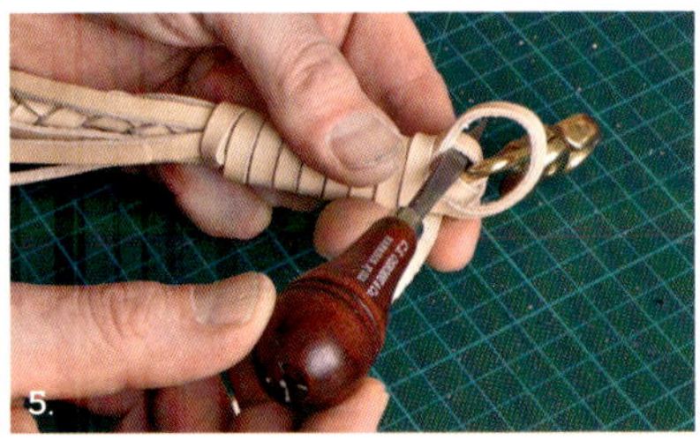
5.

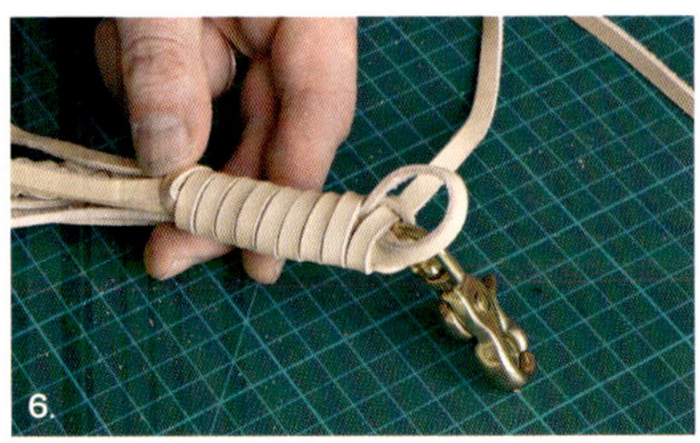
6.

KLEINER BEUTEL

MIT ZUGKORDEL AUS RUNDBAND

MATERIAL

2 weiche Lederstücke
als Vorder- und Rückseite
= 15 x 12 cm, 1,5 mm dick
2 weiche Lederstücke
als Verstärkung
= 5 x 10 cm, 1,5 mm dick
4 Lederriemen
für ein Rundband aus 4 Strängen
= 60 cm x 3 mm, 1 mm dick
2 Lederriemen
für die Zugkordel
= 10 cm x 1 cm, 1,5 mm dick
1 Haken
Karton, weißes Papier und
Klebstoff für Schablonen

WERKZEUG

Vorstecheisen
grobes Sandpapier
Stanley-Klinge
Arbeitsplatte
Kontaktklebstoff und Pinsel
Lineal
Nadel und Faden für Sattlernaht
Stechzirkel
Flechtahle
Revolverlochzange
Rollschneider
Nähkloben
Schneidmatte
Ahle
Rohhauthammer

SCHRITT 1 Zunächst eine Schablone auf Papier zeichnen. Diese sollte 15 × 12 cm groß und an einer Kurzseite abgerundet sein. 25 cm unterhalb der geraden Kurzseite vier 5 mm große Löcher mit einem Abstand von 20 mm stanzen (Abbildung 1). Die Skizze ausschneiden, auf Karton kleben und nach dem Trocknen erneut ausschneiden.

SCHRITT 2 Mit einer spitzen Ahle die Umrisse der Schablone auf dem Leder markieren und mit Rollschneider und Lineal zwei identische Lederstücke als Vorder- und Rückseite ausschneiden. Die Rundungen mit einer Stanley-Klinge schneiden, siehe Abb. Seite 25.

SCHRITT 3 Erneut die Schablone auflegen und mit einer spitzen Ahle die Löcher markieren. Die Löcher mit einer Revolverlochzange ausstanzen.

SCHRITT 4 Zwei rechteckige Lederstücke ausschneiden, die den oberen Teil des Beutels verstärken sollen. Die Verstärkung soll oben auf der Innenseite des Beutels etwa 4 cm unterhalb der Oberkante beginnen und 1 cm über die Kante auf die Außenseite des Beutels gebogen werden. Auf der Narbenseite des Beutels mit einer Ahle 1 cm unterhalb der Oberkante markieren und diese Fläche zum Kleben mit Sandpapier aufrauen (Abbildung 3). Mit einem Stift 4 cm unterhalb der Oberkante auf der Spaltseite des Beutels markieren, wo der Klebstoff aufgetragen werden soll. Den Klebstoff auftragen und die Lederteile nach der Anleitung auf Seite 28 zusammenfügen. 1 cm der Verstärkung auf die Außenseite des Beutels klappen und festkleben.

SCHRITT 5 Entlang der umgeklappten Verstärkung auf dem Vorder- und Rückenteil die anzubringende Naht mit einem Zirkel markieren. Außerdem eine Linie ca. 1 cm oberhalb der Löcher markieren. Die Nahtlöcher mit einem Vorstecheisen stanzen, aber nicht bis ganz an die Seitenkante. Die Verstärkung enstprechend der Anleitung auf Seite 35 festnähen (Abbildung 4).

SCHRITT 6 Mit einem Zirkel ca. 3–4 mm vor der Kante an den Langseiten des Vorder- und Rückenteils Markierungen anbringen. Dies wird nur auf der Narbenseite durchgeführt. Die 3–4 mm breite Fläche auf der Narbenseite mit Sandpapier aufrauen. Klebstoff auf die Fläche auftragen und Vorder- und Rückenteil zusammenfügen (Abbildung 5).

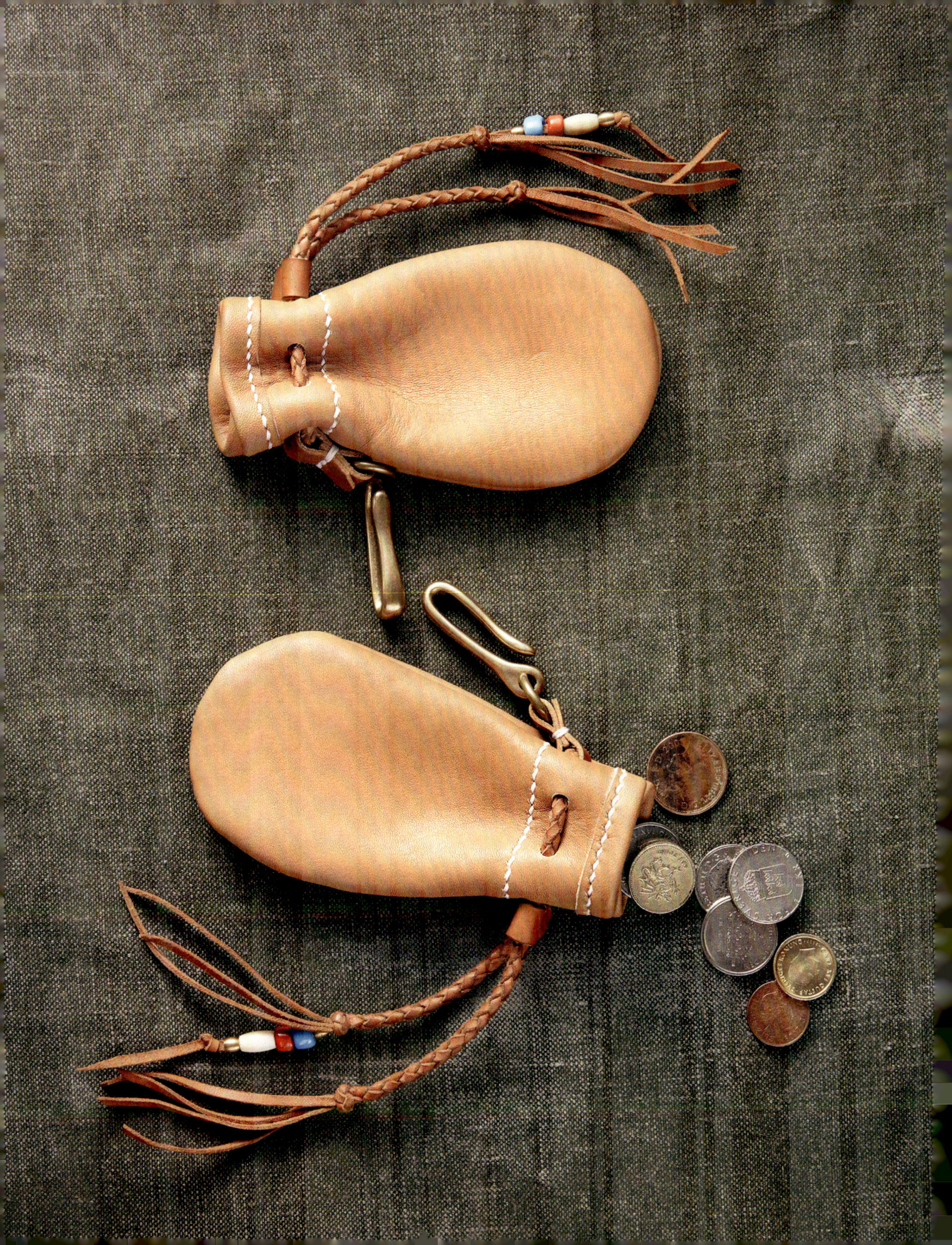

SCHRITT 7 Erneut eine Naht mit dem Zirkel markieren, diesmal entlang der gesamten Außenkante des Beutels, etwa 5 mm von der Kante entfernt. Die Nahtlöcher mit dem Vorstecheisen stanzen und um die ganze Kante herum nähen. Das Innere des Beutels nach außen wenden.

SCHRITT 8 Nach der Anleitung auf Seite 50 ein 30 cm langes Rundband aus vier Strängen anfertigen und an einem Ende mit einem Peitschenknoten abschließen. Um das andere Ende einen gewachsten synthetischen Faden binden.

SCHRITT 9 Aus den 10 x 1 cm großen Riemen zwei Zuglaschen anfertigen. Die Riemen an beiden Enden einklappen und auf den zusammengefalteten Riemen eine Naht von Kante zu Kante nähen (Abbildung 6). Von der Seite soll es wie eine Acht aussehen. Vor dem Zusammennähen den Haken an einer der Zuglaschen befestigen. Die Größe der Schlaufen an den Zuglaschen an das Rundband anpassen. Dieses soll gerade so durch die Zuglaschen gezogen werden können.

SCHRITT 10 Das lose Ende des Rundbandes durch die Zuglasche ziehen und dann durch die vier Löcher auf der einen Seite des Beutels führen. Dann das Rundband weiter durch die Zuglasche mit dem Haken und danach durch die vier Löcher auf der anderen Seite des Beutels und wieder durch die erste Zuglasche ziehen. Mit einem weiteren Peitschenknoten am Ende des Bandes abschließen.

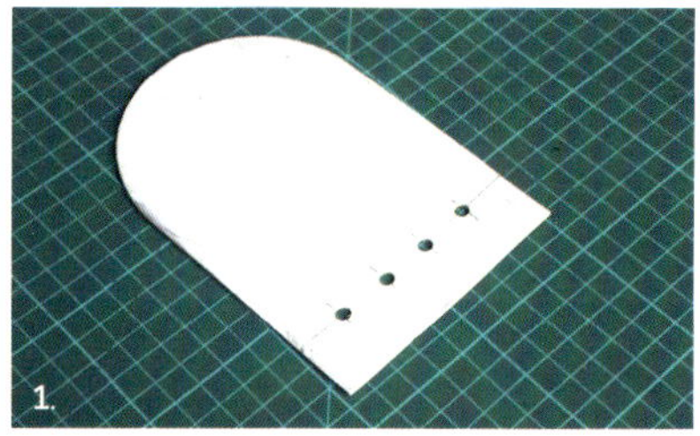
1.

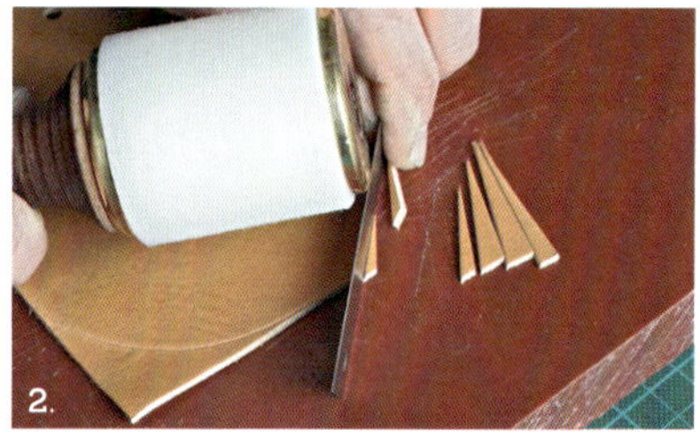
2.

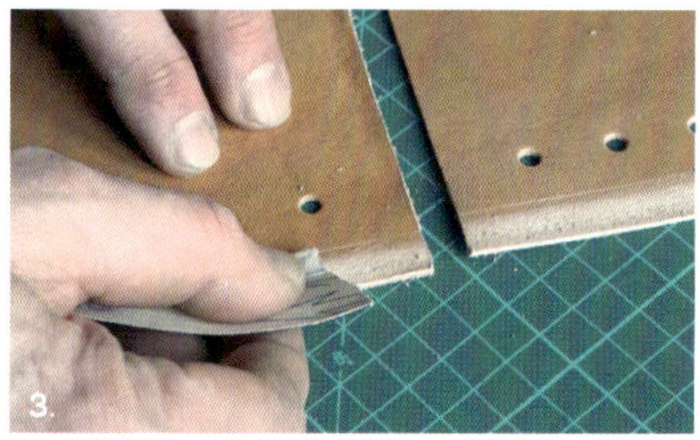
3.

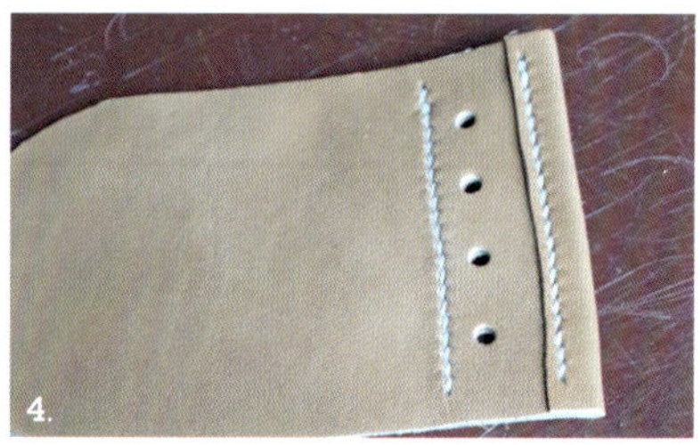
4.

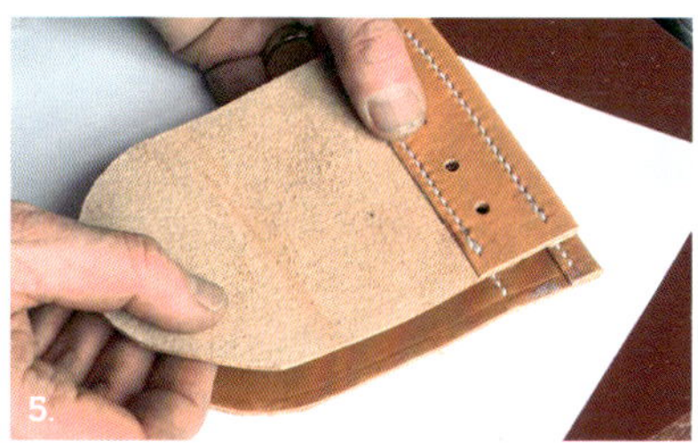
5.

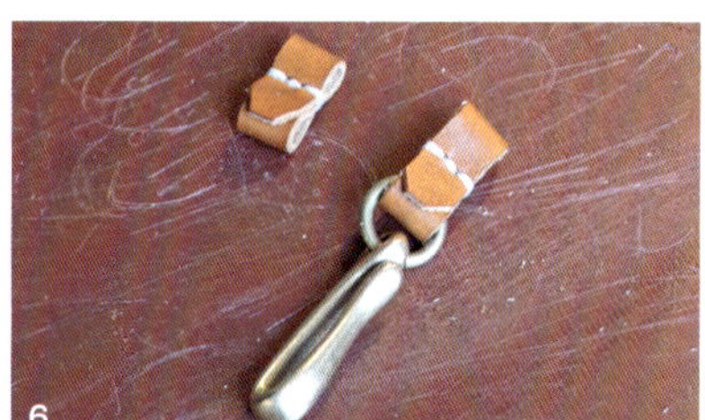
6.

SCHLÜSSELANHÄNGER

MIT PEITSCHEN- ODER GAUCHOKNOTEN

MATERIAL PEITSCHENKNOTEN

2 Lederriemen
= 80 cm x 6 mm, 1,5–2 mm dick
1 Lederriemen
zum Aufziehen der Perlen
= 45 cm lang, Dicke und Breite entsprechend der Perlen
1 Schlüsselring und/oder Haken
mit einer Öffnung von 1,5 cm, durch die das Leder gezogen werden kann
Perlen zum Verzieren

MATERIAL GAUCHOKNOTEN

2 Lederriemen
= 100 cm x 6 mm, 1,5–2 mm dick
1 Schlüsselring und/oder Haken
mit einer Öffnung von 1,5 cm, durch die das Leder gezogen werden kann
Perlen zum Verzieren

WERKZEUG

Flechtahle
Verschlussclip zum Zusammenhalten des Flechtbandes beim Pausieren
Riemenschneider oder
Lineal und Rollschneider
Schneidmatte
gewachstes synthetisches Garn

MIT PEITSCHENKNOTEN:

SCHRITT 1 Ein Rundband mit vier Strängen um einen Haken (entsprechend der Anleitung auf Seite 50) anfertigen. Zu Beginn des Flechtens den zusätzlichen Strang zum Aufziehen der Perlen einziehen und um ihn herum flechten. Das Flechtband bei einer Länge von 10 cm abschließen und mit einem gewachsten synthetischen Faden zusammenbinden.

SCHRITT 2 Einen Stopperknoten gemäß der Beschreibung auf Seite 54 anbringen, aber nicht festziehen. Mit dem auf Seite 53 beschriebenen Peitschenknoten fortfahren.

SCHRITT 3 Zum Abschluss die Perlen aufziehen und festknoten und die Fransen auf die gewünschte Länge schneiden.

MIT GAUCHOKNOTEN:

SCHRITT 1 Ein Rundband mit vier Strängen um einen Haken (gemäß der Anleitung auf Seite 50) anfertigen. Das Flechtband bei einer Länge von 12 cm abschließen und mit einem gewachsten synthetischen Faden zusammenbinden.

SCHRITT 2 Einen Stopperknoten, wie auf Seite 54 beschrieben, anbringen und festziehen. Besonders gleichmäßig festziehen, denn er ist auf der Oberseite des Gauchoknotens sichtbar. Mit einem auf Seite 55 beschriebenen Gauchoknoten fortfahren.

SCHRITT 3 Zum Abschluss die an der Unterseite des Knotens hervorstehenden Stränge abschneiden.

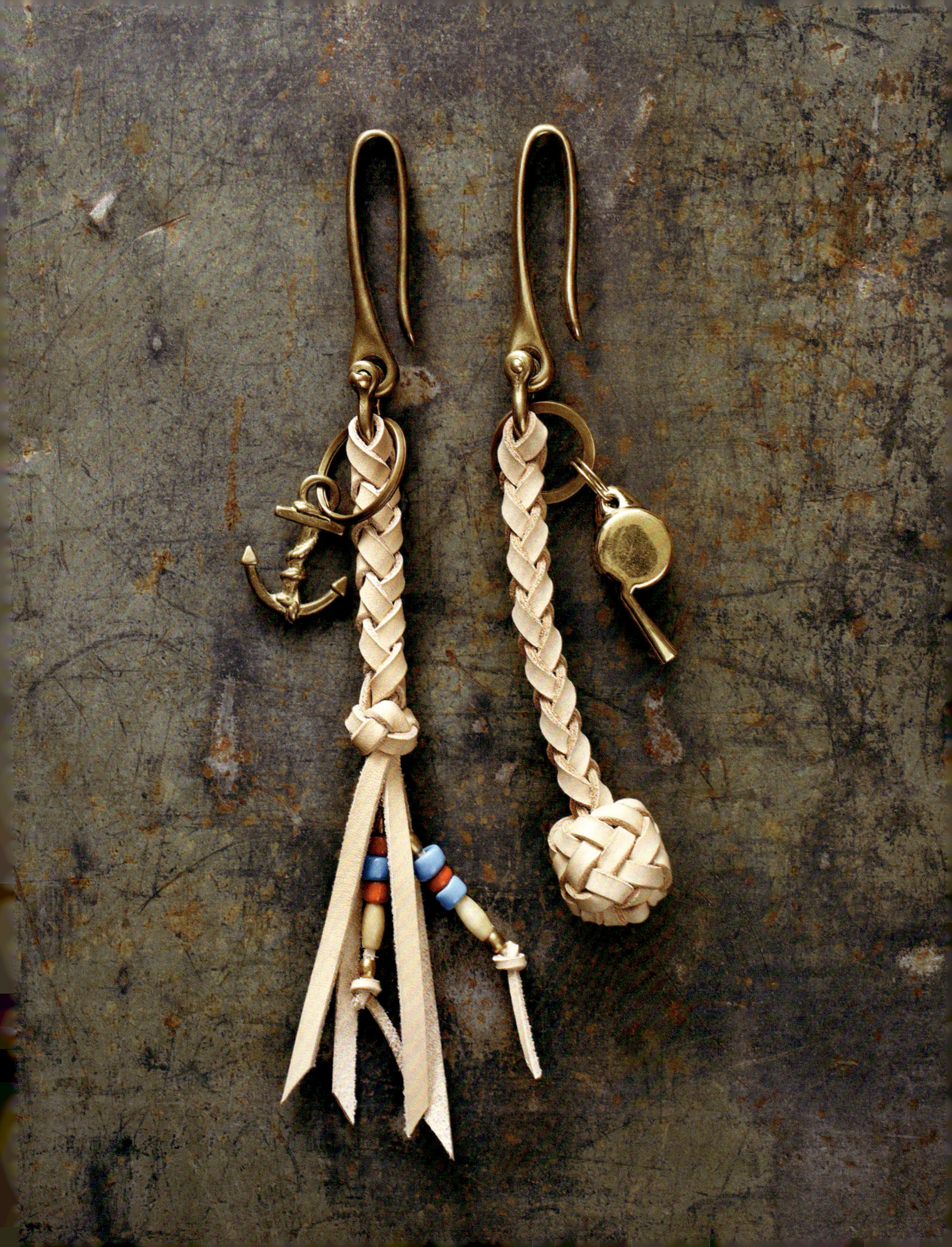

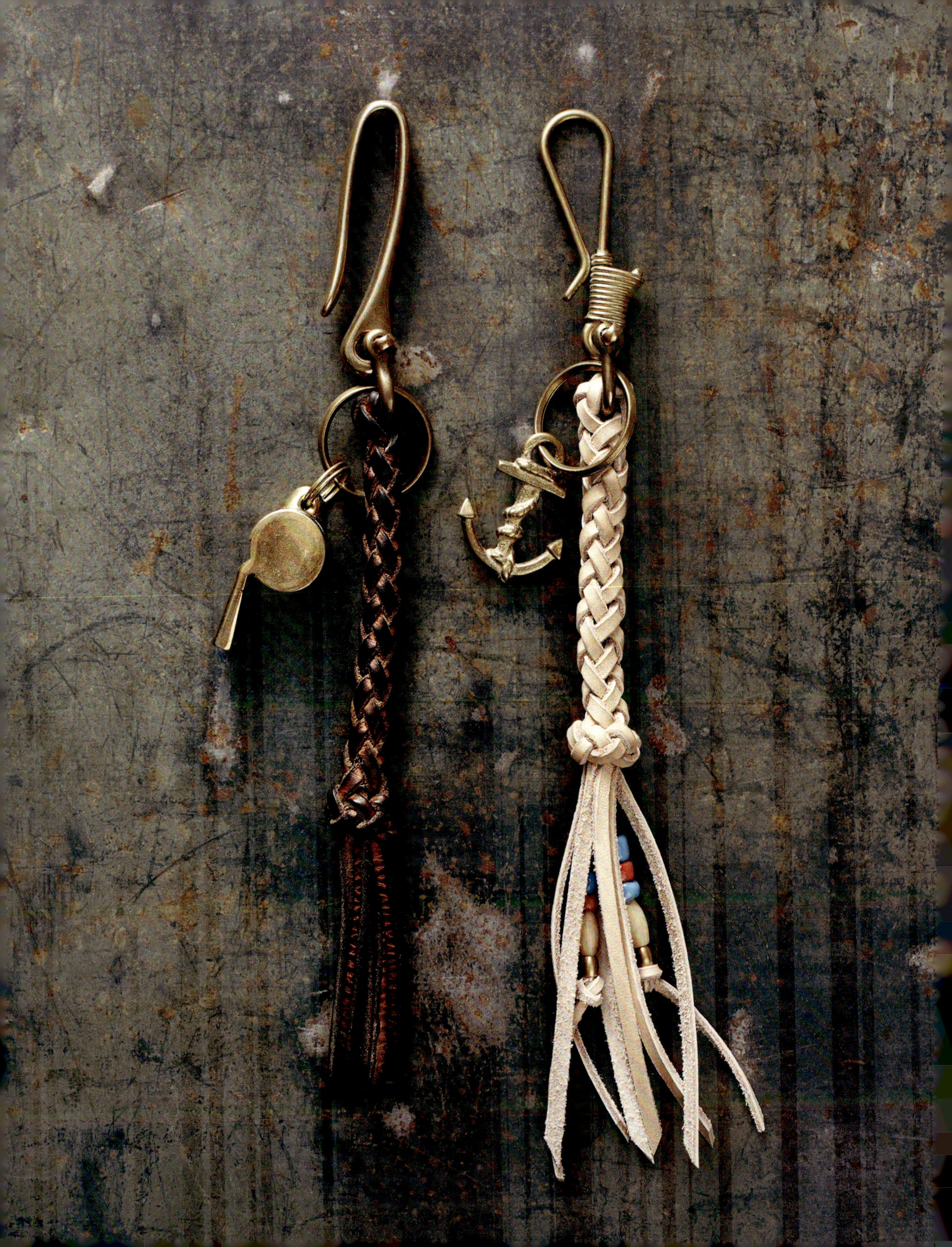

GEFLOCHTENER SCHLÜSSELANHÄNGER

MIT HAKENVERSCHLUSS

MATERIAL

3 Lederriemen
= 80 cm x 4 mm, 1,5–2 mm dick
1 Lederriemen
zum Aufziehen der Perlen
= 45 cm lang, Dicke und Breite entsprechend der Perlen
1 Schlüsselring und/oder Haken mit einer Öffnung von 1,5 cm, durch die das Leder gezogen werden kann
Perlen zum Verzieren

WERKZEUG

Flechtahle
Verschlussclip zum Zusammenhalten des Flechtbandes beim Pausieren
Riemenschneider oder Lineal und Rollschneider
Schneidmatte
gewachstes synthetisches Garn

SCHRITT 1 Ein Rundband mit sechs Strängen um einen Haken (gemäß der Anleitung auf Seite 51) anfertigen. Zu Beginn des Flechtens den zusätzlichen Strang zum Aufziehen der Perlen einziehen und um ihn herum flechten. Das Flechtband bei einer Länge von 12 cm abschließen und mit einem gewachsten synthetischen Faden zusammenbinden.

SCHRITT 2 Einen Stopperknoten entsprechend der Beschreibung auf Seite 54 anbringen, aber nicht festziehen. Mit einem auf Seite 53 beschriebenen Peitschenknoten fortfahren.

SCHRITT 3 Zum Abschluss die Perlen aufziehen, festknoten und die Fransen auf die gewünschte Länge schneiden.

GEFLOCHTENER BRIEFTASCHENRIEMEN

MIT PERLEN UND LANGEN FRANSEN

MATERIAL

3 Lederriemen
= 150 cm x 4 mm, 1,5–2 mm dick
1 Lederriemen
zum Zusammenbinden des Rundbandes oben
= 50 cm x 6 mm, 1,5–2 mm dick
1 Lederriemen
zum Aufziehen der Perlen
= 40 cm lang, Dicke und Breite entsprechend der Perlen
2 Haken
mit einer Öffnung von 1,5 cm, durch die das Leder gezogen werden kann
Perlen zum Verzieren

WERKZEUG

Lineal
Flechtahle
Verschlussclip zum Zusammenhalten des Flechtbandes beim Pausieren
Riemenschneider oder Lineal und Rollschneider
Schneidmatte
gewachstes synthetisches Garn

SCHRITT 1 Ein Rundband mit sechs Strängen um einen Haken (gemäß der Anleitung auf Seite 51) anfertigen. Das Flechtband bei einer Länge von 35 cm abschließen und mit einem gewachsten synthetischen Faden zusammenbinden.

SCHRITT 2 Die sechs Stränge des Bandes in 2 x 3 unterteilen. Zwei 2–3 cm lange Bänder flechten, einen Verschlussclip am ersten Band anbringen, um ihn festzuhalten, während das zweite weitergeflochten wird (Abbildung 1). Sind beide Bänder geflochten, ein Band durch die Öse des zweiten Hakens ziehen und den Haken wiederum ganz nach unten ziehen (Abbildung 2).

SCHRITT 3 Die drei Stränge des ersten Bandes zwischen die Stränge des zweiten legen (Abbildung 3). Die Stränge mit einem Verschlussclip zusammenhalten und zwei 4 cm lange Bänder flechten (Abbildung 4).

SCHRITT 4 Mithilfe einer Flechtahle einen der drei Stränge jedes Bandes so durch das Band ziehen, dass sie jeweils auf der anderen Seite herauskommen (Abbildung 5).

SCHRITT 5 Soll das Band mit Perlen dekoriert werden, auch den 40 cm langen Riemen (wie in Schritt 4 beschrieben) durch das Band ziehen. Die Stränge/Fransen gleichmäßig um das Flechtband herum verteilen.

SCHRITT 6 Das Band oben zusammenbinden. Den 50 cm langen Riemen neben das Flechtband legen, sodass der eine Teil des Riemens genauso lang ist wie die herunterhängenden Fransen. Den oberen Teil des Riemens oben am Haken herunterbiegen, sodass sich eine etwa 5 cm große Schlaufe bildet (Abbildung 2 auf Seite 82).

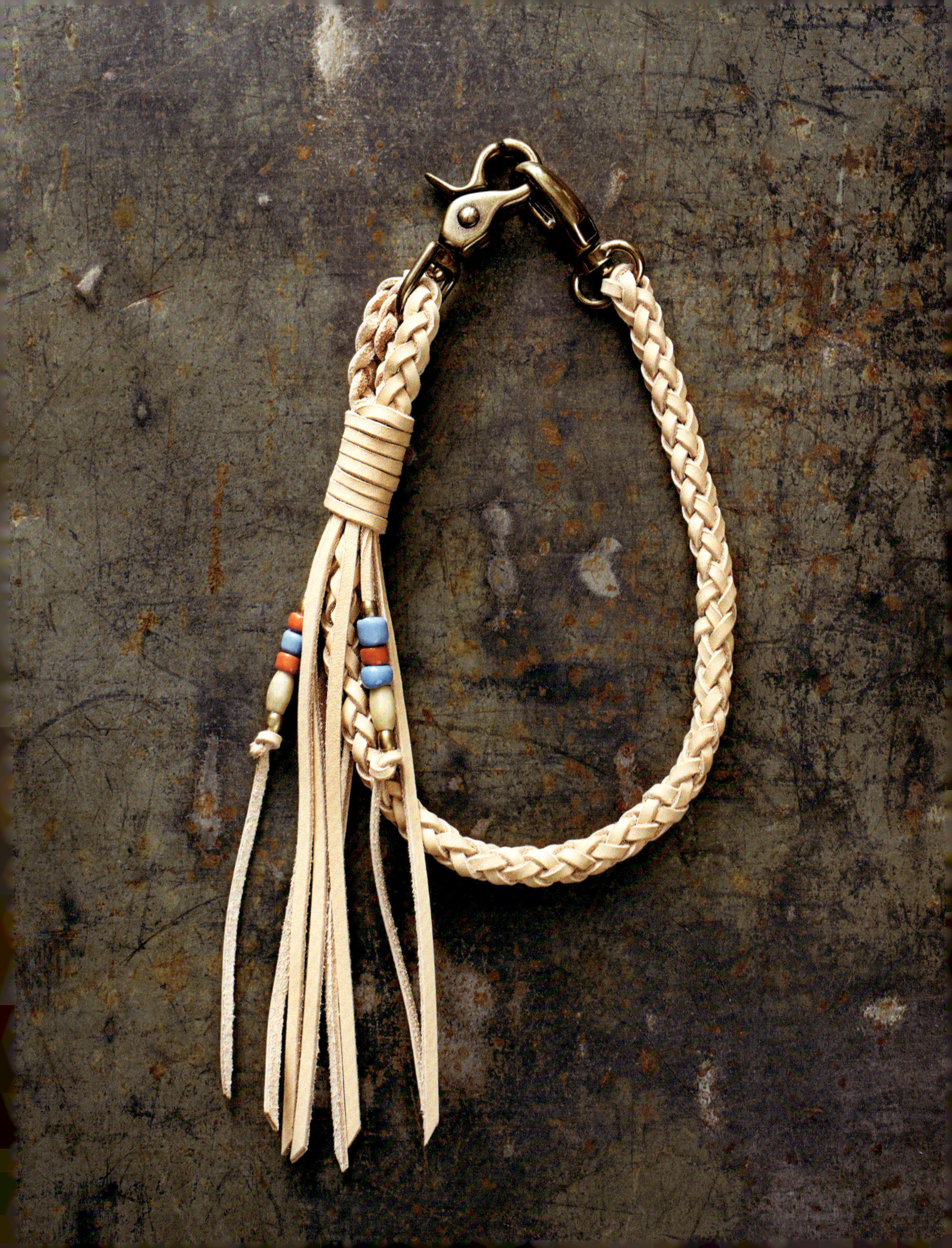

SCHRITT 7 Dann den oberen Teil des Riemens fest um das Band und die Fransen herumwickeln, und zwar von unten in Richtung Haken und nicht vom Haken aus nach unten. Darauf achten, dass die Fransen beim Umwickeln gleichmäßig um das Band herum verteilt sind. Wenn der Haken fast erreicht ist, den Riemen um die zuvor gebildete Schlinge wickeln, aber einen kleinen Teil der Schlinge unter der Umwickelung hervorschauen lassen (Abbildung 4 auf Seite 82). Wurde bis zum Haken hin gewickelt, den Riemen durch die Schlinge ziehen. Dann den Riemen mithilfe einer Flechtahle zwischen dem Band und das sechssträngige Band ziehen. Jetzt kann die Schlinge zugezogen werden, indem an dem unter der Umwickelung hervorschauenden unteren Ende des Riemens gezogen wird. Festziehen und den Rest des für die Umwickelung verwendeten Riemens abschneiden.

SCHRITT 8 Zum Abschluss die Perlen aufziehen, festknoten und die Fransen auf die gewünschte Länge schneiden.

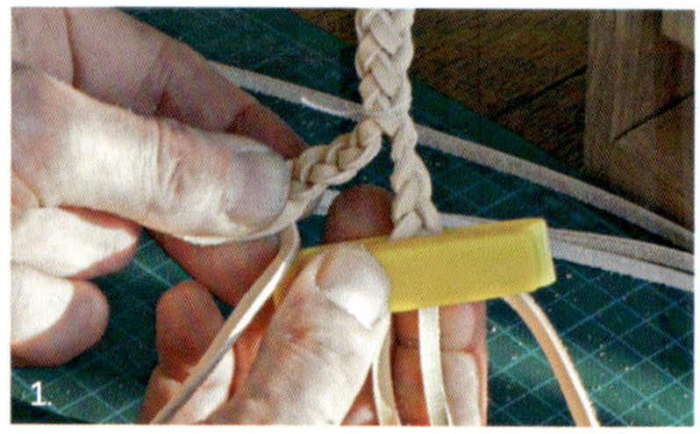
1.

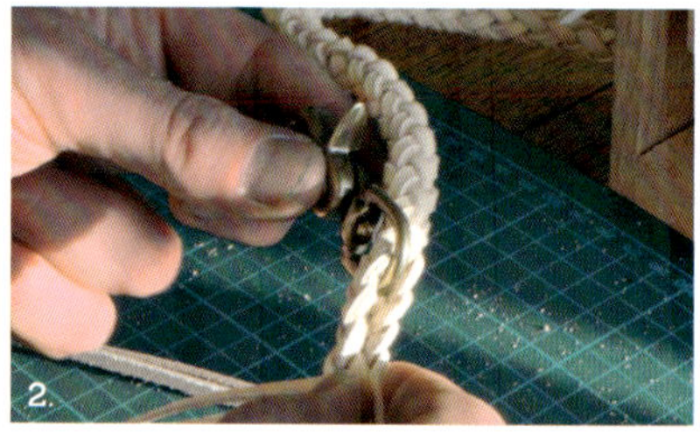
2.

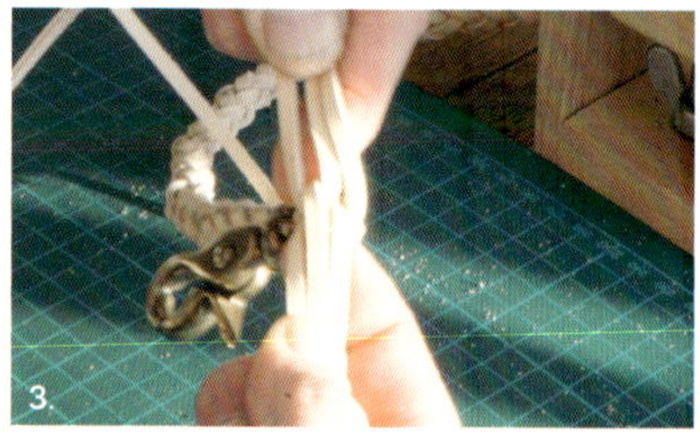
3.

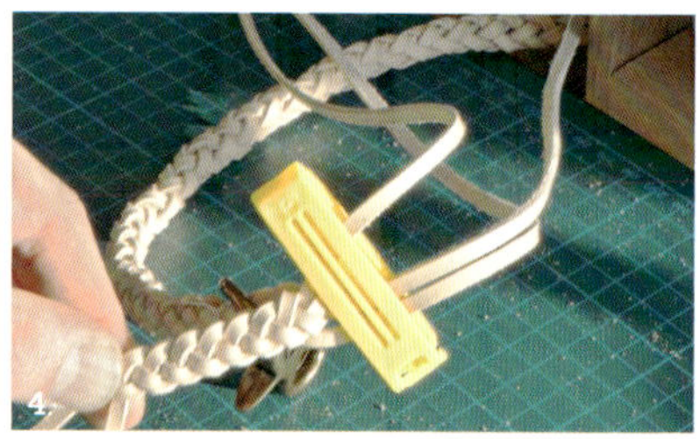
4.

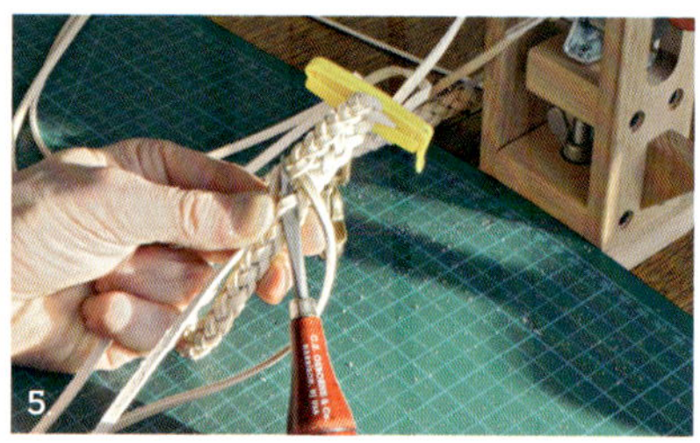
5.

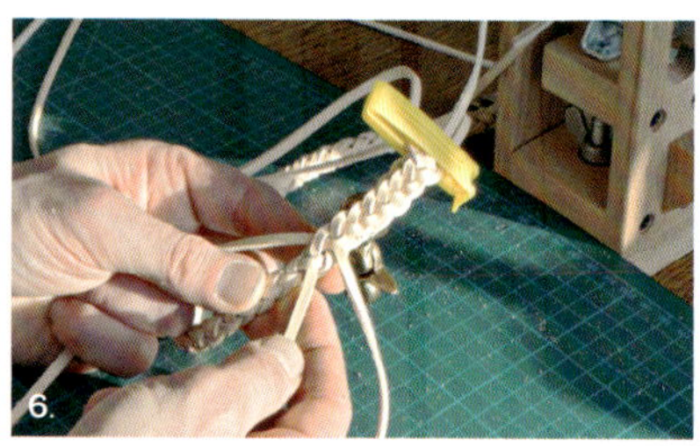
6.

HANDYTASCHE IN KUVERTFORM

MIT EINGENÄHTEM DRUCKKNOPF

MATERIAL

2 Lederstücke für das Vorderteil
= 2–2,5 cm breiter und
1–1,25 cm länger als das Handy
2 Lederstücke für das Rückenteil
= genauso breit und doppelt so
lang wie das Vorderteil
1 rundes Lederstück,
25 mm Durchmesser, 1 mm dick
1 Druckknopf
und Vorrichtung zur Befestigung
Karton, weißes Papier und
Klebstoff für Schablonen
1 Form aus Holz und Kunststoff

WERKZEUG

Vorstecheisen
Hobbymesser oder Riemenendeisen
für runde Kanten
Arbeitsplatte
Kantenpolierer oder Canvas-Tuch
Kontaktklebstoff und Pinsel
Lineal oder Messschieber
Nagelfeile oder Sandpapier
Nadel und Faden für Sattlernaht
Stechzirkel
Polierflüssigkeit
Schneidmatte
Rollschneider
Rohhauthammer
Rohgummi
Nähkloben
Ahle

SCHRITT 1 Zunächst eine Form mit denselben Maßen wie denen des Handys aus einem Schneidbrett (o. Ä.) aus Kunststoff ausschneiden. Preiswerte Schneidbretter gibt es in den meisten Warenhäusern. Manchmal haben sie sogar dieselbe Dicke wie ein Handy.

SCHRITT 2 Eine Schablone für das Vorder- und Rückenteil auf Papier aufzeichnen (Abbildung 1). Dazu die Maße des Handys verwenden, aber etwas in der Breite und Länge dazu geben, siehe Angaben unter „Material". Zum Testen der Schablonen und der Platzierung des Druckknopfs, am besten zunächst dünnere Papierschablonen anfertigen, die an den Kanten zusammengeheftet werden können.

SCHRITT 3 Mit einer spitzen Ahle die Umrisse der Schablonen auf dem Leder markieren und mit Rollschneider und Lineal zwei identische Lederstücke als Vorderseite und zwei als Rückseite ausschneiden. Die runden Kanten des Leders mithilfe eines Hobbymessers oder mit einem Riemenendeisen ausschneiden.

SCHRITT 4 Die Löcher für den Druckknopf mithilfe der Schablonen und einer spitzen Ahle auf dem Leder markieren. Da der Druckknopf später verdeckt wird, wird die Markierung nur auf einem der Lederstücke für die Vorderseite und auf einer der Rückseiten angebracht. Noch keine Löcher stanzen.

SCHRITT 5 Das runde Lederstück zum Festnähen auf dem Druckknopf ausschneiden. Mithilfe eines Zirkels die Nahtlöcher etwa 2 mm von der Kante des runden Lederstücks entfernt markieren. Die Kante wie auf Seite 38 beschrieben polieren.

SCHRITT 6 Um den auf dem Vorderteil angebrachten halben Druckknopf soll eine Ziernaht angebracht werden. Den Zirkel auf 21 mm Durchmesser einstellen, in der Mitte der Markierung aufsetzen, wo später das Loch für den Druckknopf angebracht wird und einen Kreis markieren (Abbildung 2).

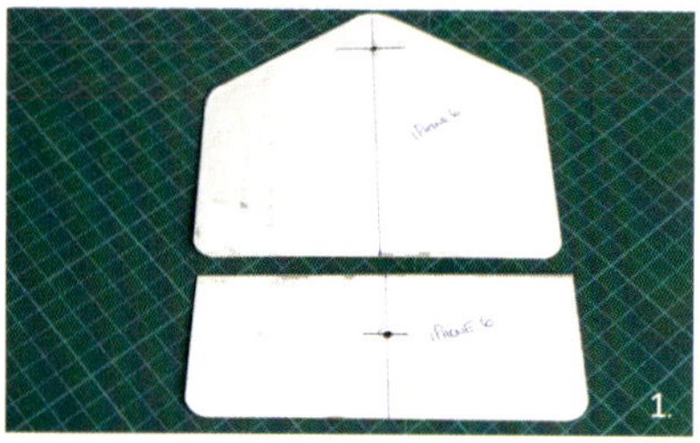
1.

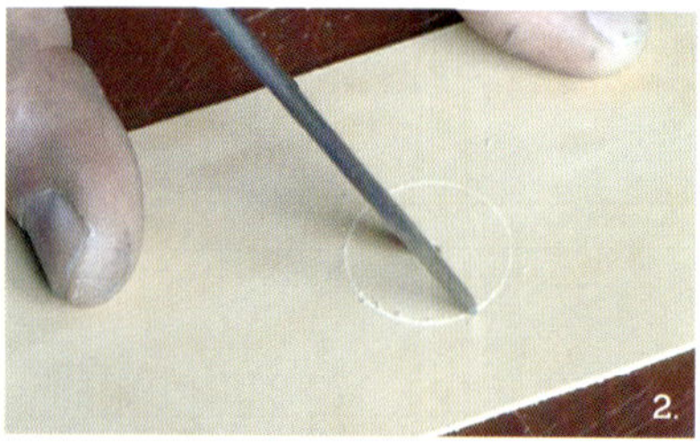
2.

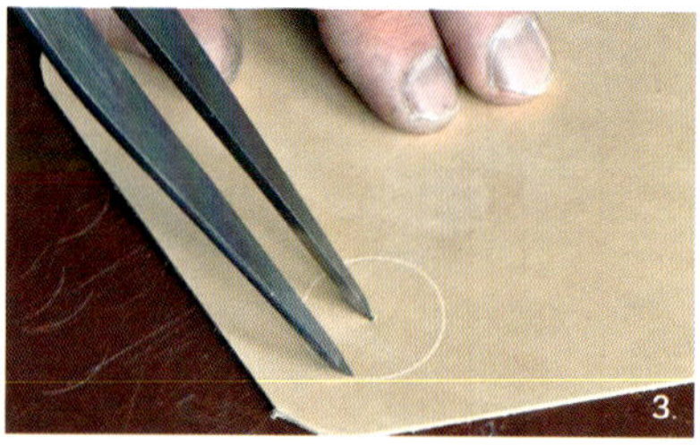
3.

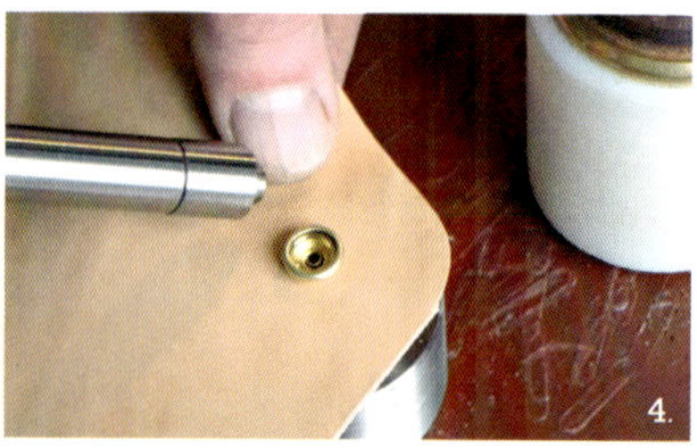
4.

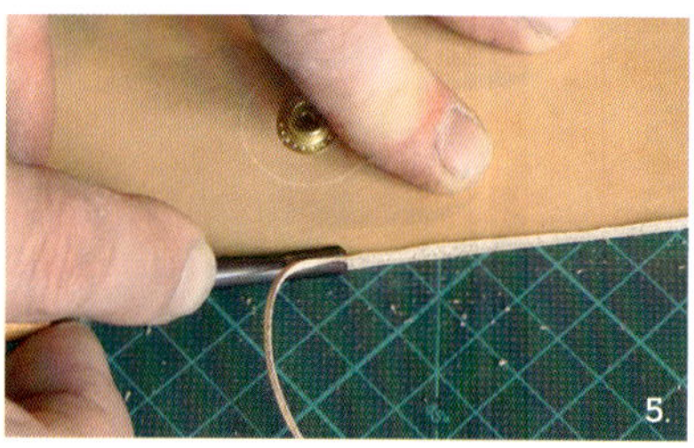
5.

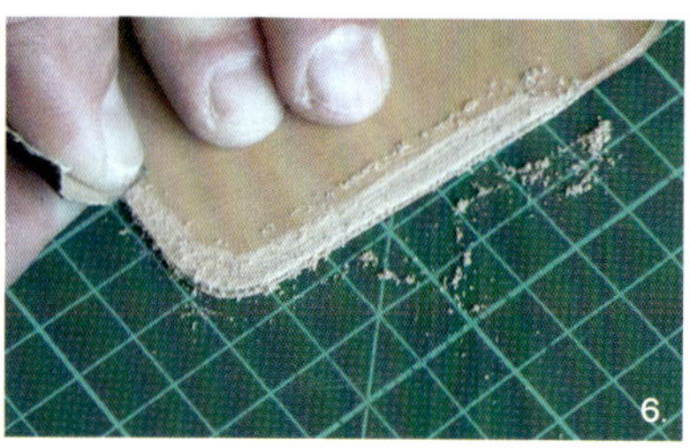
6.

SCHRITT 7 Den Teil des Rückenteils verwenden, der in Schritt 4 nicht markiert wurde. Mit einem auf 21 mm eingestellten Zirkel dort einen Kreis markieren, wo das runde Lederstück aufgeklebt und genäht werden soll, d. h. dort wo der Druckknopf sitzt (Abbildung 3). Dann das Leder innerhalb der Kreismarkierung mit einem groben Sandpapier aufrauen und das runde Lederstück, wie auf Seite 28 beschrieben, aufkleben.

SCHRITT 8 In die im Schritt 4 markierten Lederstücke mit einer Revolverlochzange ein Loch für den Druckknopf stanzen. Den Druckknopf im Loch anbringen (Abbildung 4).

SCHRITT 9 Die beiden Teile des Vorder- bzw. Rückenteils Spaltseite an Spaltseite zusammenkleben. Darauf achten, dass die Kanten genau aufeinanderliegen. Dann die Kanten mit einer Nagelfeile von Klebstoffresten befreien. Die oberen Kanten des Vorder- und Rückenteils mit einem Kantenzieher bearbeiten (Abbildung 5) und die obere Kante des Vorderteils polieren.

SCHRITT 10 Vor dem Zusammenkleben, entlang der oberen Kante des Vorderteils, um den Druckknopf im Vorderteil und um das runde Lederstück auf der Außenseite des Rückenteils, eine Ziernaht anbringen. Die Naht an der oberen Kante des Vorderstücks mit einem Zirkel markieren. Dann mithilfe eines Vorstecheisens die Nahtlöcher am runden Lederstück, am Druckknopf sowie an der oberen Kante des Vorderteils stanzen. Die Nahtlöcher an der oberen Kante des Vorderteils sollen ca. 5 mm von der Kante entfernt enden. Gemäß der Anleitung auf Seite 35 nähen.

SCHRITT 11 Das Vorderteil auf das Rückenteil legen und mit einer Ahle auf dem Rückenteil markieren, wie weit das Leder zum Kleben aufgeraut werden muss. Die Fläche innerhalb der Markierung auf dem Rückenteil (Abbildung 6) und die entsprechende Fläche auf dem Vorderteil aufrauen und die beiden Teile zusammenkleben.

SCHRITT 12 Die anzubringende Naht entlang der Kanten des Vorderteils mit einem Zirkel markieren. Dann mithilfe eines Vorstecheisens die Nahtlöcher stanzen. Damit die Nahtlöcher auf der Außenseite des Vorder- und Rückenteils in die gleiche Richtung weisen, müssen sie in zwei Etappen angebracht werden: Zunächst durch das Vorderteil und dann von der Außenseite durch den oberen Teil des Rückenteils. Um die Kante des Vorderstücks herum nähen und den Faden befestigen. Dann die obere Kante des Rückenteils nähen.

SCHRITT 13 Die Kanten des Etuis mit einem Stück Rohgummi von eventuellen Klebstoffresten befreien und dann mit einer harten Nadelfeile gleichmäßig schleifen. Die Kanten polieren.

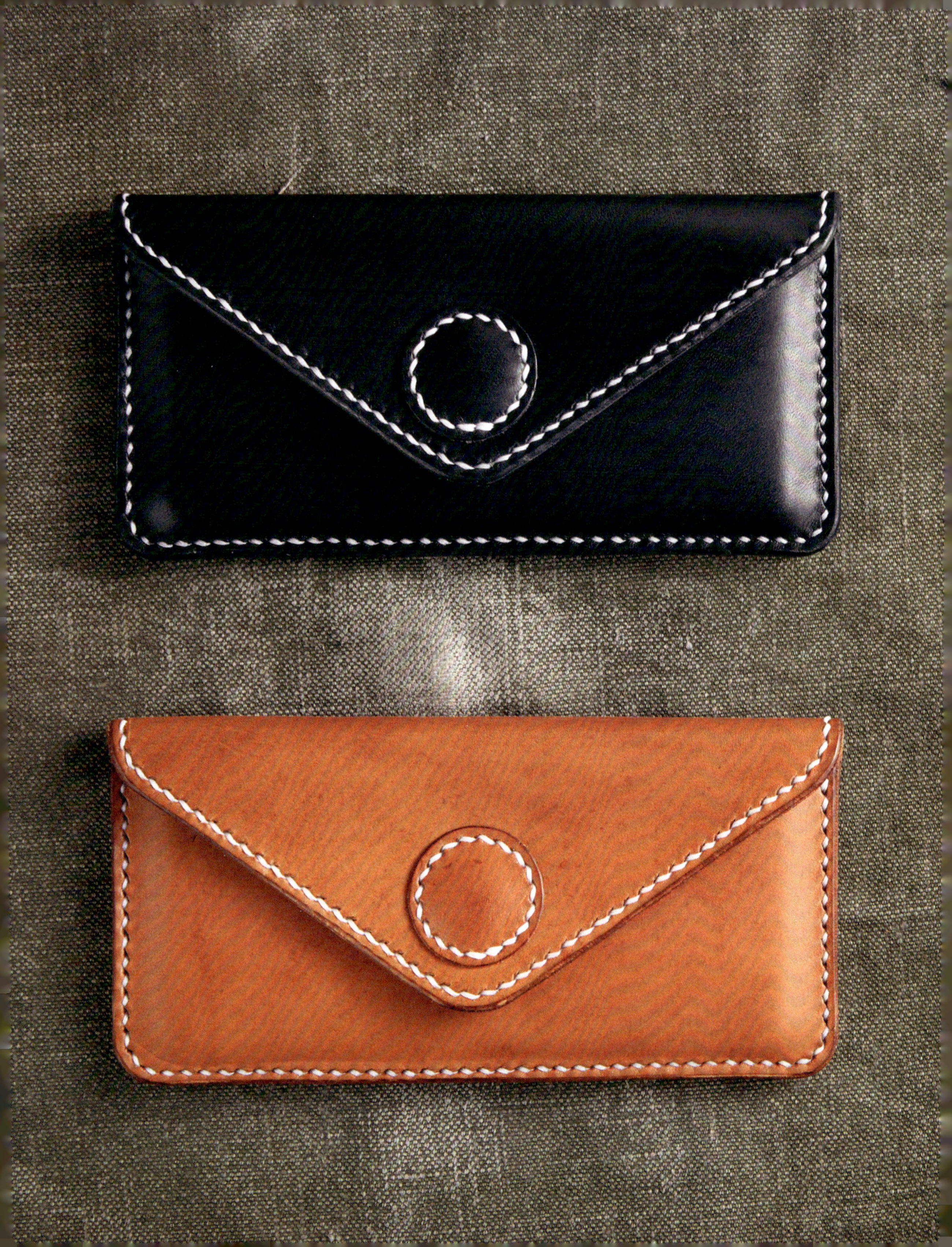

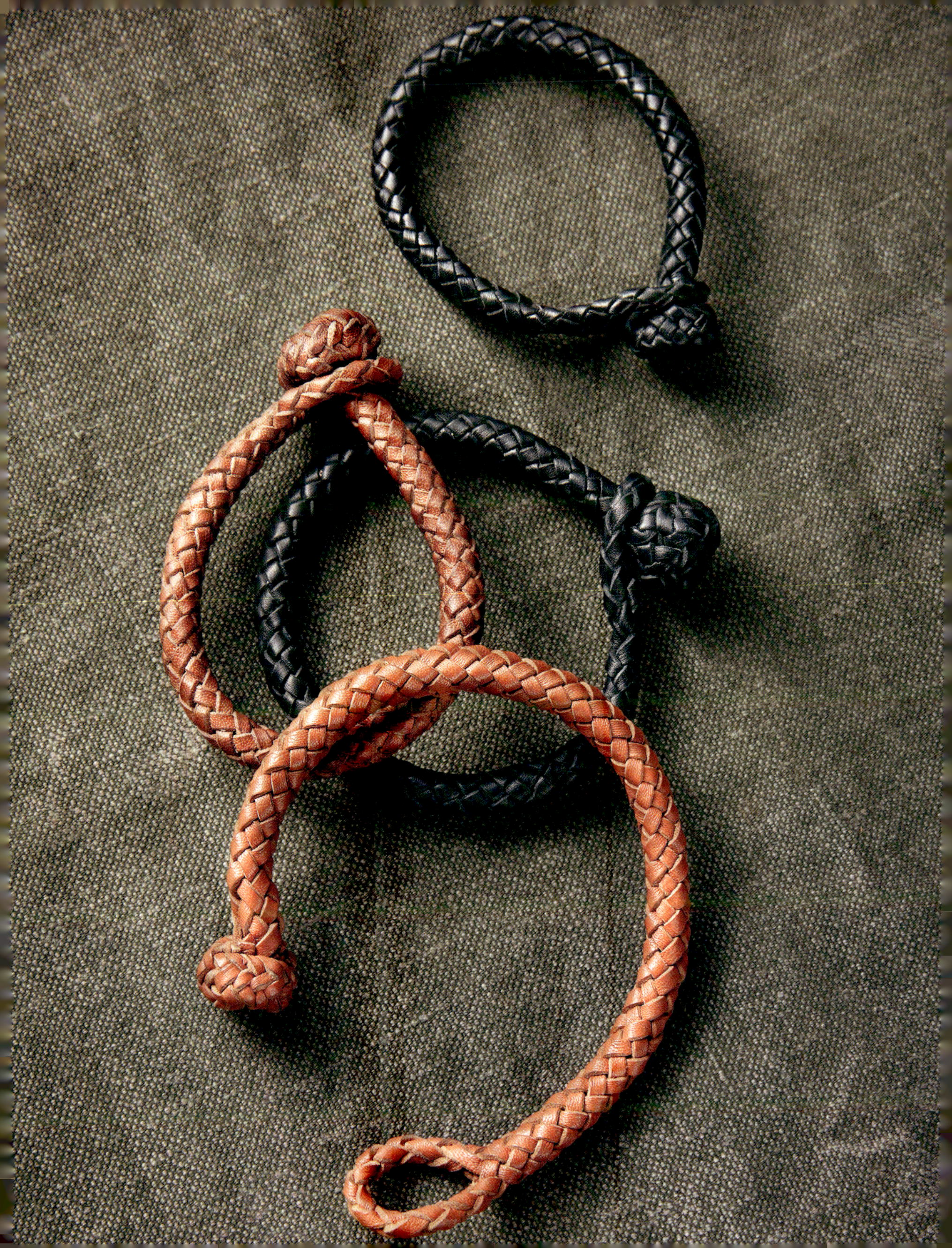

RUNDGEFLOCHTENES ARMBAND

MIT RUNDKNOTEN

MATERIAL

SECHS STRÄNGE
3 Riemen aus Känguruleder
= 100 cm x 3 mm, 1 mm dick
1 runder Lederriemen
als Kern des Flechtbandes
= 3 mm dick, Länge je nach Umfang des Handgelenks (eng anliegend)

ACHT STRÄNGE
4 Riemen aus Känguruleder
= 100 cm x 3 mm, 1 mm dick
1 runder Lederriemen
als Kern des Flechtbandes = 3 mm dick, Länge je nach Umfang des Handgelenks (eng anliegend)

WERKZEUG

Flechtahle
Verschlussclip zum Zusammenhalten des Flechtbandes beim Pausieren
Riemenschneider
oder Lineal und Rollschneider
Schere oder Hobbymesser
Schneidmatte
gewachstes synthetisches Garn

SCHRITT 1 Zunächst die drei bzw. vier mittleren Stränge in der Mitte falten und einige Zentimeter von der Mitte entfernt einen Verschlussclip setzen. Die Narbenseite aller Stränge muss nach oben gewandt sein.

SCHRITT 2 Die längeren Stränge in die Gegenhalterung hineinziehen und durchziehen, bis der Verschlussclip hinter der Gegenhalterung festsitzt (Abbildung 1). Die Gegenhalterung muss nach Beendigung des Flechtens wieder entfernt werden können.

SCHRITT 3 Ein flaches Flechtband mit drei Strängen oder ein Rundband mit vier Strängen gemäß der Anleitung auf Seite 50 anfertigen (Abbildung 2). Dieser Teil des Flechtbandes bildet später die Schlinge im Armand. Mit 3 mm breiten Riemen aus Känguruleder habe ich etwa 7 Runden geflochten. Der runde Knoten hat einen Durchmesser von ca. 1 cm und sollte gerade durch die Schlinge passen.

SCHRITT 4 Entsprechend der Anleitung auf Seite 51 einen Übergang von einem flachen Flechtband aus drei Strängen zu einem Rundband aus sechs Strängen bzw. von einem Rundband aus vier Strängen zu einem aus acht Strängen flechten.

SCHRITT 5 Nachdem die Stränge entsprechend der Anleitung überkreuz gelegt wurden, den runden Riemen, der als Kern dienen soll, in die Mitte der Schlinge legen (Abbildung 3). Nachdem einige Runden geflochten wurden, kann die Lage des Kerns noch einmal korrigiert werden. Vier Runden Flechten und dann die Stränge vorsichtig um den Kern herum festziehen. Jetzt kann der Kern so zurechtgeschoben werden, dass er an den Anfang des Armbandes kommt (Abbildung 4). Bitte beachten: Bei einem Rundband aus acht Strängen kann die Flechtung variiert werden. Ein Rundband aus acht Strängen wird in der Regel so geflochten, dass unter einem Strang, über einem Strang, unter einem Strang, über einem Strang geflochten wird. Man kann aber auch ein Fischgrätenmuster flechten, indem stattdessen unter zwei Stränge und über zwei Stränge geflochten wird (Abbildung 5). Direkt an der Schlinge sollten jedoch auf jeden Fall zwei Runden im normalen Muster geflochten werden.

SCHRITT 6 Weiterflechten, bis das andere Ende des Kerns, d. h. die Gesamtlänge des Armbands, erreicht ist.

SCHRITT 7 Das Flechtband mit einem gewachsten synthetischen Faden zusammenbinden, damit es sich nicht wieder öffnet. Am Ende einen Rundknoten gemäß der Anleitung auf Seite 55 anbringen (Abbildung 6). Für den Rundknoten wird kein Kern benötigt. Es ist zu Anfang vielleicht etwas schwer, die Schlinge über den Knoten zu ziehen, aber im Laufe der Zeit dehnt sich das Leder etwas.

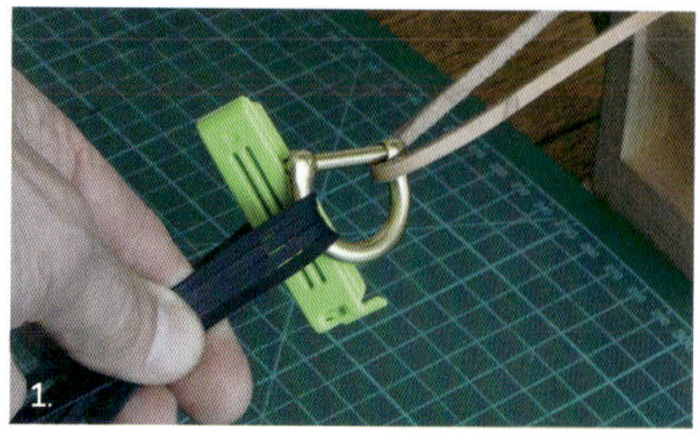
1.

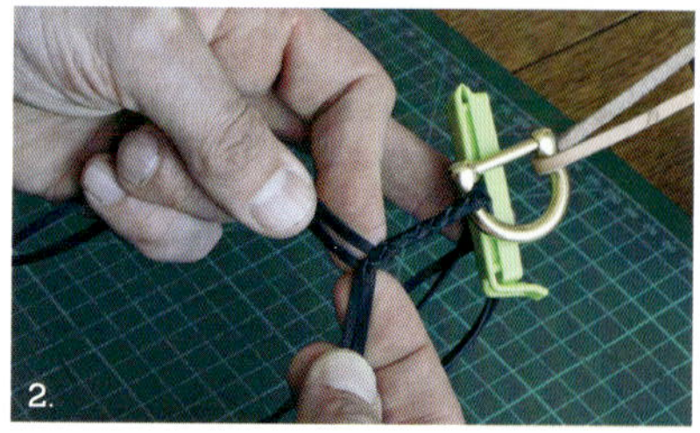
2.

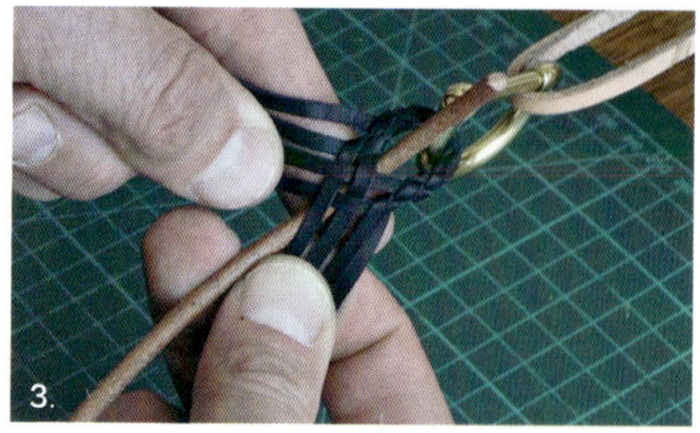
3.

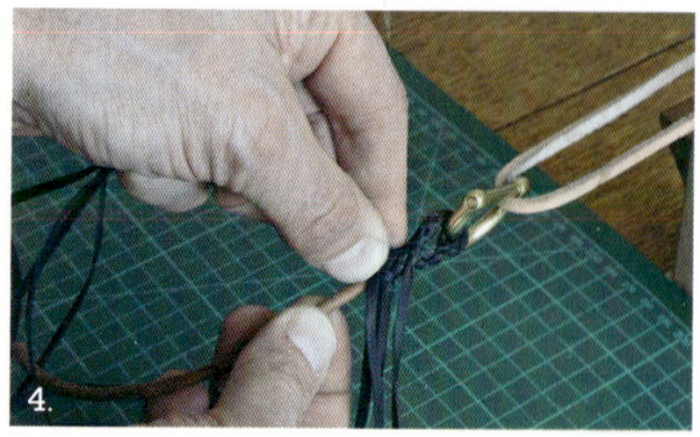
4.

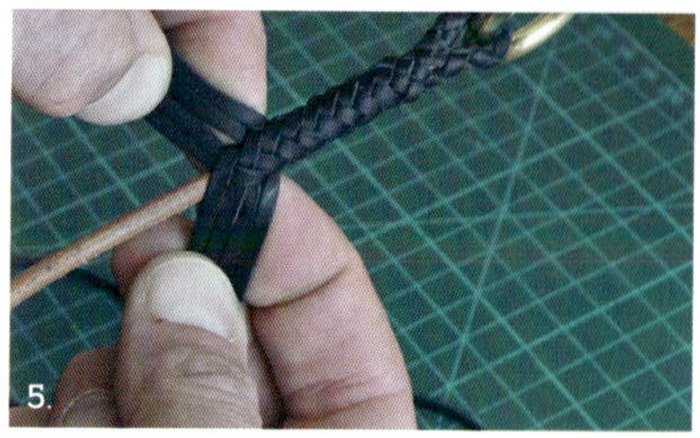
5.

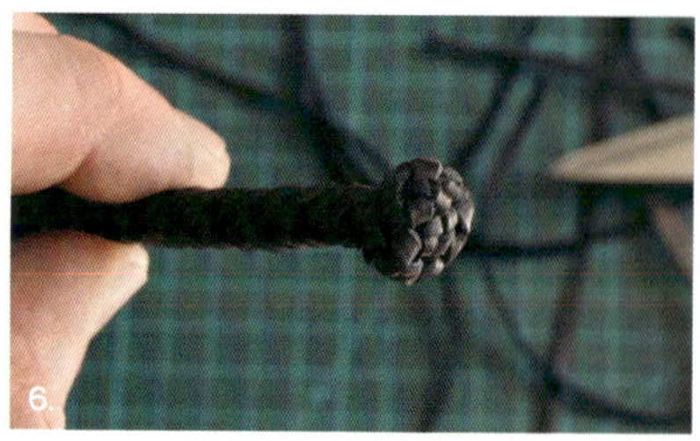
6.

MESSERETUI

FÜR EIN HIGONOKAMI-MESSER 13 X 2 CM X 6 MM

MATERIAL

1 Lederstück für das Vorderteil
= 12 x 4,8 cm, 2 mm dick
1 Lederstück für das Rückenteil
= 23 x 4,8 cm, 2 mm dick
1 Lederstück für die Gürtelschlaufe
= 10 × 2,5 cm, 2 mm dick
1 Lederstück als Knopf
= 35 mm Durchmesser, 4 mm dick
1 Lederstück für die Zuglasche
= 35 mm Durchmesser, 1 mm dick
4 Lederriemen
= 50 cm x 3 mm, 1 mm dick

WERKZEUG

Langlocheisen, ca. 12 mm
Vorstecheisen
Arbeitsplatte
Kantenpolierer oder Canvas-Tuch
Kantenzieher
Flechtnadel
Nagelfeile oder Sandpapier
Nadel und Faden für Sattlernaht
Stechzirkel
Polierflüssigkeit
Riemenschneider
Revolverlochzange
Rohgummi
Rollschneider
Nähkloben
Ahle
Riemenendeisen u-Form

SCHRITT 1 Zunächst mit einem Riemenschneider einen 35 cm langen und 4,8 cm breiten Riemen zuschneiden. Den Riemen mit einem Rollschneider in ein 12 cm langes Stück als Vorderteil und ein 23 cm langes Stück als Rückenteil zerschneiden.

SCHRITT 2 Den Knopf und die Zuglasche ausschneiden. Da sich dünneres Leder leichter schneiden lässt, kann der Knopf auch aus zwei 2 mm dicken Stücken geschnitten werden, die dann zusammengeklebt werden.

SCHRITT 3 Die Zuglasche auf das Vorderteil legen und darauf vorsichtig die Umrisse mit einer Ahle markieren (Abbildung 1). Nachdem Vorder- und Rückenteil miteinander verklebt wurden, wird das Ende des Etuis mit einem Riemenendeisen abgeschnitten. Deshalb sollte die Zuglasche nicht allzu dicht an der unteren Kante des Vorderteils angebracht werden.

SCHRITT 4 Den Nahtverlauf am Knopf und an der Zuglasche mit einem Zirkel markieren (Abbildung 2). Die Kante des Knopfes und der Zuglasche wie auf Seite 38 beschrieben polieren.

SCHRITT 5 Die am Knopf und an der Zuglasche anzubringenden Löcher mit einer Ahle markieren (Abbildung 3). Damit die Löcher symmetrisch werden, sollte die Lochmarkierung am besten mithilfe von Kartonschablonen erfolgen. Dann in den Knopf zwei Löcher mit einem länglichen Locheisen und in die Zuglasche vier Löcher mit einer Revolverlochzange stanzen.

SCHRITT 6 Die Fläche innerhalb der in Schritt 3 aufgebrachten Markierung aufrauen. Da die Zuglasche nicht ganz festgeklebt wird, genügt es, einen etwa 5 mm breiten Ring innerhalb der Markierung aufzurauen.

SCHRITT 7 Den Klebstoff auf den Rand der Zuglasche sowie auf die aufgeraute Fläche des Vorderteils auftragen. Solange der Klebstoff noch etwas klebrig ist, die beiden Lederteile aufeinanderdrücken und mit einer Anpressrolle zusammenpressen.

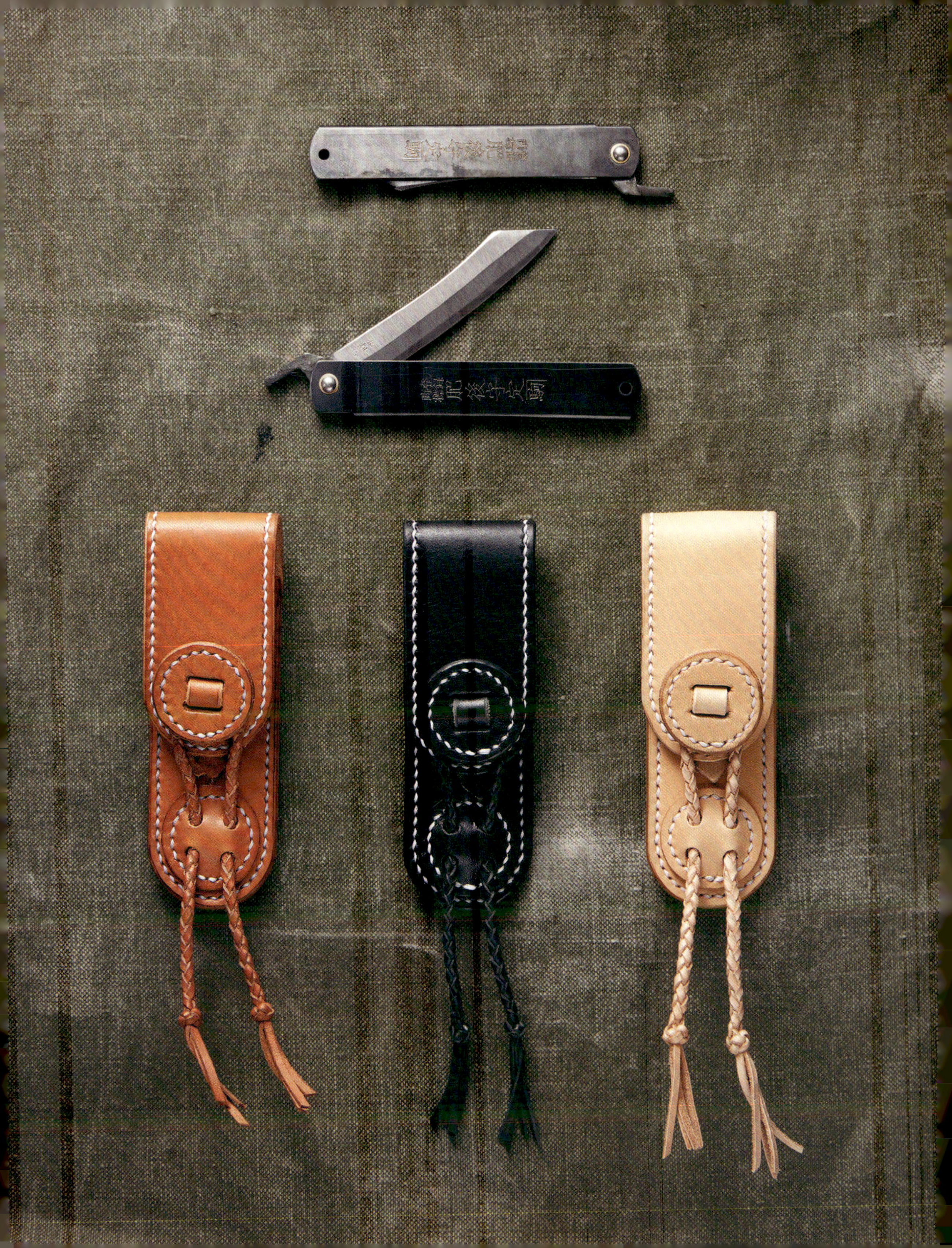

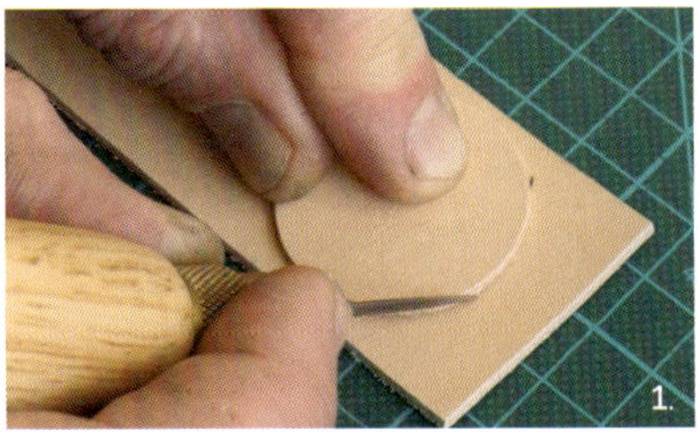
1.

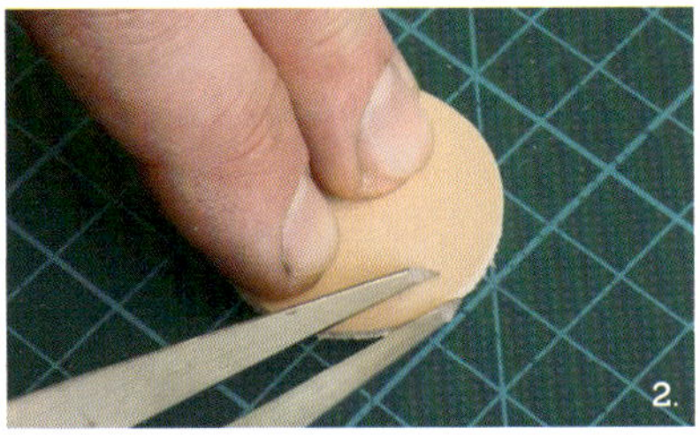
2.

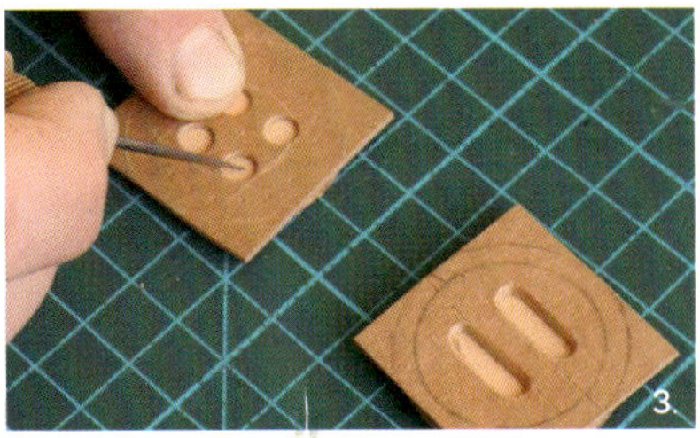
3.

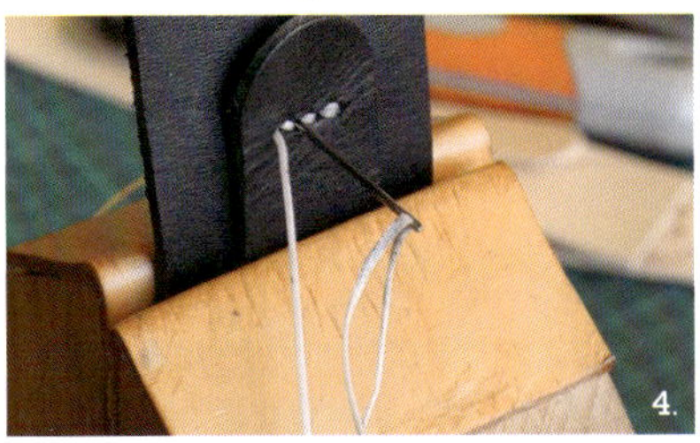
4.

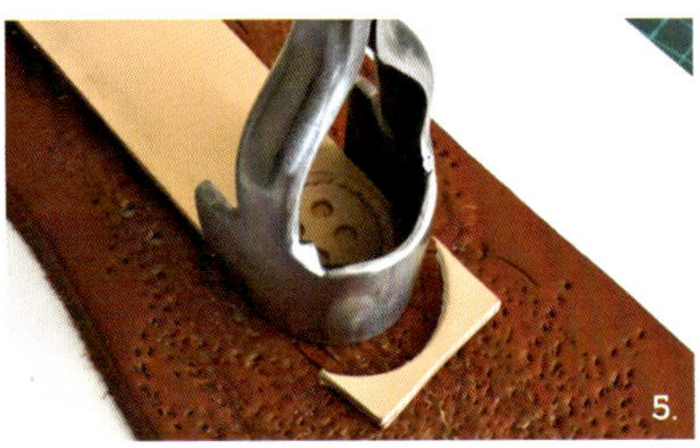
5.

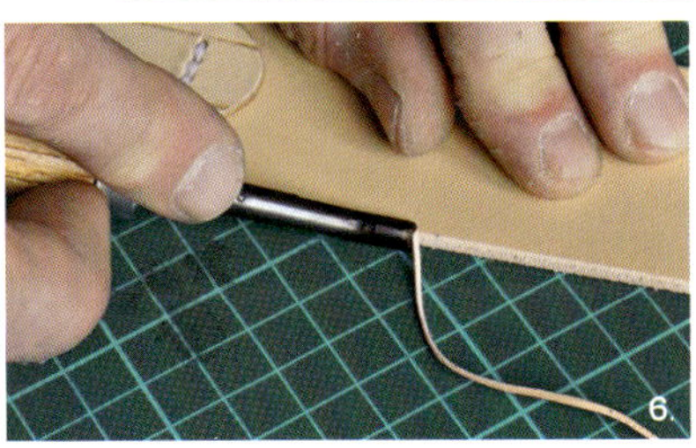
6.

SCHRITT 8 Auf der Nahtmarkierung der Zuglasche und des Knopfes die Nahtlöcher mit einem Vorstecheisen stanzen. Entsprechend der Anleitung für die Sattlernaht auf Seite 35 die Zuglasche am Vorderteil festnähen und eine Ziernaht um den Knopf herum anbringen.

SCHRITT 9 Mit dem Riemenschneider einen Riemen für die Gürtelschlaufe ausschneiden. Die Kanten polieren und dann die Gürtelschlaufe an das Rückenteil des Messeretuis nähen (Abbildung 4).

SCHRITT 10 Vorder- und Rückenteil gemäß der Anleitung auf Seite 28 zusammenkleben. Darauf achten, dass die Kanten exakt aufeinanderliegen. Die Klebefugen mit einer Anpressrolle aufeinanderpressen.

SCHRITT 11 Die Enden des Etuis mit dem u-förmigen Riemenendeisen abtrennen (Abbildung 5). Die Kanten von eventuellen Klebstoffresten befreien und mit einer harten Nagelpfeile gleichmäßig schleifen.

SCHRITT 12 Die anzubringende Naht entlang der Kanten markieren. Die Außenkanten mit einem Kantenzieher bearbeiten (Abbildung 6) und mit einer Nagelfeile abschleifen.

SCHRITT 13 Auf der in Schritt 12 angebrachten Nahtmarkierung die Nahtlöcher mit einem Vorstecheisen stanzen. Beim geschlossenen Etui ist das Vorderteil und der obere Teil des Rückenteils sichtbar (siehe Projektbild). Damit die Nahtlöcher in beiden Teilen in die gleiche Richtung weisen, müssen sie in zwei Etappen angebracht werden: Zunächst durch das Vorderteil und dann von der Außenseite durch den oberen Teil des Rückenteils.

SCHRITT 14 Die Kanten um das gesamte Etui herum polieren. Das Etui in zwei Schritten nähen: Zunächst um die Kante des Vorderstücks herum nähen und den Faden befestigen. Dann um den oberen Teil des Rückenteils nähen.

SCHRITT 15 Den Knopf auf den oberen Teil des Rückenteils legen und als Schablone verwenden, um die Platzierung der Löcher zu markieren, die dann mit dem länglichen Locheisen ausgestanzt werden. Einen Riemen in derselben Breite wie die Löcher im Knopf ausschneiden und durch den Knopf und das Rückenteil ziehen. Den Riemen gemäß der Anleitung auf Seite 46 als Lochband flechten, um den Knopf zu befestigen.

SCHRITT 16 Ein 25 cm langes Rundband (s. S. 50) aus vier Strängen anfertigen und an einem Ende mit einem Peitschenknoten abschließen. Das Band mit einer Flechtnadel durch die Löcher in der Zuglasche ziehen und am anderen Ende einen Peitschenknoten anbringen.

BRIEFTASCHE

MIT ZIERNIETEN UND FLECHTBAND

MATERIAL

1 Lederstück
für die Außenseite der Brieftasche
= 18 × 20 cm, 1,5 mm dick
2 Lederstücke
für das Geldscheinfach der Brieftasche
= 8 × 20 cm, 1,5 mm dick
2 Lederstücke
für das Kreditkartenfach der Brieftasche
= 8 × 20 cm, 1,5 cm dick
2 Druckknöpfe
Messingöse
Ziernieten
Karton, weißes Papier und Klebstoff für Schablonen

WERKZEUG

Vorstecheisen
Hobbymesser
Riemenendeisen für runde Kanten
Arbeitsplatte
Kantenpolierer oder Canvas-Tuch
Kantenzieher
Kontaktklebstoff und Pinsel
Lineal
Nagelfeile oder Sandpapier
Nadel und Faden für Sattlernaht
Stechzirkel
Polierflüssigkeit
Revolverlochzange
Rollschneider
Rohhauthammer
Schneidmatte
Stanley-Klinge
Ahle

SCHRITT 1 Zunächst Schablonen nach den angegebenen Maßen anfertigen: Eine für die Außenseite der Brieftasche, eine für das Geldscheinfach und eine für das Kreditkartenfach. Alle haben dieselbe Breite, wobei jedoch die Form der oberen Kante variieren kann. Ich habe eine Kurvenschablone zur Anfertigung einer Rundung verwendet, aber man kann die Fächer auch nach eigener Vorstellung gestalten. Die Löcher für die Druckknöpfe an den unteren Ecken der Schablone für das Kreditkartenfach markieren, etwa 1,5 cm von der Kante entfernt. Die Schablonen auf Papier zeichnen, ausschneiden, auf Karton kleben und erneut ausschneiden.

SCHRITT 2 Mit einer spitzen Ahle die Umrisse der Schablonen auf das Leder übertragen und die Lederstücke mit Rollschneider und Lineal ausschneiden.

SCHRITT 3 Alle (eventuellen) runden Formen mit Schablone und Ahle markieren. Die Rundungen mit einem Hobbymesser ausschneiden (Abbildung 1).

SCHRITT 4 Die äußeren Ecken mit einem Riemenendeisen für runde Kanten oder einer Stanley-Klinge abrunden, siehe Seite 24.

SCHRITT 5 Die oberen Kanten aller vier Innenfächer mit dem Kantenzieher bearbeiten und dann nach der Anleitung auf Seite 38 polieren.

SCHRITT 6 Mithilfe von Schablone und Ahle die Löcher für die Druckknöpfe am Kreditkartenfach auf dem Leder markieren. Die Löcher mit einer Revolverlochzange austanzen und die Druckknöpfe einsetzen (Abbildung 2).

SCHRITT 7 Auf dem Geldschein- und Kreditkartenfach eine 5 mm breite Fläche (ab den Kanten) für das Kleben vorbereiten, gemäß der Anleitung auf Seite 28. Geldschein- und Kreditkartenfach zusammenkleben. Dabei darauf achten, dass die Kanten genau aufeinanderliegen.

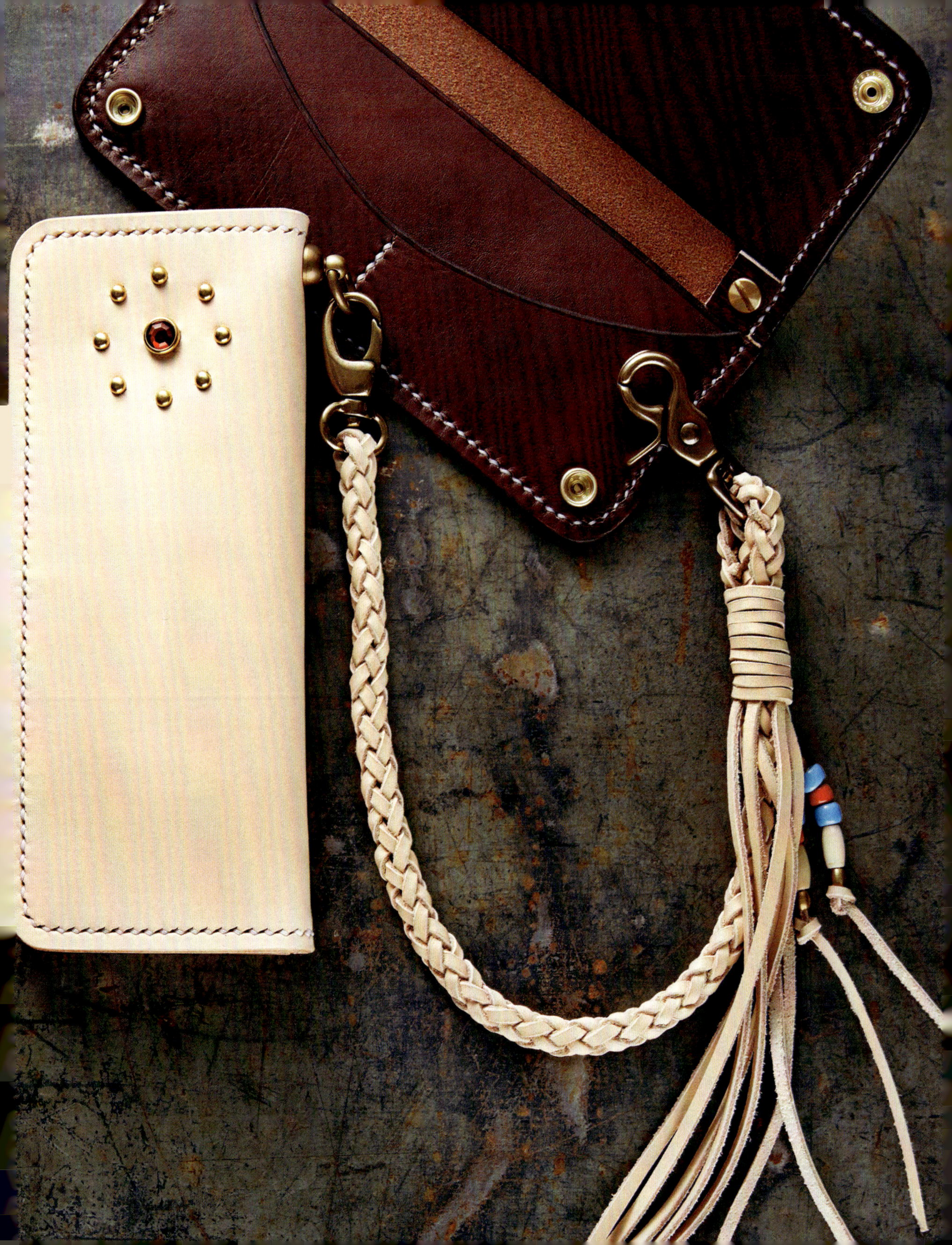

SCHRITT 8 Um das Kreditkartenfach in zwei Abschnitte zu teilen, wird in der Mitte eine Naht angebracht. Dazu die Mitte des Faches, 10 cm von jeder Seite, mit einer Ahle markieren. Entlang dieser Markierung die Nahtlöcher mit einem Vorstecheisen stanzen, allerdings nicht bis ganz zur unteren Kante des Leders. Dann gemäß der Anleitung auf Seite 35 eine Naht nähen (Abbildung 3).

SCHRITT 9 Eine Punzierung mit einem Siegel anbringen, siehe Seite 41, und eventuell Ziernieten auf der Außenseite der Brieftasche befestigen (Abbildung 4).

SCHRITT 10 Die beiden zusammengefügten Kreditkarten- und Geldscheinfächer auf der Außenseite der Brieftasche festkleben, dabei darauf achten, dass die Lederstücke genau übereinander liegen.

SCHRITT 11 Im Zwischenraum zwischen den Fächern ein passendes viereckiges Lederstück einkleben. Hier wird die Messingöse für den Brieftaschenriemen befestigt.

SCHRITT 12 Die Kanten mit einem Stück Rohgummi von eventuellen Klebstoffresten befreien und dann mit einer harten Nagelfeile gleichmäßig schleifen.

SCHRITT 13 Die Dicke der Brieftasche messen und mit einem Zirkel die Naht entlang der Kanten markieren (Abbildung 5). Der Abstand der Naht von der Kante sollte in etwa der Dicke der Brieftasche entsprechen.

SCHRITT 14 Entlang dieser Markierung die Nahtlöcher mit einem Vorstecheisen stanzen und um die Brieftasche herum nähen (Abbildung 6).

SCHRITT 15 Zum Abschluss die Kanten der Brieftasche (wie in der Anleitung auf Seite 38 beschrieben) polieren.

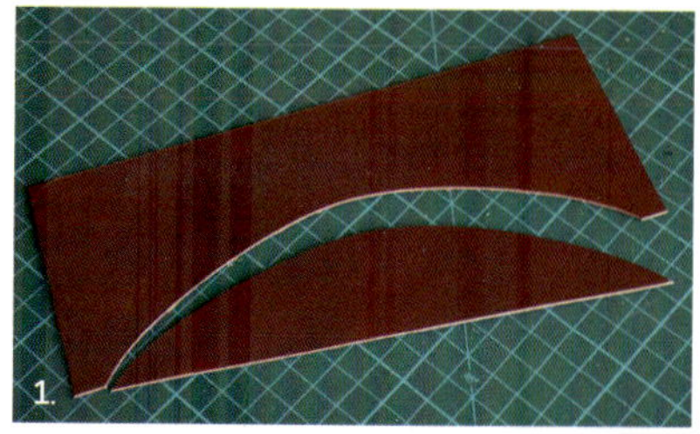
1.

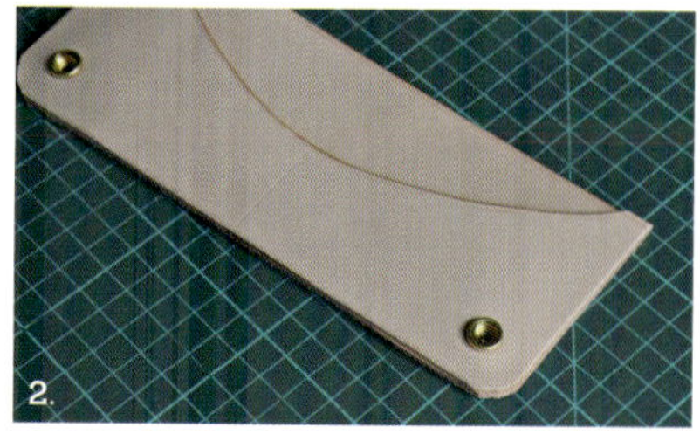
2.

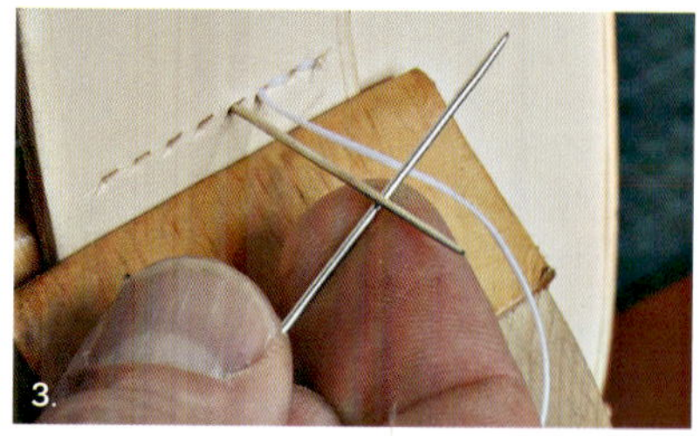
3.

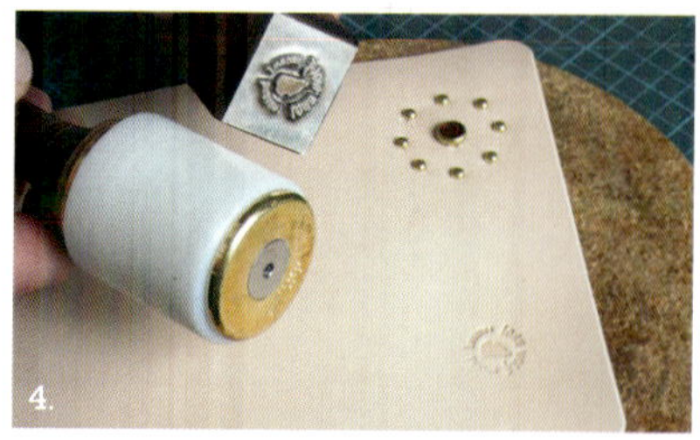
4.

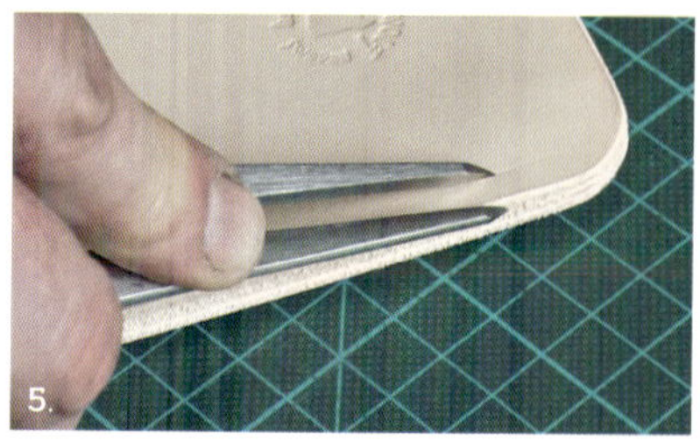
5.

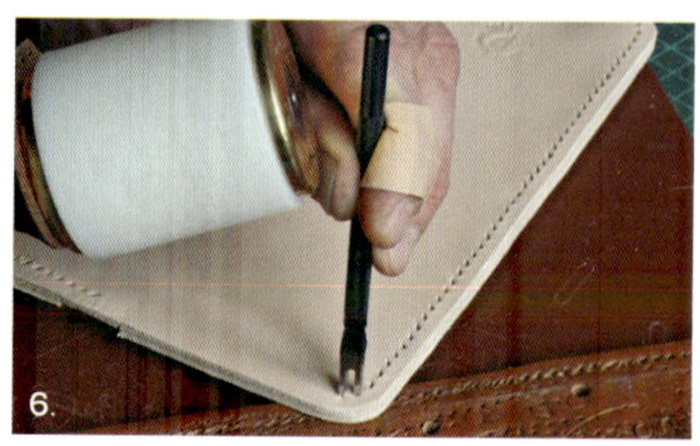
6.

GÜRTEL

MIT SCHNALLE UND MESSINGBÜGEL

MATERIAL

1 Lederriemen für den Gürtel
= Breite an Schnalle und Riemenendeisen anpassen; Länge nach Wunsch, aber 30 cm zugeben
evtl. 1 Lederriemen für eine Schlaufe
= 10 cm x 15 mm, 2,5 mm dick
1 Schnalle
Karton für Schablone

WERKZEUG

Langlocheisen, 25–30 mm,
je nach Dicke des Dorns der Schnalle
Riemenendeisen „English Point"
Ahle mit diamantförmiger Spitze
Vorstecheisen
Arbeitsplatte
Kantenpolierer oder Canvas-Tuch
Kantenzieher
Lineal
Maßband
Nadel und Faden für Sattlernaht
Stechzirkel
Polierflüssigkeit
Riemenschneider
Rollschneider
Revolverlochzange oder
rundes Locheisen
Rohhauthammer
Reifelholz bzw. Reifeleisen
Nähkloben
Messschieber
Stanley-Klinge
Schärfmesser,
je nach Dicke des Leders
Schneidmatte
Ahle
Riemenendeisen u-Form

SCHRITT 1 Die Breite des Gürtels richtet sich in erster Linie nach der gewählten Schnalle. Eventuell muss auch die Breite des Riemenendeisens berücksichtigt werden, das zum Abtrennen der Enden des Gürtels verwendet wird. Der Gürtel muss nicht straff in der Schnalle sitzen, sondern sollte etwas Spielraum haben. Sollte die Schnalle etwas breiter sein als das Riemenendeisen, ist von der Breite des Riemenendeisens auszugehen. Statt eines Riemenendeisens kann zum Abtrennen des Gürtels auch die Klinge eines Stanley-Messers verwendet werden.

SCHRITT 2 Eine 30 cm lange Schablone aus Karton mit derselben Breite wie die Breite des Gürtels herstellen. Zum Ausmessen und Markieren der Mittellinie auf der Schablone einen Messschieber verwenden. Entlang der Mittellinie fünf Löcher im Abstand von ca. 2,5 cm markieren. Die Löcher mit einer Revolverlochzange oder einem runden Locheisen in die Schablone stanzen. Außerdem ein längliches Loch auf der Mittellinie stanzen. Dessen Länge richtet sich nach der Schnalle, aber 25–30 mm reichen in der Regel (Abbildung 1).

SCHRITT 3 Den Riemenschneider nach der Breite der Schablone und der Dicke des Leders einstellen und einen Riemen ausschneiden. Das eine Ende des Riemens mit einem Riemenendeisen „English Point" oder einer Stanley-Klinge abtrennen.

SCHRITT 4 Vom abgeschnittenen Ende des Gürtels aus 20 cm abmessen. Hier soll das dritte Loch von fünf sitzen (Abbildung 2). Die Schablone auflegen und alle fünf Löcher mit einer spitzen Ahle auf dem Leder markieren. Dann die Löcher mit einer Revolverlochzange oder einem runden Locheisen stanzen.

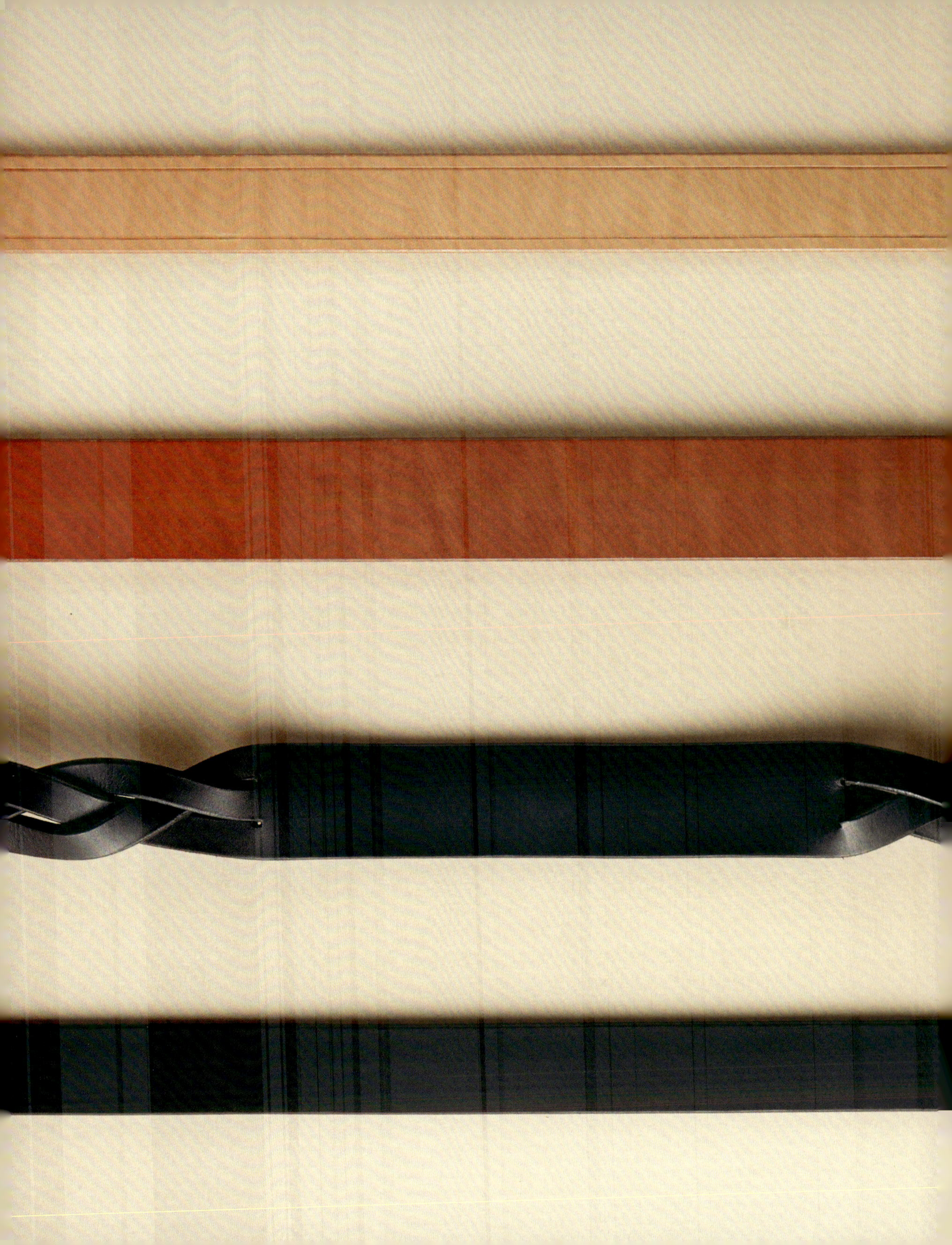

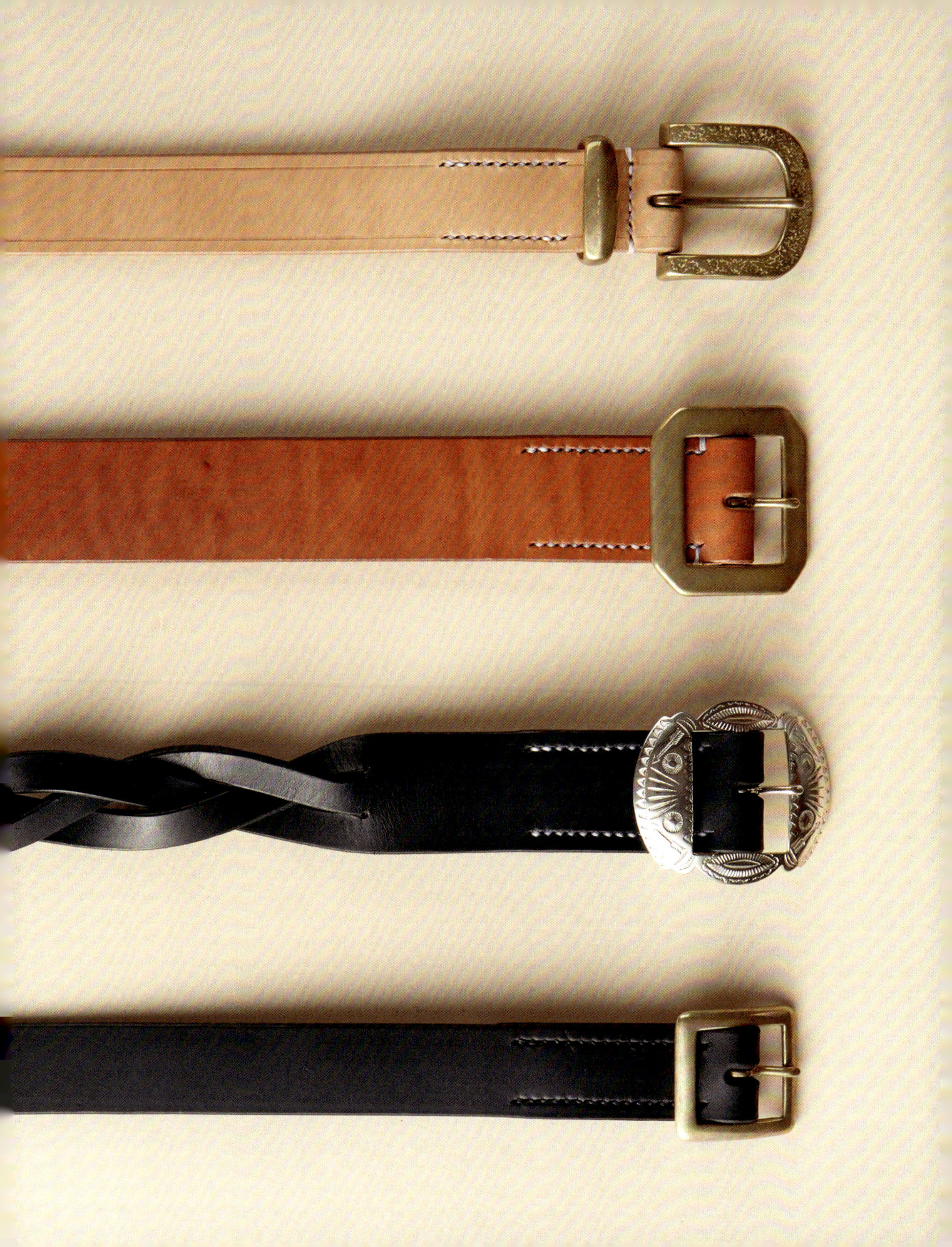

SCHRITT 5 Die vom dritten runden Loch bis zur Schnalle des Gürtels gemessene Länge entscheidet über die Länge des Gürtels. Ausgehend vom dritten der fünf runden Löcher die Position des länglichen Loches für den Dorn der Schnalle ausmessen. Dann die Schablone auflegen und das längliche Loch mit einer spitzen Ahle auf dem Leder markieren. Das Loch mit einem runden Locheisen stanzen. Es kann auch mit einer Revolverlochzange und einer gekürzten Stanley-Klinge gesetzt werden. Dafür werden zwei runde Löcher mit der Revolverlochzange gestanzt und dann der dazwischen befindliche Ledersteg mit der Stanley-Klinge und einem Rohhauthammer ausgeschnitten (Abbildung 3).

SCHRITT 6 Das andere Ende des Gürtels mit einem u-förmigen Riemenendeisen oder einer Stanley-Klinge ca. 10 cm von dem länglichen Loch entfernt abtrennen.

SCHRITT 7 Die Kanten des Gürtels mit einem Kantenzieher bearbeiten und gemäß der Anleitung auf Seite 38 polieren. Soll eine dekorative Linie mit einem Reifelholz oder -eisen angebracht werden, sollte es jetzt erfolgen.

SCHRITT 8 Entlang der Kanten des 10 cm langen Endes nach dem länglichen Loch die anzubringende Naht mit einem Zirkel markieren. Je nach Dicke des Gürtels ist es eventuell notwendig, dieses Ende, das um die Schnalle gebogen wird, etwas zu verdünnen. Dazu ein Schärfmesser verwenden, siehe Seite 40.

SCHRITT 9 Das 10 cm lange Ende um die Schnalle biegen. Damit sich das Leder leichter umlegen lässt, kann es an der Biegestelle angefeuchtet werden. Nach dem Einfügen der Schnalle auf der mit dem Zirkel angebrachten Markierung die Nahtlöcher mit einem Vorstecheisen stanzen. Die Nahtlöcher zunächst an der einen Kante anbringen und dann 3–4 Stiche, wie auf Seite 35 beschrieben, nähen, damit das Leder nicht wieder hochklappt. Jetzt können die Nahtlöcher auf der anderen Seite angebracht und beide Kanten fertig genäht werden (Abbildung 4).

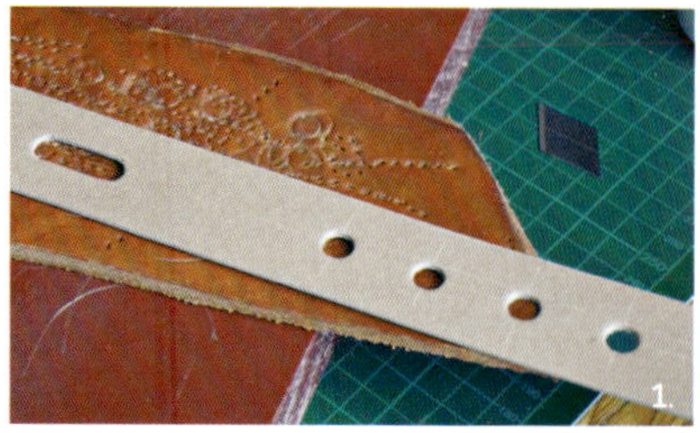
1.

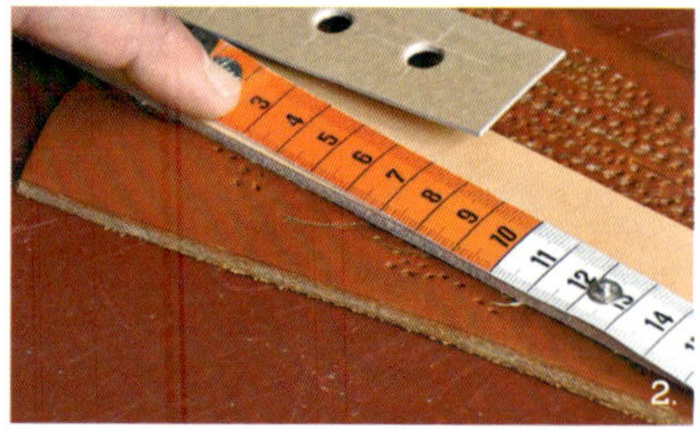
2.

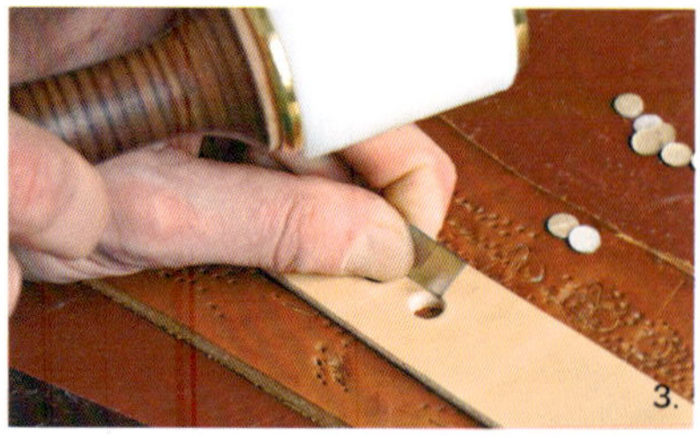
3.

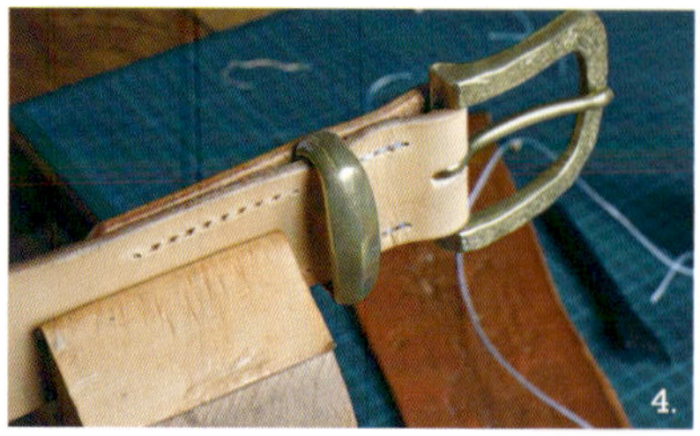
4.

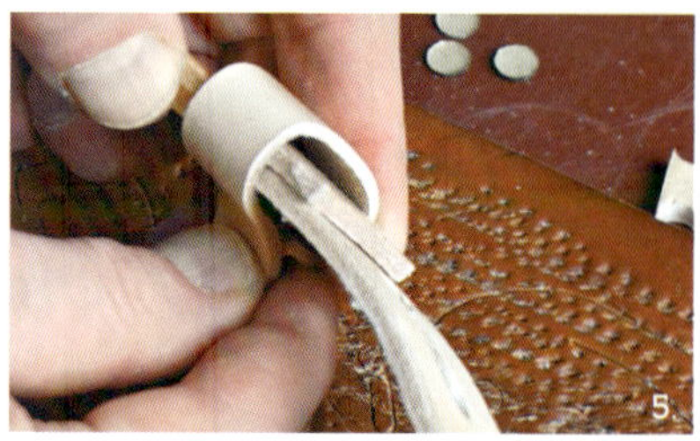
5.

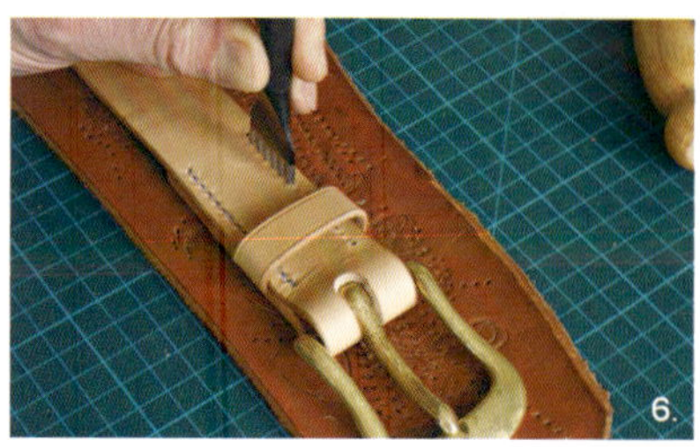
6.

TIPP

Um die Schlaufe zu formen, damit das Gürtelende leichter hindurchgezogen werden kann, kann man ein Zwischenstück aus Kunststoff aus einem billigen Schneidbrett (o. Ä.) schneiden. Das Zwischenstück sollte die Breite und Dicke des Gürtels haben. Die Schlaufe so festnähen, dass sie fast zu eng ist, um das Gürtelende hindurchzuziehen. Dann die Schlaufe anfeuchten und das Zwischenstück darunterschieben. Wenn das Leder getrocknet ist, hat die Schlaufe eine perfekte Form.

SCHRITT 10 Für einige Gürtel wird noch eine Schlaufe aus Leder benötigt, die sich direkt hinter der Schnalle befindet und das Gürtelende aufnimmt. Zum Herstellen einer solchen Schlaufe wird dünneres Leder als für den Gürtel verwendet, aus dem ein Riemen in der gewünschten Breite geschnitten wird. Der Riemen wird so lang geschnitten, dass er um den Gürtel herum reicht, plus etwas Zugabe. Den Riemen mit dem Kantenzieher bearbeiten, dekorieren und polieren. Dann dort um den Gürtel herumwickeln, wo die Schlaufe sitzen soll. Um die genaue Länge abzumessen, den Gürtel durch die Schlaufe ziehen (die Schlaufe muss gerade so über den Gürtel passen). Dann den Riemen in der richtigen Länge abschneiden (Abbildung 5). Die Schlaufe zusammen mit der Schnalle festnähen: Schritt 9 wie oben beschrieben durchführen, aber vor dem Stanzen der Nahtlöcher an der einen Kante die Schlaufe mit dazu nehmen, sodass die Löcher sowohl durch den Gürtel als auch durch die Schlaufe gehen. Dann entlang der ersten Kante nähen. Die Nahtlöcher an der anderen Kante durch den Gürtel und die Schlaufe stechen und dann nähen (Abbildung 6). Falls es an der zweiten Kante schwer wird, die Nahtlöcher mit einem Vorstecheisen zu stechen, kann auch eine Ahle mit diamantförmiger Spitze verwendet werden.

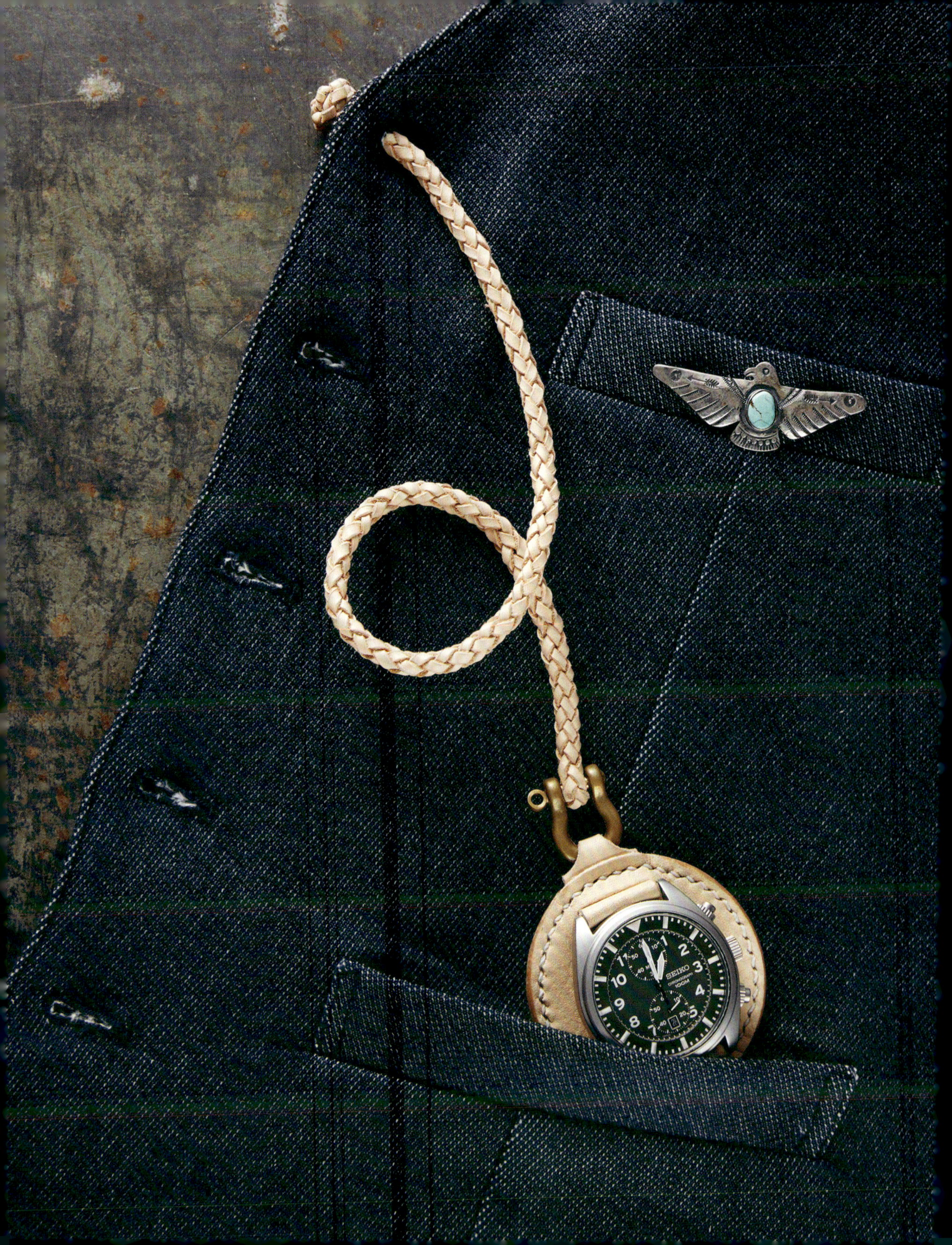
SEIKO

TASCHENUHR

MIT SCHÄKEL UND GEFLOCHTENER LEDERKETTE

MATERIAL

2 Lederstücke für das Trägerstück
= 65 cm Durchmesser (oder an die Uhr anpassen), 1–1,5 mm dick
Leder für das Uhrenband
= 16,5 cm x 22 mm, 1–1,5 mm dick (oder an die Uhr anpassen)
Karton, weißes Papier und Klebstoff für Schablonen

WERKZEUG

Langlocheisen oder Revolverlochzange
Hobbymesser
Arbeitsplatte
Kantenpolierer oder Canvas-Tuch
Kontaktklebstoff und Pinsel
Lineal
Nagelfeile
Nadel und Faden für Sattlernaht
Stechzirkel
Polierflüssigkeit
Schneidmatte
Riemenschneider
Rohgummi
Rohhauthammer
Nähkloben
Riemenendeisen u-Form

SCHRITT 1 Zunächst eine Schablone für das Trägerstück der Taschenuhr herstellen. Dafür den Durchmesser der Uhr ermitteln. Das Trägerstück sollte etwa einen um 2 cm größeren Durchmesser haben als die Uhr. Unbedingt kontrollieren, wie dick das Uhrenband sein kann. In den meisten Fällen funktioniert eine Dicke von 1,5 mm für das Trägerstück und das Uhrenband. Öffnungen in der Schablone schneiden, wo das Band durch das Trägerstück gezogen wird. Wo genau die Öffnungen sitzen müssen, sieht man, wenn man die Uhr in die Mitte der Schablone legt und abzeichnet. Dort wo die beiden Stifte für das Uhrenband aufgezeichnet sind, mit einem länglichen Locheisen, oder einer Revolverlochzange und einem Messer, Löcher in die Schablone stanzen (Abbildung 1). Die Löcher sollten etwa 1 mm breiter als die aufgezeichnete Uhr sein.

SCHRITT 2 Mit einer spitzen Ahle die Umrisse der Schablonen auf dem Leder markieren und das Trägerstück mit einem scharfen Hobbymesser ausschneiden. Hier könnte man auch einen japanischen Circle Compass Cutter verwenden (siehe Seite 24). Es werden zwei Stücke benötigt: Eines für die Vorderseite und eines für die Rückseite des Trägerstücks.

SCHRITT 3 In das Lederstück für die Vorderseite des Trägerstücks mit einem länglichen Locheisen Öffnungen für das Uhrenband stanzen. Falls kein Locheisen in der richtigen Größe vorhanden ist, kann auch ein kleineres verwendet werden, mit dem mehrmals gestanzt wird, bis die gewünschte Länge der Öffnung erreicht ist. Man kann aber auch eine Revolverlochzange und ein scharfes Messer verwenden. In diesem Fall werden zunächst zwei Löcher mit der Revolverlochzange gestanzt und dann das Leder so gefaltet, dass beide Löcher aufeinanderliegen. Ein spitzes Messer an die Kante des Loches anlegen, darauf achten, dass der Schnitt genauso breit wird wie das Loch. Jetzt kann mit dem Messer durch beide Lagen Leder geschnitten werden. Das Gleiche an der anderen Außenkante des Loches wiederholen. Im Rückenteil des Trägerstücks werden keine Öffnungen angebracht.

SCHRITT 4 Eine Schablone für das Uhrenband anfertigen. Die Breite des Bands an der Uhr und des zu verwendenden Schäkels abmessen. Die Uhr auf dem Bild hat ein 22 mm breites Band und einen 7 mm breiten Schäkel. Eine Schablone mit der für die Uhr und den Schäkel passenden Breite anfertigen. Die Schablone sollte etwas länger angefertigt werden als auf den ersten Blick erforderlich. Die genaue Länge wird im nächsten Schritt festgelegt.

SCHRITT 5 Den Riemenschneider entsprechend der Breite der Schablone und der Dicke des Leders einstellen. Das Uhrenband ausschneiden. An der einen Seite der Schablone zwei halbkreisförmige Ausschnitte herausschneiden und diese mithilfe der Schablone und einem u-förmigen Riemenendeisen auf das Lederband übertragen (Abbildung 2). An dieser Stelle wird der Schäkel sitzen. Das Band wird an zwei Stellen gefaltet. Die Faltstellen werden durch die Öffnungen in der Vorderseite des Trägerstücks gezogen, wo sie zwei Ösen bilden durch die dann die Stifte der Uhr gesteckt werden (Abbildung 5). Die Enden des Bandes werden heruntergeklappt, wobei durch die Ausschnitte an dem einen Ende eine schmale Öse entsteht, in der dann der Schäkel sitzt (Abbildung 5). Mithilfe des Trägerstücks ermitteln, wo das Band gefaltet werden muss, damit die Ösen durch die Öffnungen des Trägerstücks hindurchgeführt werden können. Das Band zur Probe in das Trägerstück einsetzen, um die genaue Länge zu ermitteln und dann bei Bedarf die Enden abschneiden. Die Enden müssen kurz genug sein, um umgeklappt und in Schritt 7 geklebt werden zu können. Wenn die Länge des Bandes ermittelt wurde, kann die Länge der Schablone entsprechend verändert werden.

SCHRITT 6 Jetzt die Gesamtdicke der beiden Teile des Trägerstücks messen, da davon abhängt, wie nahe an der Kante die Sattlernaht angebracht werden sollte. Beide Lederstücke sollten zusammen etwa 3 mm dick sein. Mit einem Zirkel oder einem Messschieber auf der Vorderseite des Trägerstücks, 3 mm von der Kante entfernt, den Nahtverlauf markieren.

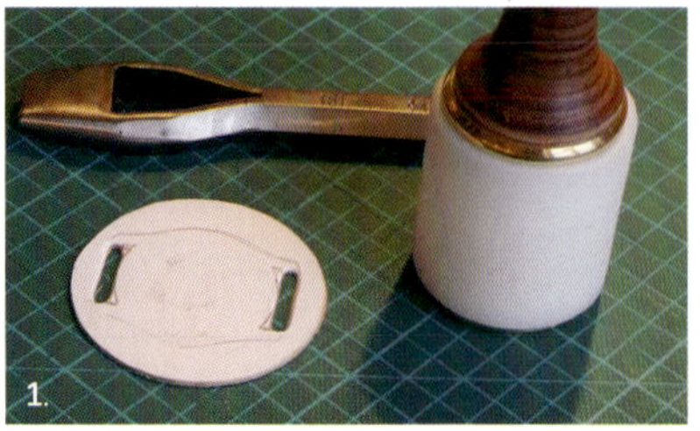

1.

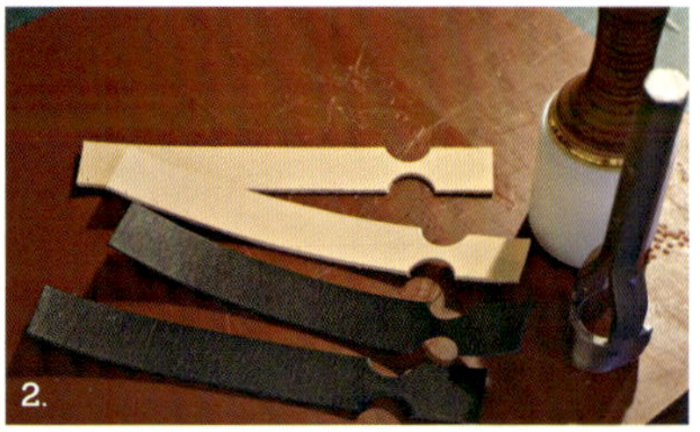

2.

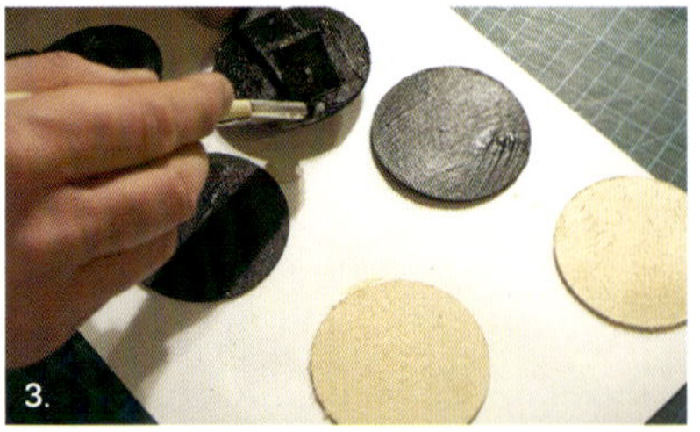

3.

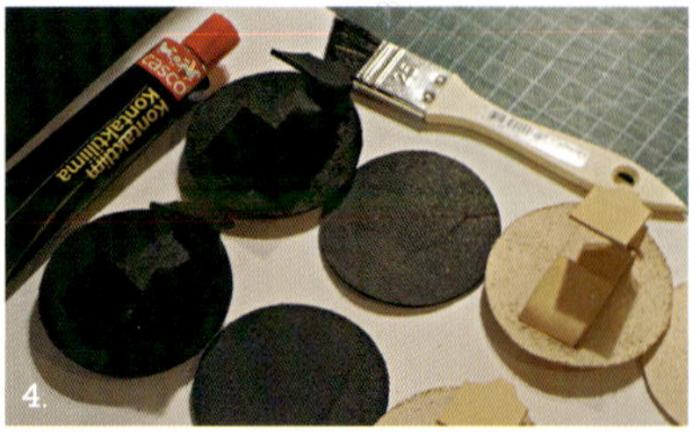

4.

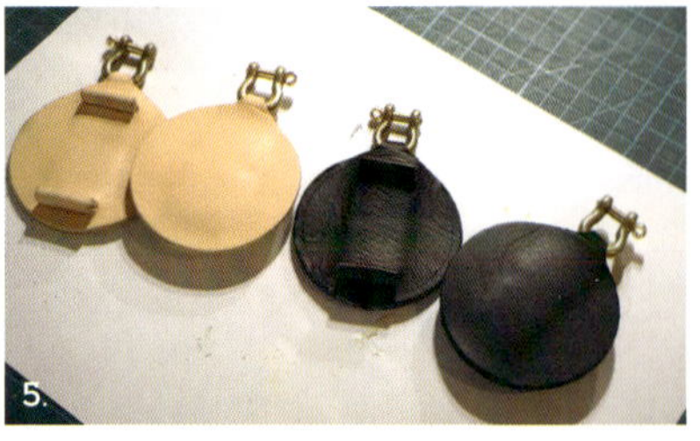

5.

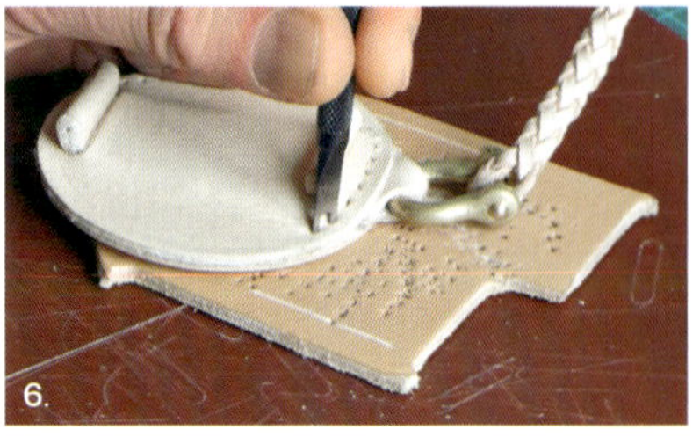

6.

SCHRITT 7 Das Band an zwei Stellen falten und die Ösen durch die Öffnungen in der Vorderseite des Trägerstücks führen. Die Größe der Ösen auf der Vorderseite anpassen. Da die Ösen später nicht mehr verändert werden können, sollte jetzt darauf geachtet werden, dass sie nicht zu groß sind, damit die Uhr nicht zu locker sitzt, andererseits auch nicht zu klein, damit die Stifte noch hindurchpassen. Auch die Größe der Öse für den Schäkel richtig einstellen. Wenn das Band richtig sitzt, kann geklebt werden. Dazu Klebstoff auf die Spaltseite des Bandes und dessen Enden auftragen (Abbildung 4). Wenn der Klebstoff getrocknet ist, die Enden umklappen und mit einer Anpressrolle andrücken, sodass sie fest auf der Spaltseite des Bandes sitzen. Jetzt Klebstoff auf die gesamte Fläche des Trägerstücks, einschließlich der Oberseite der umgeklappten Enden des Bandes, auftragen. Außerdem Klebstoff auf das andere Teil des Trägerstücks auftragen (Abbildung 3). Wenn der Klebstoff getrocknet ist, die beiden Teile des Trägerstücks zusammenfügen. Darauf achten, dass die Kanten genau aufeinanderliegen (Abbildung 5).

SCHRITT 8 Jetzt ist es an der Zeit, die Nahtlöcher mit einem Vorstecheisen anzubringen (Abbildung 6). Am leichtesten lassen sich Nahtlöcher kreisförmig mithilfe eines Vorstecheisens mit zwei Zacken, mit einem Abstand von 3–4 mm zwischen den Zacken, stanzen.

SCHRITT 9 Um das gesamte Trägerstück herum (gemäß der Anleitung auf Seite 35) nähen. Mit der Naht am unteren Teil des Trägerstücks beginnen (6 Uhr). Auf diese Weise gerät der später befestigte Faden nicht zu sehr ins Blickfeld.

SCHRITT 10 Die Kanten mit einem Stück Rohgummi von eventuellen Klebstoffresten befreien und dann mit einer harten Nadelfeile gleichmäßig schleifen.

SCHRITT 11 Die Kante wie auf Seite 39 beschrieben polieren.

„ZU EINER TASCHENUHR GEHÖRT EINE KETTE ODER WARUM NICHT EIN GEFLOCHTENES LEDERBAND MIT KNOTEN?“

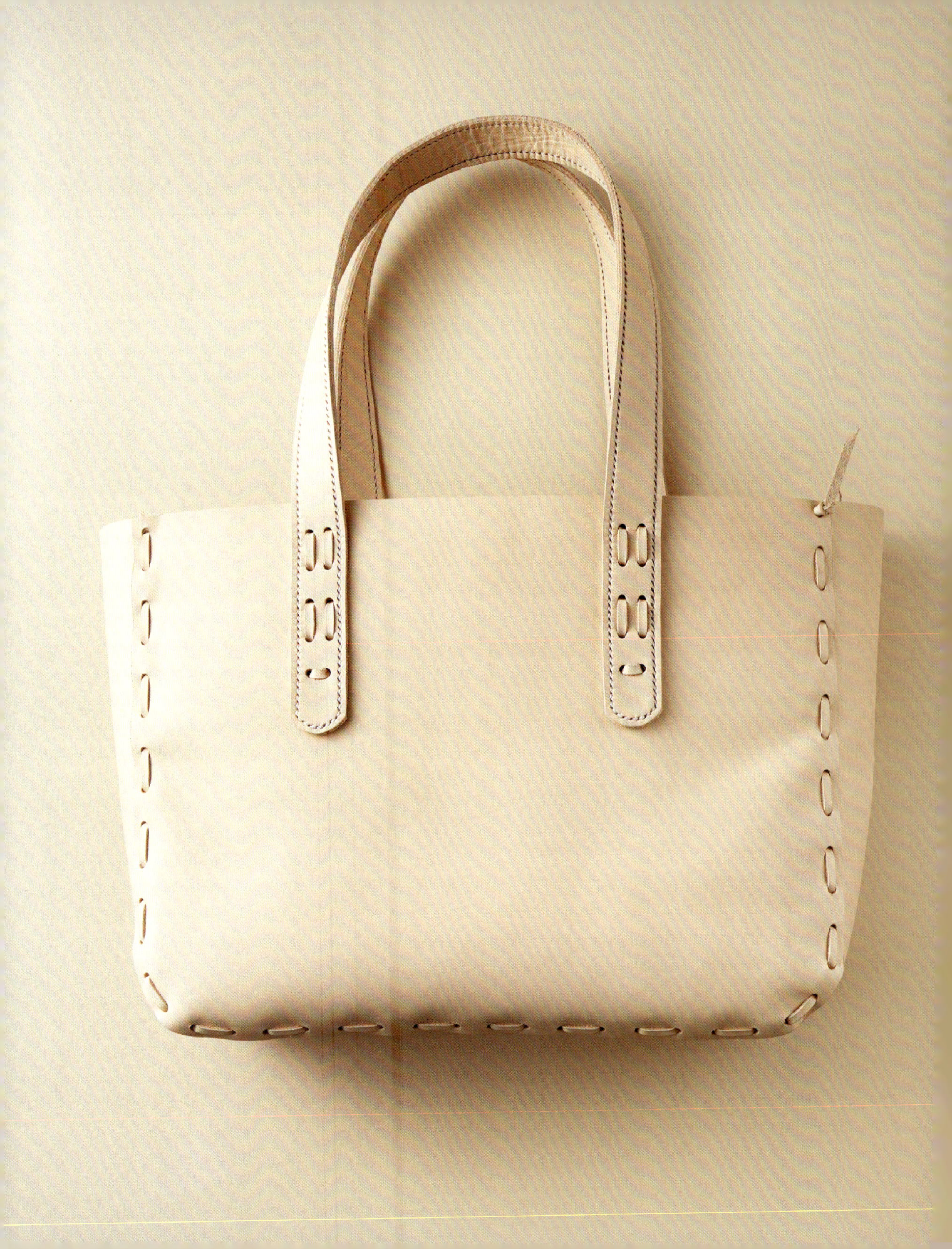

TRAGETASCHE

AUS 1,5 MM DICKEM LEDER MIT FLECHTUNG

MATERIAL

Leder für das Vorderteil
= 30 x 40 cm
Leder für das Rückenteil
= 30 x 40 cm
Leder für die Seitenteile
= 95 x 13 cm
Leder zur Verstärkung
von Vorder- und Rückenteil
= 2 Stücke á 12,5 x 36,5 cm
Leder zur Verstärkung
des Taschenbodens
= 30 x 10 cm
Leder für die Henkel
= 4 Riemen á 85 x 3 cm
2 Lederriemen
für die Vorder- und Rückseite
= 140 x 5 mm, 1,5 mm dick
4 Lederriemen für die Henkel
= 35 cm x 5 mm, 1,5 mm dick
Karton für Schablonen

SCHRITT 1 Zunächst die Schablonen nach den angegebenen Maßen direkt auf Karton zeichnen (Abbildung 1). Für dieses Projekt sind sehr exakte Schablonen erforderlich, damit die Löcher der Vorder-, Rücken- und Seitenteile genau übereinander passen. Für das Vorder- und das Rückenteil kann dieselbe Schablone verwendet werden, die jedoch beim Aufzeichnen des Rückenteils in Schritt 8 umgedreht werden muss. Die Rundungen auf der Schablone mit einem Zirkel zeichnen. Ich habe die Schenkel des Zirkels mit einem Abstand von 6,5 cm eingestellt und eine 90°-Rundung gezeichnet. Die Schablonen mittels Rollschneider und Lineal (für die geraden Linien) und mit einer Stanley-Klinge (für die Rundungen) ausschneiden (siehe Seite 24).

SCHRITT 2 Auf der Schablone für das Vorder- und Rückenteil mithilfe eines Messschiebers ca. 8 mm von den Seitenkanten und den Rundungen entfernt eine Linie markieren. Eine ebensolche Linie entlang beider Kanten auf der Schablone für die Seitenteile anzeichnen.

SCHRITT 3 Mithilfe des Messschiebers die Platzierung der Löcher auf der Schablone für das Vorder- und Rückenteil aufzeichnen, indem an den entsprechenden Stellen Striche auf den in Schritt 2 markierten Linien angebracht werden. Diese Striche werden in gleichmäßigen Abständen von 20 mm gesetzt, mit Ausnahme der beiden obersten Striche, die 10 mm von der Oberkante entfernt sein müssen. Insgesamt werden 46 Striche auf der Schablone für das Vorder- und Rückenteil angebracht. Dort, wo diese Striche die Linie kreuzen, mit einer Revolverlochzange 5 mm große Löcher stanzen.

SCHRITT 4 Die Löcher in der Schablone für die Seitenteile müssen genau mit denen im Vorder- und Rückenteil übereinstimmen, damit die Tasche zusammengenäht werden kann. Am einfachsten ist das zu erreichen, indem die Schablone für das Vorder- und Rückenteil auf die Schablone für die Seitenteile gelegt wird und die Löcher mit einer Ahle markiert werden. Dabei zunächst auf der einen Seite des Seitenteils die Löcher markieren, dann das Vorderteil umdrehen und die Löcher auf der anderen Seite des Seitenteils markieren. Mit einer Revolverlochzange 5 mm große Löcher stanzen.

SCHRITT 5 Eine Schablone für die Platzierung der Löcher in den Henkeln der Tasche anfertigen. Deren Größe beträgt 12 x 3 cm. An beiden Seiten der Schablone 1 cm neben der Kante eine Linie markieren. Dann fünf Striche im Abstand von jeweils 20 mm zeichnen, die die Linien kreuzen (Abbildung 2). Mit einer Revolverlochzange insgesamt zehn 5 mm große Löcher stanzen.

SCHRITT 6 Den Riemenschneider auf 5 mm Breite einstellen und drei 140 cm lange Riemen ausschneiden. Einen der Riemen in vier 35 cm lange Stücke schneiden.

SCHRITT 7 Den Riemenschneider auf eine Breite von ca. 3 cm einstellen (auf jeder Seite einige mm dazugeben, damit die Kanten nach dem Kleben noch glattgeschnitten werden können) und vier 85 cm lange Riemen ausschneiden.

SCHRITT 8 Mit einer spitzen Ahle die Umrisse der Schablonen auf dem Leder markieren und die Lederstücke für Vorder-, Rücken- und Seitenteile ausschneiden. Rollschneider und Lineal für die geraden Linien und eine Stanley-Klinge für die Rundungen verwenden. Da die Teile nach dem Kleben noch glattgeschnitten werden, 5 mm oberhalb der oberen Kante am Vorder- und Rückenteil schneiden sowie einige cm Rand an den kurzen Seiten der Seitenteile lassen. Nach dem Ausschneiden der Lederstücke die Schablonen zur Markierung der Löcher verwenden und die Löcher mit einer Revolverlochzange in das Leder stanzen (Abbildung 3).

SCHRITT 9 Die Verstärkung für den Boden der Tasche ausschneiden. Den Mittelpunkt der Seitenteile ausmessen und die Verstärkung gemäß der Anleitung auf Seite 28 festkleben, sodass sie sich je 15 cm auf beiden Seiten des Mittelpunktes und mit gleichmäßigen Abstand zu den Löchern an den Kanten der Seitenteile befindet. Die Verstärkung darf die Löcher nicht verdecken. Auch die Verstärkungen für das Vorder- und Rückenteil der Tasche ausschneiden und festkleben, sodass sie zentriert mit gleichem Abstand zu den Löchern der Seiten von Vorder- und Rückenteil sitzen. Die Verstärkung darf die Löcher nicht verdecken. Wenn die Verstärkung festgeklebt ist, die oberen Kanten des Vorder- und Rückenteils mit Rollschneider und Lineal glattschneiden.

SCHRITT 10 Von den vier 85 cm langen Riemen jeweils zwei Spaltseite auf Spaltseite zusammenkleben. Den Riemenschneider auf 3 cm Breite einstellen und den zusätzlichen Rand von 2 mm auf jeder Seite abschneiden, sodass die Kanten der Riemen völlig frei von Klebstoffresten sind (Abbildung 4). Die Enden der Riemen mit einem u-förmigen Riemenendeisen abtrennen. Eine einfachere Variante der Henkel ist die Verwendung von 3 mm dicken Riemen. Auf diese Weise

»→ WERKZEUG

Vorstecheisen
Hobbymesser oder Stanley-Klinge
Arbeitsplatte
Kontaktklebstoff und Pinsel
Lineal
Nadel und Faden für Sattlernaht
Zirkel mit Bleistiftspitze
Stechzirkel
Riemenschneider
Revolverlochzange
Rollschneider
rundes Locheisen, ca. 5 mm
Rohhauthammer
Messschieber
Schneidmatte
Ahle
Riemenendeisen u-Form,
ca. 3 cm breit

spart man sich das Kleben und Nähen, hat aber andererseits nicht das schönere Narbenleder auf beiden Seiten.

SCHRITT 11 Die anzubringende Naht entlang der Kanten der Henkel mit einem Zirkel markieren (Abbildung 5). Entlang dieser Markierungen die Nahtlöcher mit einem Vorstecheisen stanzen.

SCHRITT 12 Verwenden Sie die in Schritt 5 hergestellte Schablone, um die Position der Löcher in den Henkeln zu markieren. Mithilfe dieser Schablone werden auch auf dem Vorder- und Rückenteil der Tasche die Löcher für die Henkel gekennzeichnet. Die Schablone so auflegen, dass die Löcher 10 cm von den Seiten entfernt liegen (Abbildung 6). Die Löcher mit der Revolverlochzange ausstanzen.

SCHRITT 13 Um die Henkel herum eine Sattlernaht entsprechend der Anleitung auf Seite 35 nähen.

SCHRITT 14 Die Henkel am Vorder- und Rückenteil befestigen, indem die vier 35 cm langen Riemen durch die Löcher gezogen werden. Soll der Knoten auf der Außenseite der Tasche sitzen, beginnt man mit dem Durchziehen der Riemen von der Außenseite. Zunächst einen Knoten machen, den Riemen durchziehen, festziehen und am anderen Ende mit einem Knoten abschließen. Das Vorderteil mit dem Seitenteil verbinden, indem einer der 140 cm langen Riemen durch die Löcher gezogen wird. Bevor das Rückenteil auf dieselbe Weise verbunden wird, die Nahtzugabe an den kurzen Enden der Seitenteile mit Rollschneider und Lineal so abschneiden, dass die Seitenteile die gleiche Höhe wie das Vorder- und Rückenteil haben. Die Tasche ist fertig.

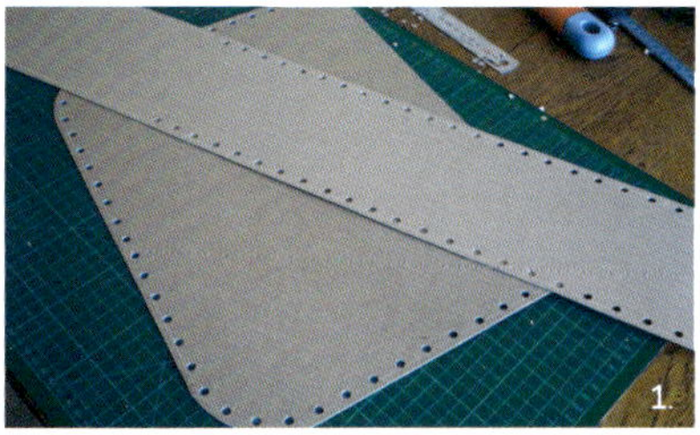
1.

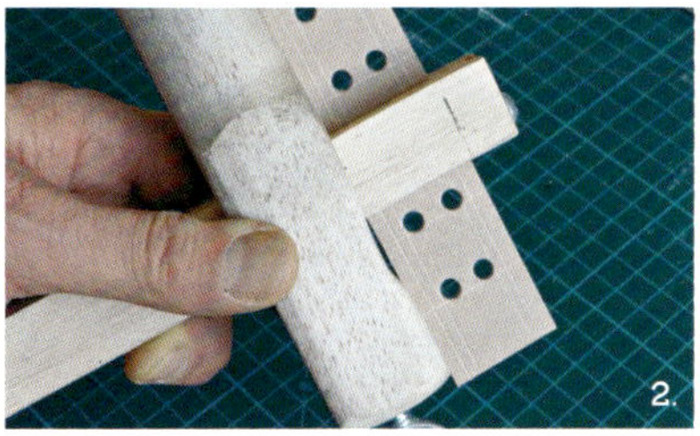
2.

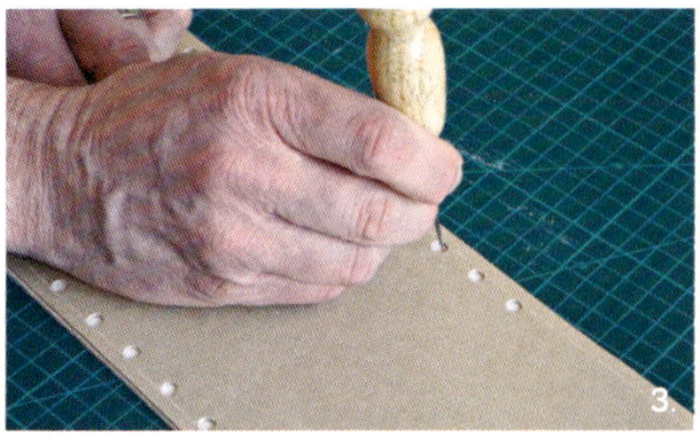
3.

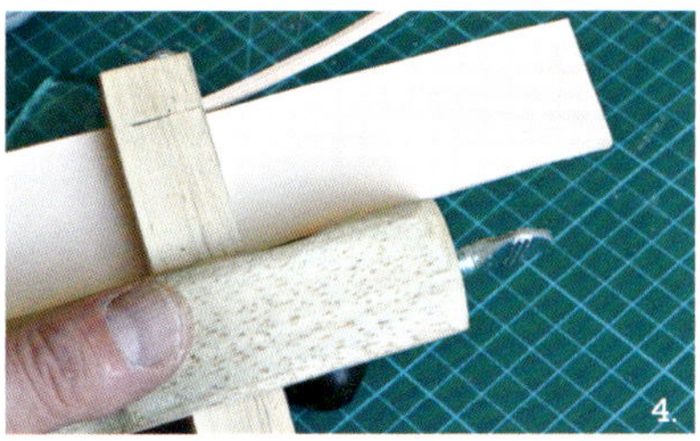
4.

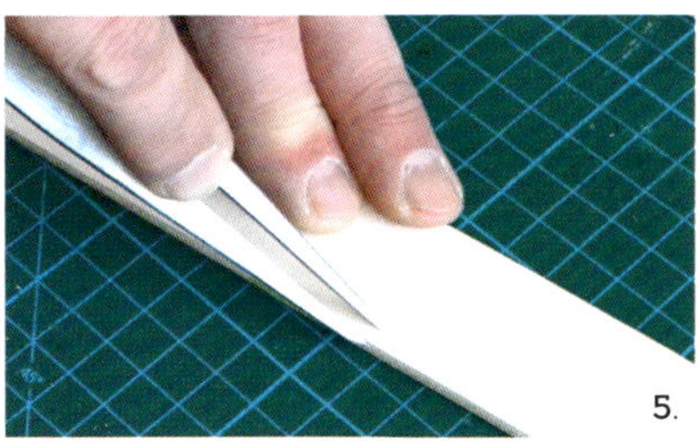
5.

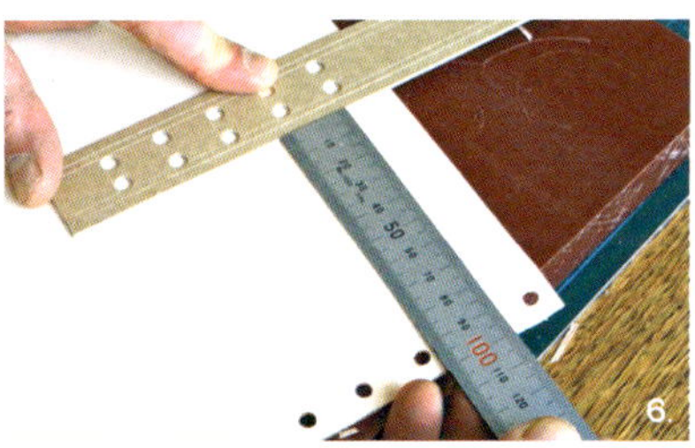
6.

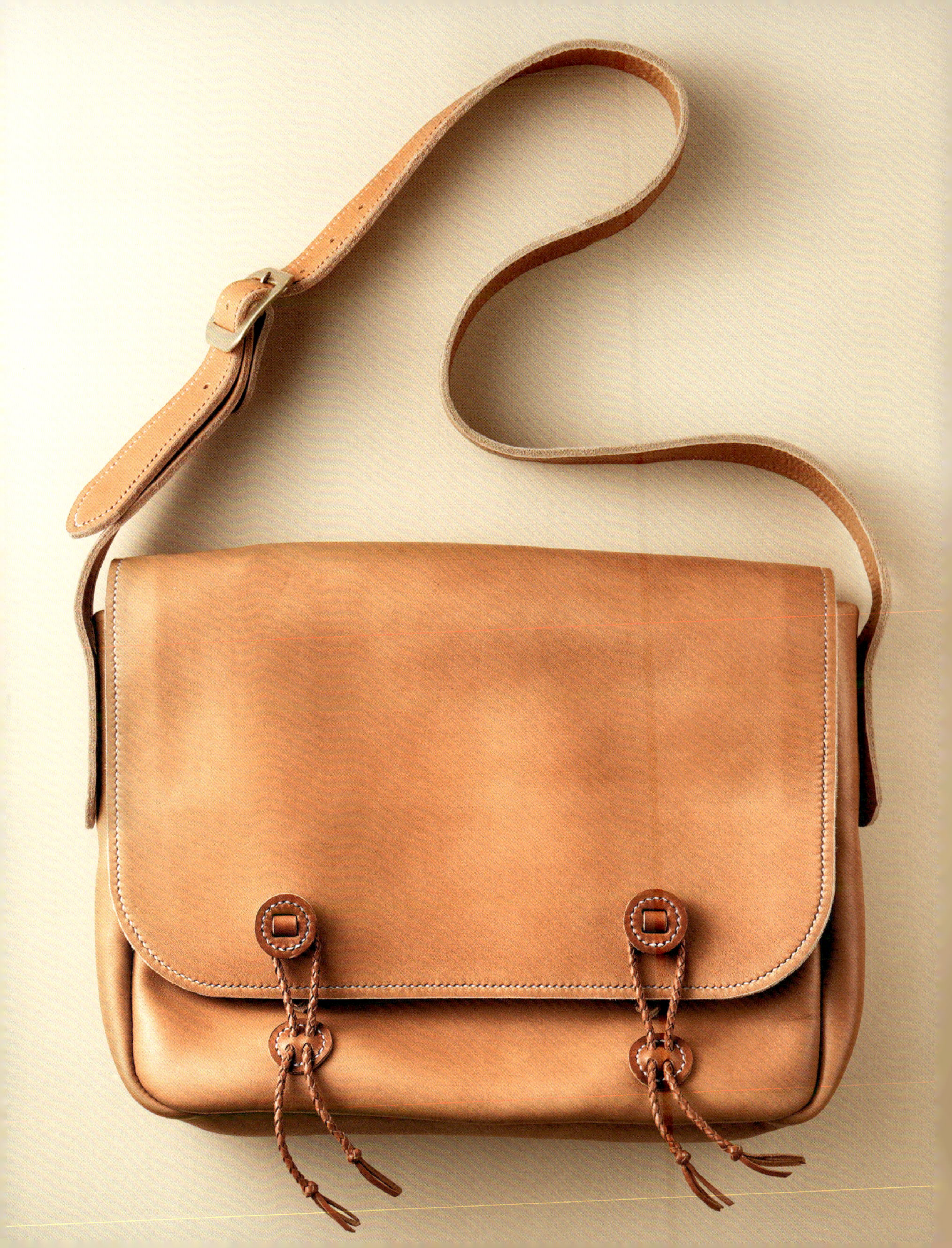

KURIERTASCHE

AUS WEICHEM, 1,5–2 MM DICKEM LEDER MIT SCHULTERRIEMEN

MATERIAL

Leder für das Vorderteil
= 30 x 40 cm
Leder für das Rückenteil
= 60 x 40 cm
Leder für Seitenteile/Boden
= 115 x 10 cm
Leder für den Schulterriemen
= 2 Riemen à 115 cm und
2 Riemen à 40 cm, doppelt so breit wie für die gewählte Schnalle erforderlich.
Leder zur Verstärkung des Deckels
= 1 Stück 10 x 40 cm und
2 Stücke à 20 x 3 cm
Leder zur Verstärkung der Oberkante des Vorderteils
= 5 x 40 cm
Leder zur Verstärkung der Seitenteile und des Bodens
= 2 Stücke à 8 x 10 cm und
1 Stück für den Boden 25 x 8 cm
Leder für 2 runde Knöpfe mit 35 mm Durchmesser und 2 runde Zuglaschen mit 35 cm Durchmesser
8 Kängurulederriemen für 2 runde Bänder aus vier Strängen = 50 cm x 3 mm, 1 mm dick (die Bänder sind jeweils ca. 30 cm lang)
1 Schnalle für den Schulterriemen
Karton für Schablonen

SCHRITT 1 Zunächst Schablonen für alle Lederteile nach den angegebenen Maßen anfertigen. Vorder- und Rückenteil haben unten abgerundete Kanten. Das Leder für die Seitenteile ist an jedem Ende um etwa 7,5 cm verlängert. Diese Verlängerung wird in die fertige Tasche geklappt und fungiert als zusätzlicher innerer Verschluss. Wenn für den Schulterriemen das gleiche weiche Leder wie für die Tasche verwendet wird, muss dieser doppelt genommen werden. Daher müssen die Riemen breiter sein als für die Schnalle erforderlich. Der Schulterriemen wird nach dem Zusammenkleben auf die richtige Breite geschnitten. Auch Knöpfe aus weichem Leder müssen doppelseitig angefertigt werden. Die Zuglaschen sind einseitig und ca. 2 mm dick. Der Schulterriemen, die Knöpfe und die Zuglaschen können aber auch aus einem kräftigeren, ca. 3–4 mm dicken Riemenleder angefertigt werden. In diesem Fall braucht der Schulterriemen nicht doppelseitig angefertigt zu werden, sondern wird in der Breite der Schnalle ausgeschnitten. Wenn für die Zuglaschen dasselbe Riemenleder verwendet werden soll, muss dieses auf ca. 2 mm ausgedünnt werden. Man kann aber auch auf die Herstellung eigener Knöpfe, Zuglaschen und Bänder verzichten und den Verschluss mit handelsüblichen Druckknöpfen anfertigen.

SCHRITT 2 Nach der Herstellung der Schablonen und der Auswahl von Material und Taschenverschluss, die Schablonen auf die Lederhaut legen. Dabei ist zu beachten, dass das Leder entlang des Rückens und am Hinterteil des Tieres (Kernleder) fester ist und daher besser für den Schulterriemen und das Vorder- und Rückenteil geeignet ist. Wenn die Tasche besonders schön werden soll und genügend Leder vorhanden ist, sollte man auf die Bauchpartie verzichten. Nach dem Auflegen der Schablonen die Umrisse mit einer Ahle markieren.

SCHRITT 3 Alle Lederteile mit einem Rollschneider und einem langen Lineal ausschneiden. Die runden Kanten am Vorder- und Rückenteil erst nach der Verstärkung des Leders am Verschluss und am Vorderteil der Tasche zuschneiden.

SCHRITT 4 Die letzten Zentimeter eines kurzen Endes der beiden 20 x 3 cm großen Lederstücke mit einem Schärfmesser ausdünnen (Abbildung 1). Den Deckel, d. h. die obere Hälfte des Rückenteils, durch Aufkleben des 10 x 40 cm großen Lederstücks auf die Innenseite verstärken. Dabei die Anleitung für das Kleben auf Seite 28 beachten. Die beiden 20 x 3 cm großen Lederstücke an den Seiten des Deckels anlegen, sodass die ungeschärften kurzen Seiten Kante auf Kante mit der auf die Innenseite des Deckels geklebte 10 × 40 cm großen Verstärkung zu liegen kommen. Mithilfe einer Ahle die Umrisse der Lederstücke nachzeichnen, um die Fläche für den Klebstoffauftrag zu kennzeichnen (Abbildung 2). Die Lederstücke aufkleben.

SCHRITT 5 Die Vorderseite der Tasche durch Aufkleben des 5 x 40 cm großen Lederstücks an der oberen Kante des Vorderteils verstärken (Abbildung 3). An der Unterkante der Verstärkung können Ösen angebracht werden. An diesen kann ein Schlüsselbund oder eine Geldbörse befestigt werden, da die Tasche keine Innenfächer hat. Wenn Ösen angebracht werden sollen, wird der Klebstoff nicht bis zur Unterkante aufgetragen, sondern es werden ca. 2 cm der Verstärkung ungeklebt gelassen.

SCHRITT 6 Die abgerundeten Kanten des Vorder- und Rückenteils mit einem Hobbymesser oder einer Stanley-Klinge zuschneiden (Abbildung 4). Ich bevorzuge eine Stanley-Klinge, da damit leichter Schnitte in einem Winkel von 90° zur Lederoberfläche gesetzt werden können. Diese Vorgehensweise ist auf Seite 24 beschrieben.

SCHRITT 7 Auf der Narbenseite des Vorder- und Rückenteils mit der Spitze eines Zirkels in 5 mm Abstand zur Kante eine Linie ziehen. Innerhalb dieser Markierung wird die Tasche später zusammengeklebt. Dabei werden jedoch nur die Seiten und die Unterkante der Teile markiert und später geklebt. Auch an den Seiten der Seitenteile eine Linie im Abstand von 5 mm markieren. Von der Gesamtlänge des Lederstreifens für die Seitenteile ca. 92 cm markieren. Das entspricht der Länge der Seiten von Vorder- und Rückenteil plus Boden. Damit die Markierung zentriert ist, von der Mitte ausgehen und auf jeder Seite 46 cm markieren. Wenn alle Markierungslinien angebracht sind, die Fläche zwischen Markierung und Kante mit einer Nagelfeile oder groben Sandpapier bearbeiten, da die Narbenseite vor dem Kleben aufgeraut werden muss (Abbildung 5).

SCHRITT 8 Vor dem Zusammenkleben der Tasche muss auf der Spaltseite des Vorder- und Rückenteils gekennzeichnet werden, wo die Nahtlöcher gestanzt werden sollen. Die Markierung ebenso anbringen wie auf der Narbenseite, allerdings etwa 7 mm von der Kante entfernt. Da es auf der Spaltseite schwieriger ist, eine Markierung

WERKZEUG

- Langlocheisen, ca. 10 mm
- Riemenendeisen „English Point"
- Vorstecheisen
- Arbeitsplatte
- Hobbymesser oder Stanley-Klinge
- Kontaktklebstoff und Pinsel
- Flechtnadel zum Hindurchziehen des runden Flechtbandes durch die Zuglasche.
- langes Lineal
- Nagelfeile oder Sandpapier
- Nadel und Faden für Sattlernaht
- Stechzirkel
- Anpressrolle
- Riemenschneider
- Revolverlochzange
- Rollschneider
- rundes Riemenendeisen
- Rohgummi
- Rohhauthammer oder Klopfer
- Schneidmatte
- Schärfmesser
- Messschieber
- Nähkloben
- Ösen und Befestigungsvorrichtung

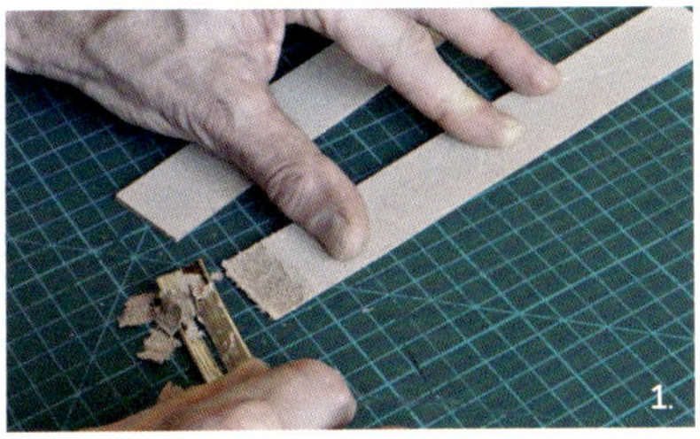

1.

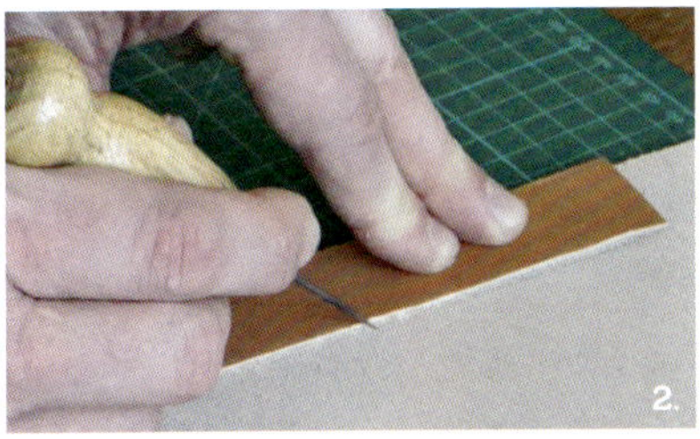

2.

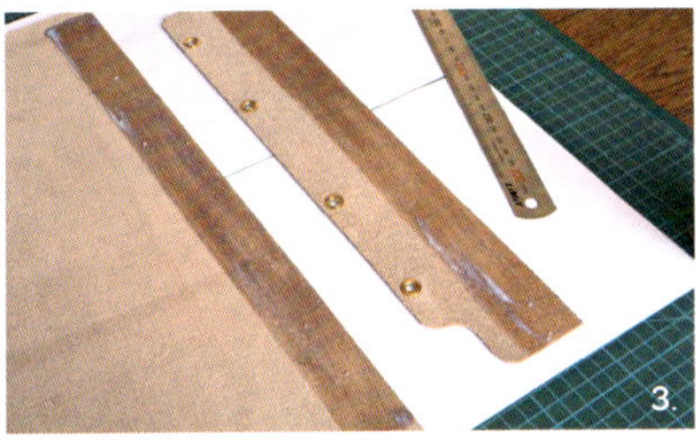

3.

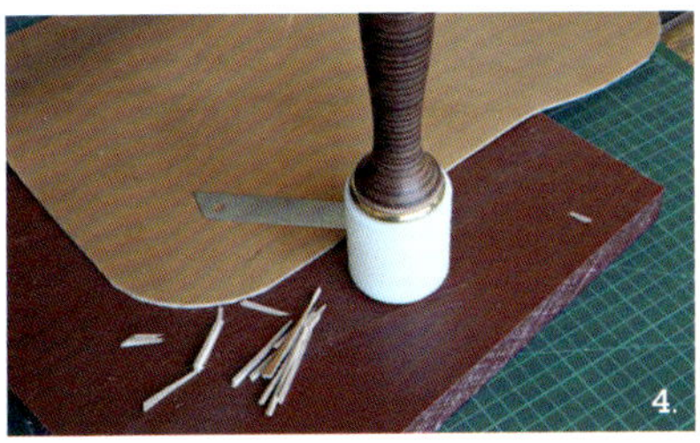

4.

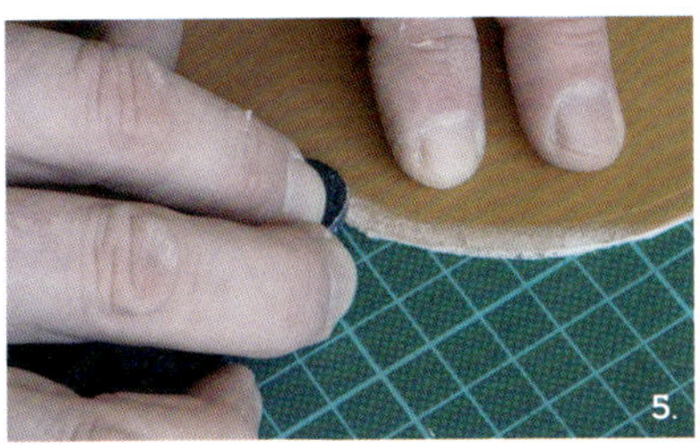

5.

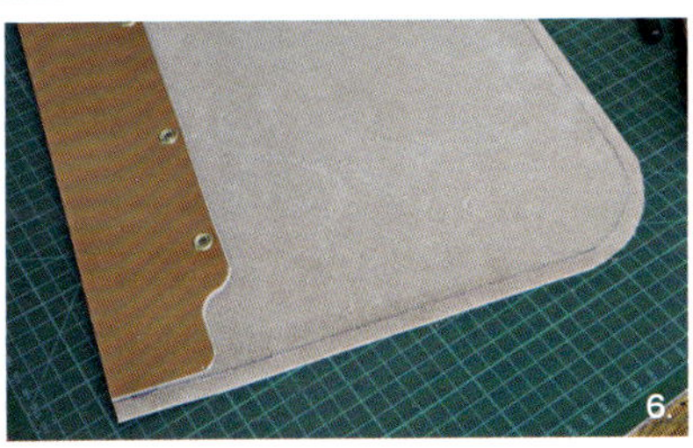

6.

mit einem Zirkel anzubringen, sollte die Linie mit einem Stift nachgezogen werden (Abbildung 6). Auch den Mittelpunkt der Unterkante des Vorder- und Rückenteils, 20 cm von jeder Seite aus, markieren. Ebenso am Streifen für die Seitenteile. Das erleichtert später das Zusammenfügen der Taschen-Teile.

SCHRITT 9 Wenn eine sichtbare Naht um den Deckel und die Verstärkung am Vorderteil angebracht werden soll, ist es am leichtesten, dies vor dem Zusammenkleben und Zusammennähen der Tasche zu tun. Da das Leder 4 mm dick ist, sollten die Nahtlöcher ca. 4 mm von der Kante entfernt angebracht werden. Mit einem Zirkel eine Markierung um den Deckel herum und an der oberen Kante des Vorderteils anbringen und dann die Nahtlöcher mit einem Vorstecheisen auf der Markierung stechen (Abbildung 7). Gemäß der Anleitung auf Seite 35 nähen (Abbildung 8).

SCHRITT 10 Die Zuglaschen auf dem Vorderteil können jetzt oder später, nach dem Zusammennähen der Tasche, angebracht werden. Sie jetzt anzubringen hat den Vorteil, dass das Nähen leichter ist. Die Zuglaschen werden ca. 4 cm von der Unterkante und ca. 10 cm von den Seiten des Vorderteils entfernt festgenäht, eine Zuglasche auf jeder Seite. Sie bestehen aus je zwei runden, 2 mm dicken Lederstücken mit einem Durchmesser von 35 mm. Die Markierung und die Nahtlöcher für die Sattlernaht werden ca. 3 mm von der Kante entfernt angebracht. In der Mitte jeder Zuglasche werden vier 4–5 mm große Löcher ausgestanzt, deren Außenseiten ein Quadrat bilden. Die Platzierung der Zuglaschen vorsichtig mit einer Ahle markieren und die Fläche innerhalb dieser Markierung aufrauen (Abbildung 17). Einen schmalen Streifen Klebstoff innerhalb der Markierung und am Rand der Zuglasche auftragen (Abbildung 18). Wenn der Klebstoff getrocknet ist, die Teile zusammenfügen. Die Nahtlöcher auf den Zuglaschen mit einem Vorstecheisen aufbringen und eine Sattlernaht nähen.

SCHRITT 11 Den Klebstoff auf die Narbenseite des Vorder-, Rücken- und Seitenteils, auf die in einem früheren Schritt markierte und aufgeraute Fläche, auftragen. Solange sich der Klebstoff noch etwas klebrig anfühlt, das Vorderteil mit dem Seitenteil zusammenfügen. Dazu als erstes die Mittenmarkierungen aneinanderlegen. Mit dem Rückenteil und dem Seitenteil genauso verfahren. Darauf achten, dass die Kanten exakt aufeinanderliegen. Die Kanten mit einer Anpressrolle zusammendrücken und dann entlang der in Schritt 8 angebrachten Markierungen die Nahtlöcher mit einem Vorstecheisen stanzen. Entlang der markierten Kante am Vorder- und Rückenteil eine Sattlernaht nähen (Abbildung 9).

SCHRITT 12 Nachdem um die gesamte Tasche herum genäht wurde, werden vor dem Wenden der Tasche noch die Oberkanten der Seitenteile, an denen der Schulterriemen befestigt wird, durch das Festkleben der beiden 8 x 10 cm großen Lederstücke verstärkt. Zur Verstärkung des Bodens wird das 8 x 25 cm große Lederstück aufgeklebt (Abbildung 10). Dann die Tasche wenden.

SCHRITT 13 Wurde für den Schulterriemen dasselbe weiche Leder wie für die Tasche gewählt, werden jetzt die zugeschnittenen Riemen Spaltseite an Spaltseite zusammengeklebt. Das Ergebnis ist ein kürzerer und ein längerer doppelseitiger Schulterriemen. Die Riemen mit einem Riemenschneider auf die für die Schnalle passende Breite schneiden. Dann die Enden der Riemen mit einem Riemenendeisen abtrennen und in den kurzen Schulterriemen mit einem länglichen Locheisen eine Öffnung für die Schnalle stanzen (Abbildung 11). Da das Leder weich ist und sich dehnen kann, muss entlang der Kanten beider Riemen eine Sattlernaht genäht werden. Wurde ein dickeres Riemenleder verwendet, ist das Nähen nicht unbedingt erforderlich, aber eine genähte Kante sieht immer professioneller aus. In den längeren Riemen mit einer Revolverlochzange fünf runde Löcher stanzen. Diese sollten 10 cm vom Ende entfernt beginnen und 5 cm Abstand zueinander haben.

SCHRITT 14 Die Schnalle an dem kurzen Riemen festnähen. Dazu mit einer Ahle ca. 5 cm vom Ende des Riemens entfernt zwei Dreiecke markieren (Abbildung 12). Mit einem Vorstecheisen Nahtlöcher stanzen, die Schnalle einsetzen und nähen (Abbildung 13).

SCHRITT 15 Zum Festnähen der Schulterriemen an den oberen Kanten der Seitenteile zunächst dasselbe Dreiecksmuster auf den Schulterriemen markieren wie in Schritt 14 (Abbildung 14). Die Naht an die auf die Innenseite der Seitenteile aufgeklebte Verstärkung anpassen. Die Verstärkung ist 10 cm hoch und daher sollte die auf den Schulterriemen markierte Naht nicht länger sein. Nachdem die Nahtlöcher mit einem Vorstecheisen angebracht wurden, wird der Schulterriemen erst angeklebt und dann genäht. Die Stelle markieren, an der der Schulterriemen sitzen soll. Dann das Leder an den Seitenteilen und auf der Rückseite des Schulterriemens innerhalb der Markierung aufrauen. Die aufgerauten Flächen mit Klebstoff bestreichen und die Teile zusammenfügen. Dann die Nahtlöcher im Schulterriemen noch einmal mit einem Vorstecheisen durchstechen, diesmal auch durch die Seitenteile und deren Verstärkung. Dann eine Sattlernaht nähen (Abbildung 15).

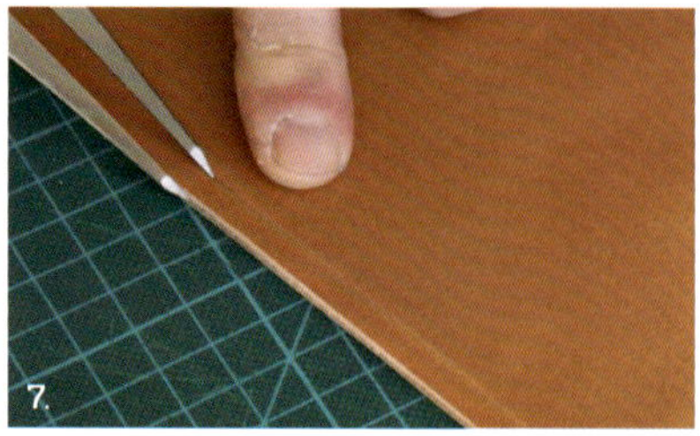
7.

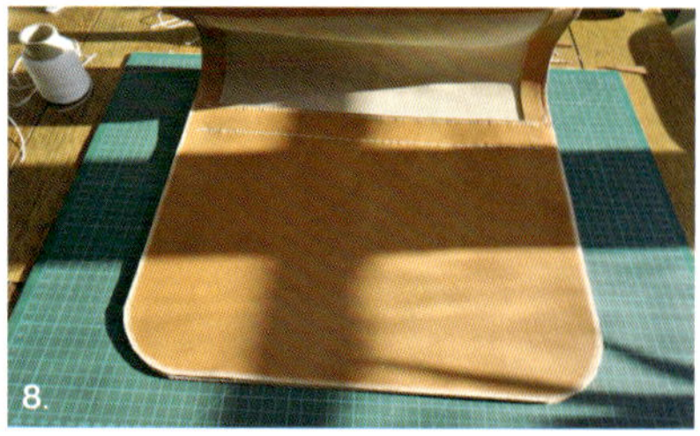
8.

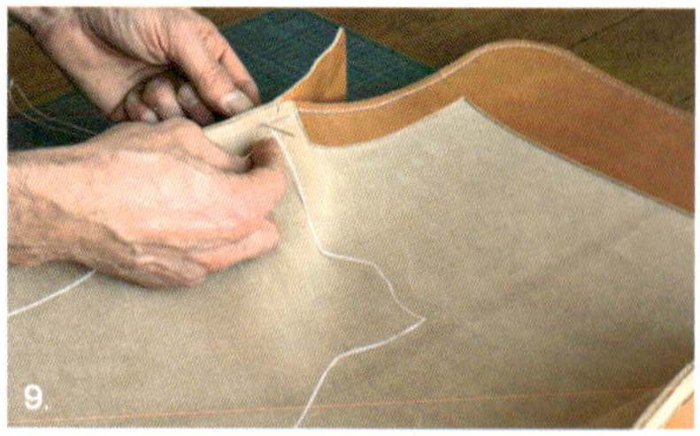
9.

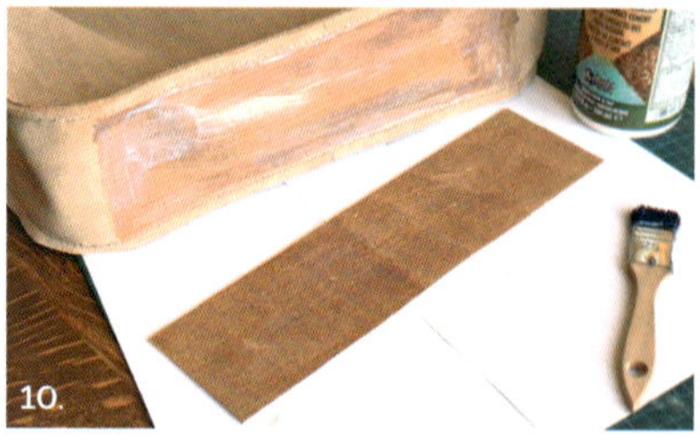
10.

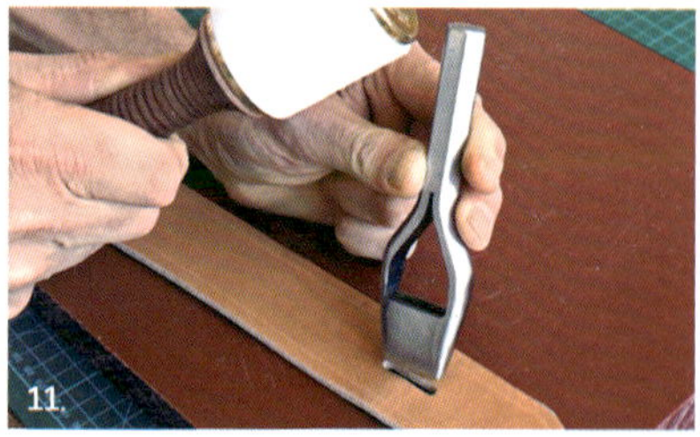
11.

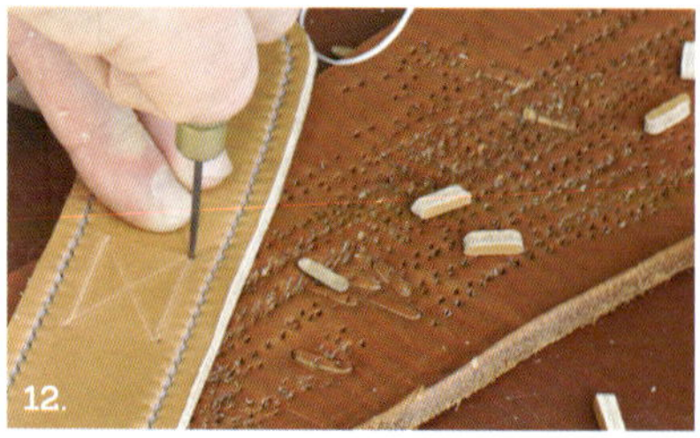
12.

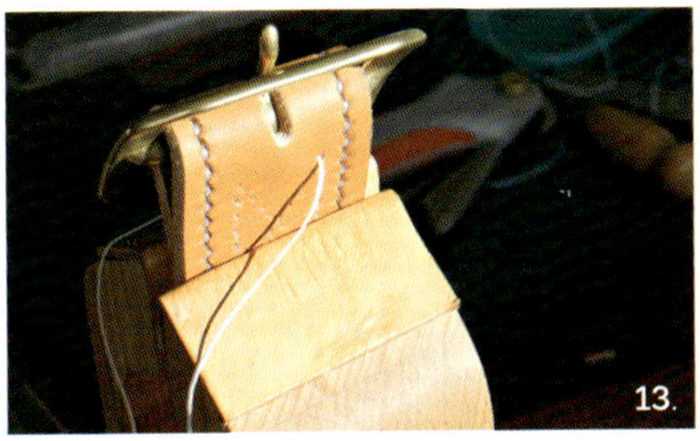

13.

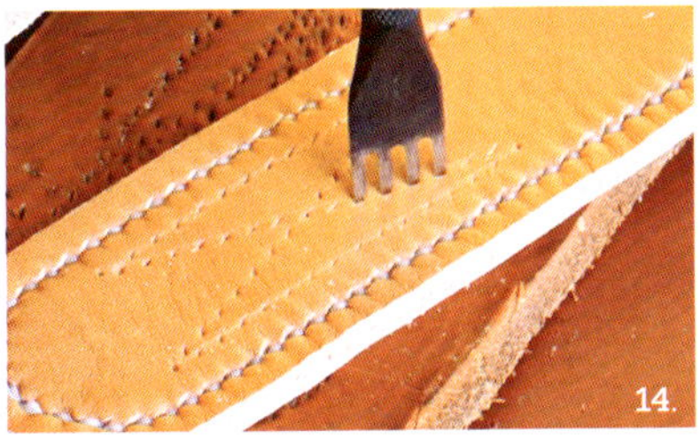

14.

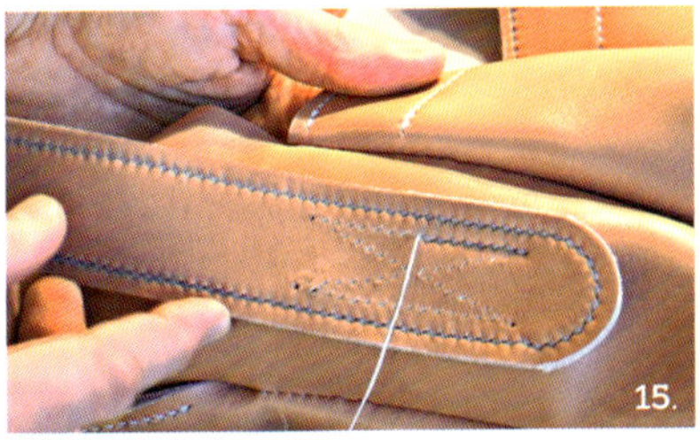

15.

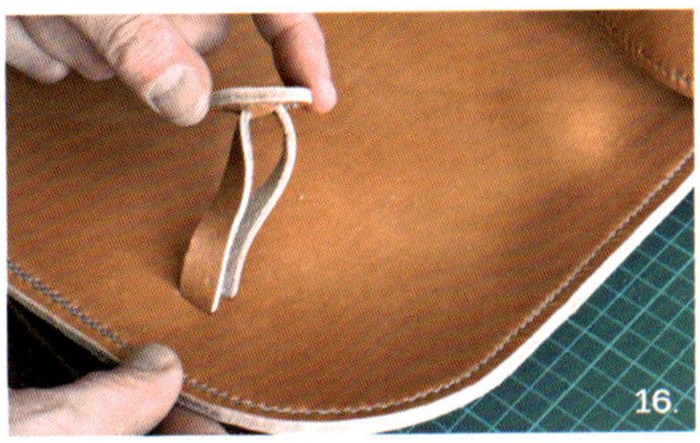

16.

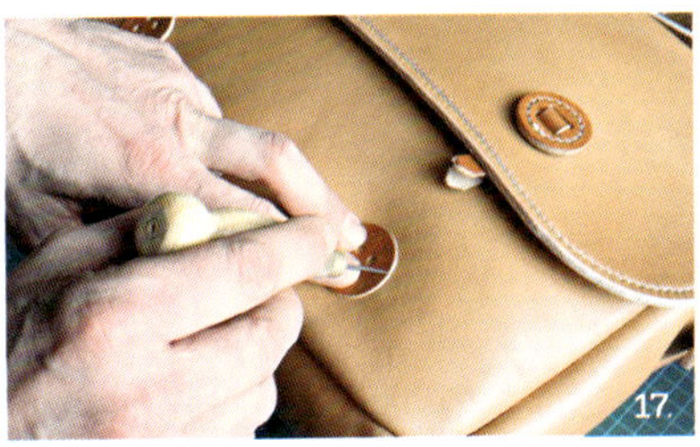

17.

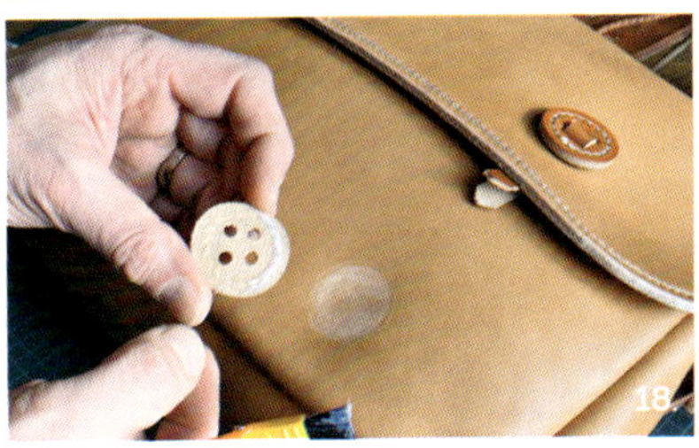

18.

SCHRITT 16 Jetzt müssen nur noch die Knöpfe auf dem Deckel der Tasche angebracht und die Rundbänder geflochten werden. Die Knöpfe werden in derselben Größe angefertigt wie die Zuglaschen in Schritt 10. Um die Knopfkante herum eine Naht nähen und mit einem Locheisen zwei parallele Öffnungen ausschneiden. Die Knöpfe so auf den Deckel der Tasche legen, dass sie sich in einer Linie mit den beiden auf dem Vorderteil der Tasche angebrachten Zuglaschen befinden. Die Position der Knöpfe auf dem Deckel der Tasche mit einer Ahle markieren. Dann mit dem länglichen Locheisen in den Deckel der Tasche die gleichen parallelen Öffnungen stanzen wie in den Knöpfen. Einen Lederriemen mit derselben Breite wie die Öffnungen durch die Knöpfe und dann durch den Deckel der Tasche ziehen (Abbildung 16). Den Riemen entsprechend der Anleitung auf Seite 46 als Lochband flechten.

SCHRITT 17 Aus den Känguruledderriemen gemäß der Anleitung auf Seite 50 zwei 30 cm lange Rundbänder aus vier Strängen flechten. Dabei jedoch am Anfang des Bandes anstelle eines Rings u. ä. einen Verschlussclip verwenden. Das Band mit einem auf Seite 53 beschriebenen Peitschenknoten abschließen. Das lose Ende des Bandes mit einer Schnur zusammenbinden und einen der Stränge in einer Flechtnadel befestigen. Die Flechtnadel durch die Löcher in der Zuglasche ziehen. Zunächst die Flechtnadel und einen Strang des Bandes in das untere rechte Loch hinein und durch das obere rechte Loch wieder hinaus ziehen. Das gleiche mit den übrigen drei Strängen wiederholen. Nachdem alle vier Stränge des Flechtbandes hindurchgezogen sind, vorsichtig das gesamte Band durch die Öffnungen ziehen. Nun das Gleiche auf der linken Seite wiederholen. Zum Abschluss an dem mit einer Schnur zusammengebundenen anderen Ende des Bandes ebenfalls einen Peitschenknoten anbringen. Jetzt ist die Tasche fertig.

WEITERE INFORMATIONEN

FACHBEGRIFFE IN DEUTSCH UND ENGLISCH

Viele Anbieter von Leder, Werkzeug und anderem Zubehör haben ihren Sitz im Ausland. Daher kann es hilfreich sein, die englischen Fachbegriffe zu kennen, wenn man im Internet nach Werkzeugen sucht.

Deutsch	Englisch
Ahle	Awl
Ahlengriff für Rundahle	Awl handle for round blade
Ahlengriff für Stechahle	Awl handle for round blade
Arbeitsplatte	Cutting board
Bienenwachs	Bee wax
Briefklemmer	Bulldog clips
Einziehende Lederfarbe	Leather dye
Exacto-Messer	Exacto knife
Falzbein	Bone folder
Flachzange	Flat nose pliers, lacing pliers
Flechtnadel	Lacing needle
Gewachstes Leinengarn	Waxed linen thread
Gewachstes synthetisches Garn	Waxed synthetic thread
Hammer	Maul, mallet oder hammer
Kantenpolierer	Burnisher oder edge slicker
Kantenzieher	Edger
Kontaktklebstoff	Rubber solution
Lineal	Ruler
Lederfett	Leather conditioner, saddle soap
Locheisen, Lang-	Oblong punch
Locheisen, Rund-	Round punch
Messschieber	Sliding ruler
Nähpferd	Stitching pony
Nähross oder Nähkloben	Saddler's stitching horse
Nahtversenker	Stitching groover
Nieteisen	Stud setter die, rivet setter die oder snap setter die
Polierpaste oder Tragantgummi	Tragacanth burnishing gum
Prickrad	Overstitch wheel
Reifeleisen	Creaser
Reifelholz	Wood creaser
Revolverlochzange	Revolving punch
Rillenzieher, verstellbar	Adjustable gouge
Riemenendeisen	End punch
Riemenschneider	Strap cutter, plough gauge oder draw gauge
Rohgummi	Crepe rubber
Rollschneider	Revolving knife
Sandpapier	Sand paper
Sattlernadel	Harness needles
Schärfhobel	Skiver
Schärfmesser	Skiving knife
Schneidmatte	Cutting mat
Stanley-Messer	Stanley knife
Stechzirkel	Saddler's "scratch", gauge compass
Vorstecheisen für das Flechten	Lacing iron oder thonging chisel
Vorstecheisen für das Nähen von Hand	Pricking iron
Wachsstift	Marking pen
Zirkel mit Bleistiftspitze	Gauge compass

⇶⟶ ADRESSEN FÜR LEDER UND WERKZEUG

Barry King Tools
1751 Terra Ave
Sheridan, Wyoming 82801
http://www.barrykingtools.com

Bähr-Sattlerbedarf
Eckeseyer Str. 52
58089 Hagen
www.baehr-sattlerbedarf.de

BuckleGuy
426C Boston Street
Topsfeld, Massachusetts 01983
www.buckleguy.com

Der kleine Messerladen
Allensteiner Str. 45
D-56566 Neuwied
www.der-kleine-messerladen.de

Dictum GmbH
Donaustraße 51
94526 Metten
www.dictum.com

Die-Ledermacher
Molkereistraße 8
86681 Fünfstetten
www.ledermacher.de

Dürnberger-LederPunzierLaden
Dürnberg 1
83417 Kirchanschöring
www.die-duernberger.de

Fine Leatherworking
1563 Solano Ave. #625
Berkeley, California 94707
www.fneleatherworking.com

Goods Japan (Japan)
www.goodsjapan.jp

Heiko Kappey Sattlereibedarf
Achardstr. 10
31319 Sehnde
www.kappey.de

Hermann Oak Leather Company
4050 North First Street
St Louis, Missouri 63147
www.hermannoakleather.com

Horween Leather Company
2015 North Elston Ave
Chicago, Illinois 60614, USA
http://horween.com

Langlauf Schubedarf GmbH
Am Hohen Teich 11
44359 Dortmund
www.langlauf-schuhbedarf.de

Leather Burnishers (USA)
www.leatherburnishers.com

Leder Baumann
Herzog-Wilhelm-Straße 27
80331 München
www.leder-baumann.de

Lederhandlung Flach
Sternstr. 19/Hof
24103 Kiel
www.leder-flach.de

Lederhaus Giese & Bruhm GmbH
Sonnenwall 69-70
47051 Duisburg
www.lederhaus.de

Ledershop-Chiemgau
Marderweg 40d
86169 Augsburg
www.lederwerkzeugladen-chiemgau.de

Nordisches Handwerk
Carl-Gauß-Str. 3 b
23562 Lübeck
www.nordisches-handwerk.de

Osborne Leather Tools
125 Jersey Street
Harrison, New Jersey 07029
www.osborneleathertools.com

Rickert-Werkzeug
Neunkirchener Strasse 56
91207 Lauf an der Pegnitz
www.rickert-werkzeug.de

Tandy Leather
1115 Union Blvd
Allentown, Pennsylvania 18109
www.tandyleatherfactory.com

Tärnsjö
Garverivägen 6
740 45 Tärnsjö, Schweden
www.tarnsjogarveri.com

LITERATUR

Encyclopedia of Rawhide and Leather Braiding
Grant, Bruce, 1972
Cornell Maritime Press

Leather Braiding
Grant, Bruce, 1997
Cornell Maritime Press

The Art of Hand Sewing Leather
Stohlman, Al, 1977
Tandy Leather Co.

The Leatherworking Handbook
Valerie, Michael, 2006
Cassell

Motorcycle Accessory Pattern
Pack
Tandy Leather Co.

Leder nähen
Bothe, Carsten, 2016
Heel Verlag

DANKSAGUNG

Zunächst möchte ich meiner wunderbaren Frau für ihre Inspiration und ihre Ermunterung danken sowie für ihre große Geduld, wenn unsere Küche sich in eine einzige große Werkstatt verwandelt hat.

Mein Dank gilt auch Douglas und Hampus von Unionville. Ohne ihr Auge für gutes Handwerk hätte ich nicht wieder begonnen, mit Leder zu arbeiten.

Nicht zuletzt möchte ich Magnus Nyström und Carl Johan Dahlin von Nyström Stockholm für ihre stets freundliche Hilfsbereitschaft sowie ihre vielen guten Ratschläge und Tipps danken.

REGISTER